New Standard
仕掛け入門
BOOK 8

渓流、清流、里川、湖沼、汽水。多彩な水域に棲む全34魚種の釣り&仕掛けをウキ、ミャク、リール、ルアー、フライ、和の毛バリと幅広い釣りスタイルで完全収録した超バイブル誕生

葛島一美

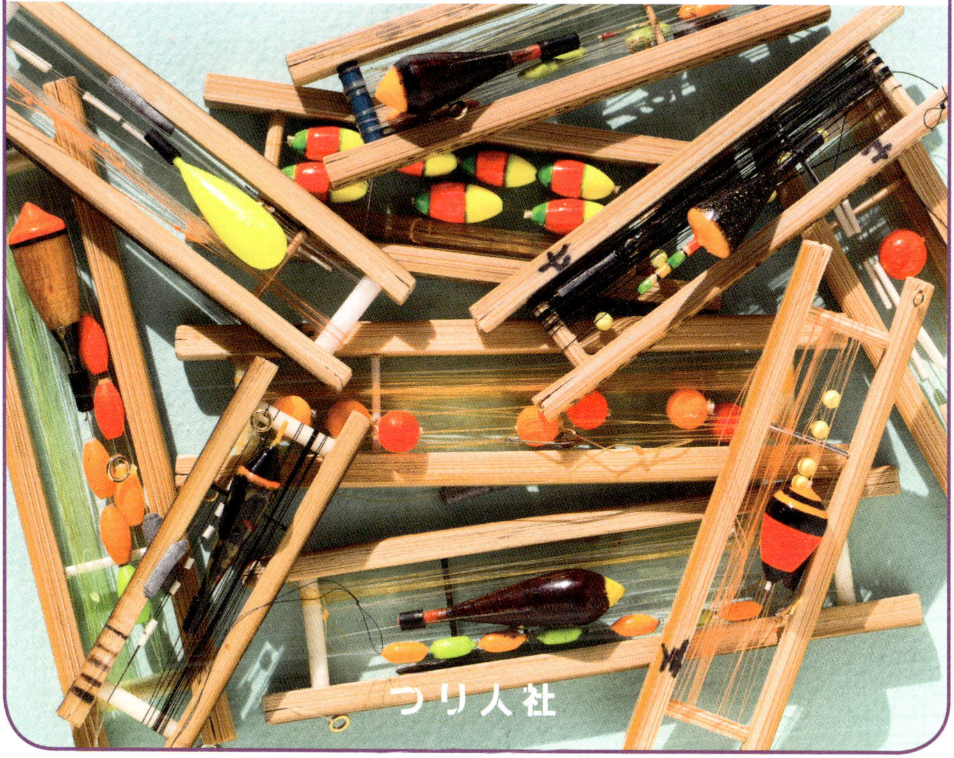

つり人社

目次

1章 川釣り仕掛けの主なスタイル

川釣りスタイル・バリエーション 8
ウキ釣り仕掛け 10
ミャク釣り仕掛け 12
リール釣り仕掛け 14
ルアーフィッシング仕掛け 16
フライフィッシング仕掛け 18
和の毛バリ釣り仕掛け 20
彩とりどり 蚊バリワールド 22
サオ 24
リール 26
COLUMN 仕掛け作り道具箱のススメ 28

2章 仕掛けを構成する主要なパーツ

イト 30
ウキ
①立ちウキ 32
②玉ウキ 34
目印 36
オモリ 38
ハリ 42
接続具 48

COLUMN 仕掛け巻きの使い分け 50

3章 結びをマスターしよう

穂先への接続
8の字結びのチチワ 52
ぶしょう付け 53
投げなわ結び 54
イトとイトの結び
ブラッドノット 55
電車結び 56
ネイルレス・ネイルノット 57
電車結び改良版 58
天井イトの折り返し部分を作る編み込み 59

4章 仕掛け作り・ワンポイント&自作編

天井イトの水中イトジョイント部分　60
その他(イトと目印)
　電車結び・片結び3回止め　61
イトと接続具の結び
　ユニノット　62
　上バリ用丸カン結び　63
イトとハリの結び
　外掛け結び　64
　ノー・ノット　65

COLUMN 仕掛け作りに便利な補助工具　66

フナ釣り仕掛けの外通しバットウキを作る
小型立ちウキを作る　69
小ブナ釣り仕掛けの羽根ウキを作る
タナゴ釣り仕掛けのイトウキを作る　70
タナゴ釣り仕掛けの板オモリの巻き方　72
片足フック式ハリス止メの場合　74
両足フック式ハリス止メの場合　75
フライを巻く　管理釣り場用パターン　76
フナ釣り仕掛けの中通し玉ウキを毛糸ストッパーで固定する　80

フナ釣り仕掛けの外通しバットウキを作る　68

5章 川釣り仕掛け 魚種別マニュアル

- アメマス ルアー仕掛け・フライ仕掛け 82
- アマゴ・ヤマメ ミャク釣り仕掛け・ルアー仕掛け・テンカラ釣り仕掛け・フライ仕掛け 85
- アユ 友釣り仕掛け・ドブ釣り仕掛け・チンチン釣り仕掛け・ウキ釣り仕掛け 90
- イトウ ルアー仕掛け・フライ仕掛け 95
- イワナ ミャク釣り仕掛け 98
- ウナギ リール釣り(ブッコミ)仕掛け 100
- カジカ ミャク釣り仕掛け 102
- カラフトマス ルアー仕掛け・フライ仕掛け 104
- クチボソ・モロコ ウキ釣り仕掛け 107
- コイ リール釣り仕掛け(吸い込み、ボイリー、パンコイ) 109
- サクラマス ルアー仕掛け・フライ仕掛け 113
- サツキマス ミャク釣り仕掛け 116
- シーバス(スズキ) ルアー仕掛け 118
- シロザケ(サケ) ルアー(ウキルアー)仕掛け・フライ仕掛け 120
- ソウギョ ウキ釣り(連動シモリ、浮かせ、ブッコミ)仕掛け 123
- タナゴ ウキ釣り(玉ウキ、十字テンビン)仕掛け 125
- テナガエビ ウキ釣り 129
- ナマズ ルアー仕掛け 131
- ニゴイ ルアー仕掛け 133
- ニジマス(管理釣り場) ウキ釣り仕掛け・ミャク釣り仕掛け・ルアー仕掛け・フライ仕掛け 135
- ハス ウキ釣り仕掛け・ルアー仕掛け 139
- ハゼ ウキ釣り仕掛け・ミャク釣り仕掛け・リール釣り仕掛け(チョイ投げ、並べ釣り) 141
- ハヤ ウキ釣り仕掛け・ミャク釣り仕掛け 144
- ヒガイ ウキ釣り仕掛け・リール釣り仕掛け(ドウヅキ) 146
- ヒメマス リール釣り仕掛け(ドウヅキ) 148

フナ……………ウキ釣り仕掛け（標準シモリ、連動シモリ、半ヅキ）
ブラウントラウト……ルアー仕掛け・フライ仕掛け 150
ブラックバス……ルアー仕掛け・フライ仕掛け 153
ヘラブナ……ウキ釣り仕掛け 156
ヤマベ……ウキ釣り仕掛け（フカシ、寄せエサ、多段シズ）・ミャク釣り仕掛け 159
ライギョ……ルアー仕掛け 165
ワカサギ……リール釣り（ドーム、ボート）・ミャク釣り・ウキ釣り・リール釣り（オカッパリ） 167

DVD付録　収録コンテンツ

川釣り（仕掛け）用語集　171

175

BOOKデザイン　佐藤安弘（イグアナ・グラフィックデザイン）
イラスト　廣田雅之

161

1章 川釣り仕掛けの主なスタイル

対象魚の数だけあるようにも思える川釣りの仕掛けだが、ウキ釣り、ミャク釣り、リール釣りなど、タイプ別にしてみるととても整理されて分かりやすい。その代表的なスタイルとそれぞれの特徴をみてみよう。

川釣りスタイル・バリエーション

ウキ釣り

チビッコから大人まで楽しめるウキ釣り。玉ウキ1個のスタイルからマニアックな手作りウキまで、間口の広さと奥の深さが魅力。ウキ自体のバリエーションも多彩だ。川釣りでもっとも代表的な釣りスタイルといっていいだろう

ミャク釣り

渓流など流れの速い場所ではウキを使わないミャク釣りの出番が多い。仕掛けはイト、オモリ、ハリと非常にシンプルで、イトやサオからダイレクトにアタリを感じ取る釣りだ。ミチイトに目印をセットすればウキ釣り的な機能も足すことができる

リール釣り

ルアーやフライフィッシングもリールを使うが、ここではエサ釣りと区別する意味でリール釣りとした。リール釣り最大の利点は、サオの長さ以上の場所に仕掛けを届けられること。それは「距離」と「深さ」の2方向がある

1章 川釣り仕掛けの主なスタイル

ルアーフィッシング

専用のリールザオで金属、木、プラスチック素材の擬似餌＝ルアーをキャストし、イトを巻いたりロッドを操作することでルアーにアクションを与えて魚の食いを誘うルアーフィッシング。ゲーム性が高く、ブラックバスやトラウト類などで人気が高い

フライフィッシング

鳥の羽根や獣毛等をハリに巻きつけ、水生昆虫や小魚をイメージした毛バリ＝フライを、専用のリールザオとラインを使って釣るフライフィッシング。独特のキャスティングや、トラウト類を中心とするターゲットの美しさに魅了される人も多い

和の毛バリ釣り

テンカラ（右）、蚊バリ（右下）、ドブ釣り（下）など、川釣りには日本の伝統を宿した毛バリ釣りが各種ある。渓流のテンカラ釣りは1本バリ、アユのドブ釣りは複数の毛バリ、ヤマベの蚊バリ釣りでは複数の毛バリに独特の瀬ウキを使うなど、それぞれに特徴がある

ウキ釣り仕掛け

ねらいの層を絞り込んでエサを届ける&流す

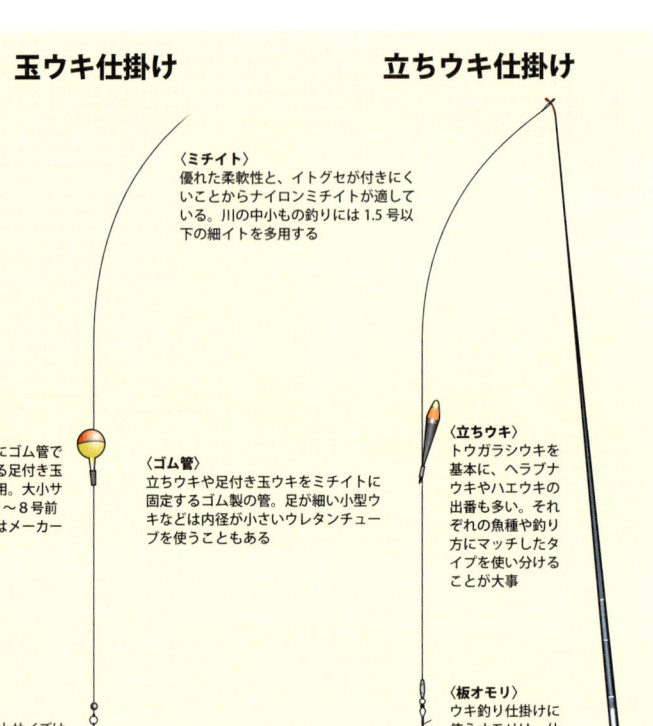

玉ウキ仕掛け

〈ミチイト〉
優れた柔軟性と、イトグセが付きにくいことからナイロンミチイトが適している。川の中小もの釣りには1.5号以下の細イトを多用する

〈玉ウキ〉
ミチイトにゴム管でセットする足付き玉ウキを使用。大小サイズは00〜8号前後（上限はメーカーによる）

〈ガン玉〉
自重の大小サイズは10号〜6Bで表示。ミチイトの途中に数個のオモリを分散して打つことも可能

立ちウキ仕掛け

〈ゴム管〉
立ちウキや足付き玉ウキをミチイトに固定するゴム製の管。足が細い小型ウキなどは内径が小さいウレタンチューブを使うこともある

〈ハリス〉
ハリに結ぶイトで、通常はミチイトよりも細めを選ぶ。ナイロンのほか、根ズレに強く伸縮率が少ないなどの特性を持つフロロカーボンハリスも人気が高い

〈立ちウキ〉
トウガラシウキを基本に、ヘラブナウキやハエウキの出番も多い。それぞれの魚種や釣り方にマッチしたタイプを使い分けることが大事

〈板オモリ〉
ウキ釣り仕掛けに使うオモリは、仕掛けの沈み加減を調節する役割。板オモリはウキの浮力を微調整できることがメリットだ

立ちウキ仕掛けと玉ウキ仕掛け

ウキ釣り仕掛け最大のメリットは、ウキ下（ウキ〜ハリまたは接続具間の長さ）を自由自在に調節して、ねらう層を確実に絞り込めることです。また、魚がエサを食った時のアタリは、ウキのさまざまな変化をキャッチして合わせるため、視覚的な釣りの面白さを体感できます。

ウキ釣り仕掛けは振り出しザオでねらう釣りものに多用します。タナゴやフナ釣りはもちろん、ヤマベとハヤの清流釣り、コイやレンギョの大もの釣り、テナガエビやハゼが棲む汽水域の釣りまで、いろいろな釣り場のシチュエーションで活躍してくれます。

ウキ釣り仕掛けには、「立ちウキ仕掛け」と「玉ウキ仕掛け」の2通りがあります。トウガラシウキを代表格とする立ちウキ仕掛けは、座ってサオをだすエンコ釣りのように、低い位置の

1章 川釣り仕掛けの主なスタイル

連動シモリ仕掛け

〈親ウキ〉
連動シモリ仕掛けに用いる立ちウキは主に親ウキと呼ぶ。タナゴなどの小型タイプは中通しと斜め通し式が主流

〈羽根ウキ・イトウキ〉
連動シモリ仕掛けには玉ウキの代わりにニワトリや水鳥の羽根芯で作った羽根ウキが好まれるほか、タナゴ用にはアタリウキとして極小のイトウキを使う

〈自動ハリス止メ〉
川の小もの釣り用の大人気接続具がこれ。ハリスの長さは自由自在で、ワンタッチで止められる

シモリウキ仕掛け

〈玉ウキ〉
シモリウキ仕掛けは、ミチイトに通して爪楊枝などのストッパーで止める中通し玉ウキを使用する。大小サイズは00〜10号。球形のほかナツメ型もある

〈丸カン〉
川の小もの釣りで使う定番接続具の1つが丸カン。ハリスの長さをそろえるにはチチワ付きハリスを作っておくことが肝心だ

〈ハリ〉
慣れないうちは市販品のハリス付きハリから使ってみるとよい。根掛かりなどのトラブルを考慮し、スペアバリは充分に用意しておくこと

目線からウキのトップ部分の上下動でアタリを読み取るのに視認しやすいことが大きな特徴です。立ちウキの種類は数知れません。中でもクジャクの羽根芯で作られるヘラブナウキと、ヤマベ釣り用の発泡スチロール製ハエウキは優れた機能の立ちウキです。

一方、玉ウキは足付き玉ウキ、中通し玉ウキに大別できます。玉ウキ仕掛けは立ちウキとは反対に、高い位置から見下ろすスタイルの釣りに都合がよく、ウキの浮き沈みや変化でアタリを察知しやすい仕掛けパターンです。

玉ウキ仕掛けはウキの号数と個数を変えることで、魚種に適した仕掛けに仕立てることが楽しみの1つです。1個玉はヤマベのフカシ釣りやテナガエビ釣りによく知られています。複数ではフナのシモリ仕掛けがよく、タナゴやフナ釣りに人気が高い連動シモリ仕掛けは、親ウキと呼ぶ立ちウキと玉ウキを組み合わせたもので、玉ウキの代わりに羽根ウキやイトウキも使います。

11

ミャク釣り仕掛け

シンプルな釣りの代表格。アタリをダイレクトにキャッチ

重いオモリのミャク釣り仕掛け　**軽いオモリのミャク釣り仕掛け**

固定オモリ式

〈ミチイト〉
渓流、清流釣りは 0.6 号以下の細イト（ナイロン、フロロカーボン）を多用。強度をより優先してハリスを介さずミチイト1本の通し仕掛けもある

〈目印〉
古くは水鳥の羽根やセルロイド製も使われたが、現在は化繊製品が主力。伸縮性に富み吸水性がなく、視認性がよいカラーがそろっている

〈オモリ〉
軽いオモリのミャク釣り仕掛けはガン玉の大小サイズが、重いオモリの場合にはナス型などの環付きオモリやナツメ型などの中通しオモリが使われる

〈ハリ〉
軽いオモリのミャク釣り仕掛けで臨む渓流釣りにはヤマメなどの専用バリが数多くある。ねらう魚種やサイズにマッチしたハリの型と号数を選ぶこと

〈ハリス〉
ミチイトと同じくナイロン、フロロカーボンの細ハリスが適する。渓流釣りは丸カンなどの接続具を介さずミチイトと直結びが基本

オモリの大小で仕掛けの性格が大きく変わる

ミャク釣り仕掛けは基本的に、イトやサオを通して伝わるアタリを手元でダイレクトにキャッチする釣り方に適しています。これに目印をセットすると、それぞれの条件に応じたタナや水深を絞り込んでねらうことも可能です。同時に、視覚的にも振れや上下動など目印の変化でアタリを伝えてくれるので、手元に伝わる前のアタリで合わせことができる利点もあります。

振り出しザオで使われるミャク釣り仕掛けは、表層から底層まで上下に広いタナを探れる「軽いオモリのミャク釣り仕掛け」と、底層を重点的にねらう「重いオモリのミャク釣り仕掛け」の2通りに分けてみると理解しやすいと思います。

軽いオモリのミャク釣り仕掛けは、ヤマメやイワナ、ハヤなどの渓流や清流のエサ釣りで活躍してくれます。水

12

1章 川釣り仕掛けの主なスタイル

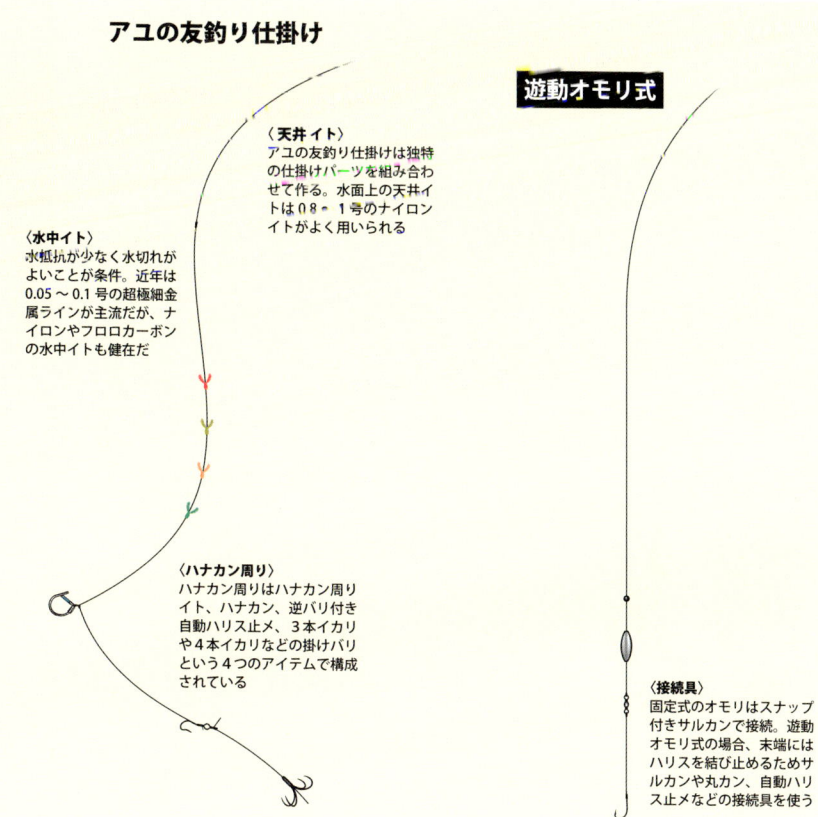

アユの友釣り仕掛け

〈天井イト〉
アユの友釣り仕掛けは独特の仕掛けパーツを組み合わせて作る。水面上の天井イトは0.8〜1号のナイロンイトがよく用いられる

〈水中イト〉
水抵抗が少なく水切れがよいことが条件。近年は0.05〜0.1号の超極細金属ラインが主流だが、ナイロンやフロロカーボンの水中イトも健在だ

〈ハナカン周り〉
ハナカン周りはハナカン周りイト、ハナカン、逆バリ付き自動ハリス止メ、3本イカリや4本イカリなどの掛けバリという4つのアイテムで構成されている

遊動オモリ式

〈接続具〉
固定式のオモリはスナップ付きサルカンで接続。遊動オモリ式の場合、末端にはハリスを結び止めるためサルカンや丸カン、自動ハリス止メなどの接続具を使う

抵抗を極力抑え、水面下のミチイトやハリスも目立たないように細仕掛けを基本とします。流速の強弱の中で操る仕掛けの沈み具合や流れ加減は、ガン玉オモリの大小サイズで調節します。また、必ず数個の目印をセットしてアタリを察知しやすくします。

重いオモリのミャク釣り仕掛けは主に汽水域のハゼ、渓流〜清流に棲むカジカなどの、底生魚を相手にしたエサ釣りに用います。川などの底層を重点的にねらいやすく、流速に負けず仕掛けを止めて操作できることも長所です。シンプルな接続具に直結する固定オモリ式と、ダイレクトなアタリが伝わる中通しの遊動オモリ式（または半遊動式。イッテコイ式とも呼ぶ）が多用されます。

また、ウキを使用しないという視点で考えると、アユの友釣り仕掛けや、ワカサギのオカッパリ釣りに使うドウヅキ仕掛けも含まれるといってもよいでしょう。

13

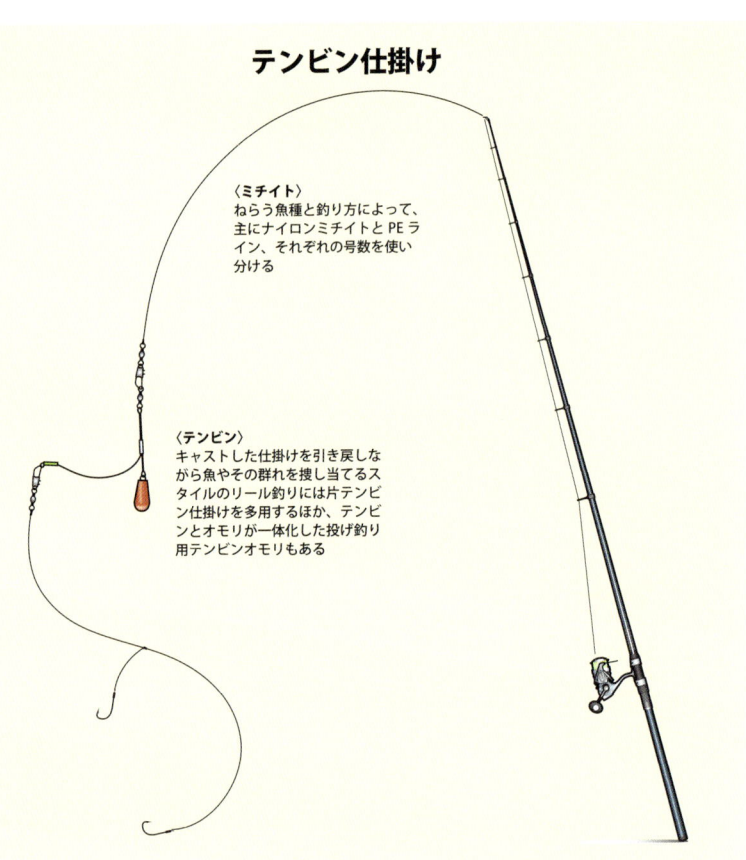

テンビン仕掛け

〈ミチイト〉
ねらう魚種と釣り方によって、主にナイロンミチイトとPEライン、それぞれの号数を使い分ける

〈テンビン〉
キャストした仕掛けを引き戻しながら魚やその群れを捜し当てるスタイルのリール釣りには片テンビン仕掛けを多用するほか、テンビンとオモリが一体化した投げ釣り用テンビンオモリもある

リール釣り仕掛け

遠い・深いポイントに仕掛けを届ける

ワカサギから大魚の釣りまで活躍

リール釣り（投げ釣り）を活用する第一の利点は、振り出しザオでは届かない遠く離れたポイントまで仕掛けをキャストできることです。また、リールのドラグ機能を生かすことで、魚の強烈な引き込みがあった時は自動的にスプールが逆転してミチイトを送り出してくれます。コイやレンギョなどの大ものを釣りあげるには最強のタックルといえます。

リール釣りの仕掛けパターンを大別すると、主に片テンビンを用いる「テンビン仕掛け」と、中通オモリ仕様の「ブッコミ仕掛け」の2通りがあります。テンビン仕掛けは、キャストした仕掛けを少しずつ手前に引き戻してくる引き釣りに適しており、投げ釣りの分野ではサビキ釣りとも呼んでいます。本書ではハゼの投げ釣りなどに登場します。

14

1章 川釣り仕掛けの主なスタイル

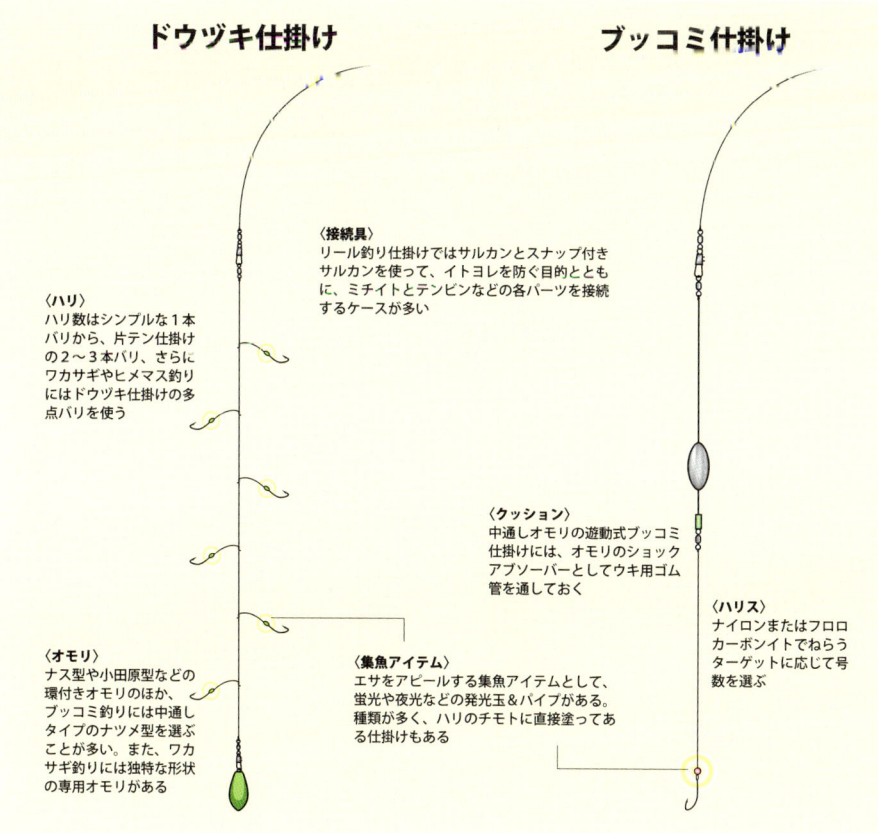

ブッコミ仕掛けは、ポイントに投げ込んだら仕掛けをあまり動かさず、じっと構えてアタリを待つ釣り方に用います。コイやウナギのブッコミ釣りがよい例です。

リール釣りタックルは、キャスティングの釣りとは別に、ミチイトを自由自在に出し入れできるリールならではの特性を生かした釣り方も兼ね備えています。それは、水深が深い湖沼のターゲットをねらえることです。

ヒメマスのエサ釣りではその日その時の回遊層を捜し当てるため、数本の並ベザオでねらうタナを変えて群れを持ちます。

ボート釣りから屋形＆ドーム船、氷上の穴釣りまで、シーズンを長く楽しめるワカサギ釣りでは、近年世界最小の専用電動リールが普及してファン層が拡大しました。

ヒメマスやワカサギ釣りには、リール釣りでのハリ数が多いドウヅキ仕掛けが定番です。

ルアーフィッシング仕掛け

魚食魚の性質を刺激する擬似餌の釣り

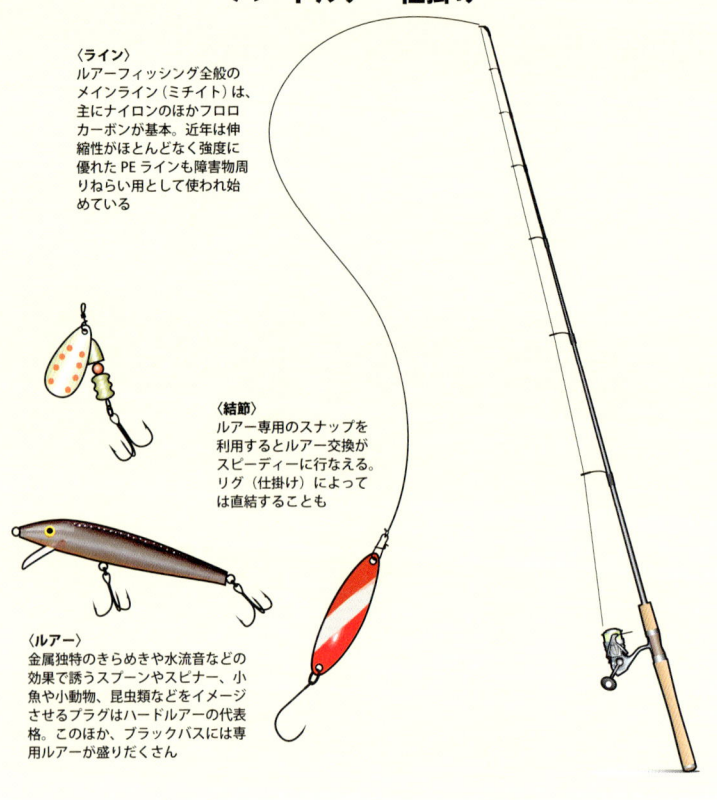

ハードルアー仕掛け

〈ライン〉
ルアーフィッシング全般のメインライン（ミチイト）は、主にナイロンのほかフロロカーボンが基本。近年は伸縮性がほとんどなく強度に優れたPEラインも障害物周りねらい用として使われ始めている

〈結節〉
ルアー専用のスナップを利用するとルアー交換がスピーディーに行なえる。リグ（仕掛け）によっては直結することも

〈ルアー〉
金属独特のきらめきや水流音などの効果で誘うスプーンやスピナー、小魚や小動物、昆虫類などをイメージさせるプラグはハードルアーの代表格。このほか、ブラックバスには専用ルアーが盛りだくさん

多種多彩なルアーが活躍

　ルアーフィッシングは、エサとなる小魚や小動物、昆虫類をイメージした（あるいは魚に反射食いを引き起こす）擬似餌＝ルアーを駆使して、主にフィッシュイーター（魚食魚）をねらう釣り方です。近年はターゲットごとにルアーの専門化・細分化が著しく進んでいます。本書では簡便にスプーン、スピナー、プラグのグループを「ハードルアー」、ワーム（ソフトベイト）中心の「ソフトルアー」という2ジャンルにまとめることにします。

　膨大なルアーの種類に比べて、仕掛けに関してはルアーフィッシングほど簡単なものはありません。大半はリールに巻き込んだライン（ミチイト）の末端にルアーを結ぶだけなのです。

　しかも、ゲーム感覚でキャストを繰り返して自由自在にルアーを操る楽しさと同時に、最終目的として選んだル

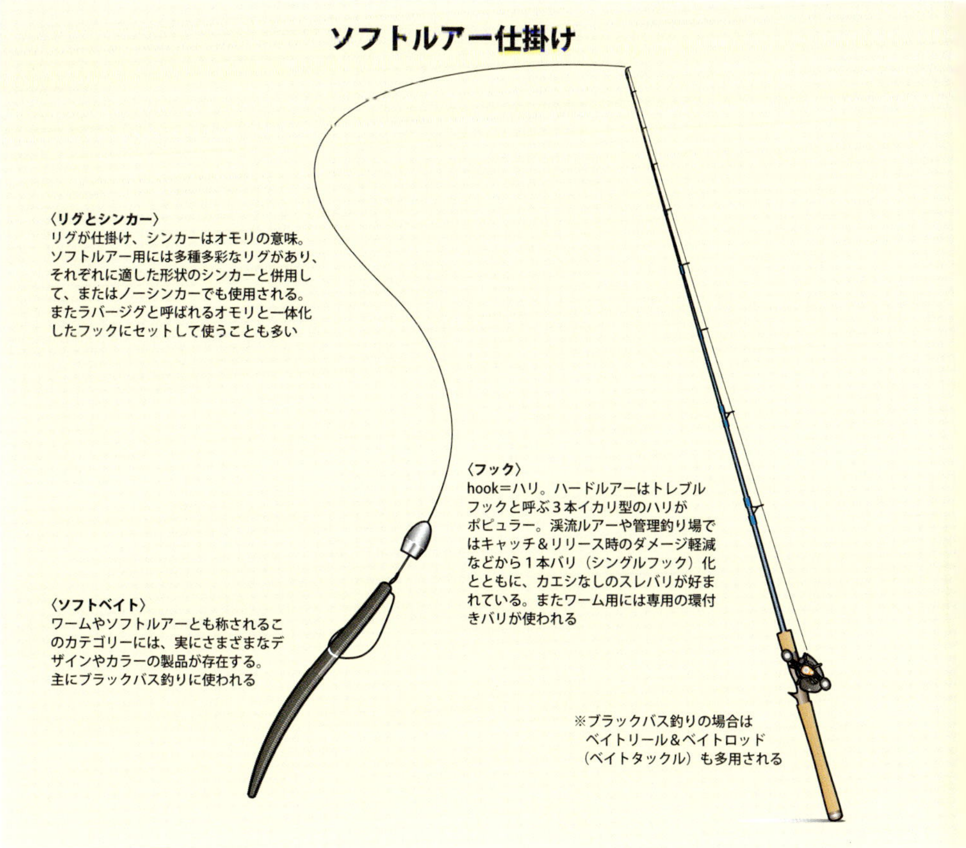

川釣り仕掛けの主なスタイル

ソフトルアー仕掛け

〈リグとシンカー〉
リグが仕掛け、シンカーはオモリの意味。ソフトルアー用には多種多彩なリグがあり、それぞれに適した形状のシンカーと併用して、またはノーシンカーでも使用される。またラバージグと呼ばれるオモリと一体化したフックにセットして使うことも多い

〈フック〉
hook＝ハリ。ハードルアーはトレブルフックと呼ぶ3本イカリ型のハリがポピュラー。渓流ルアーや管理釣り場ではキャッチ＆リリース時のダメージ軽減などから1本バリ（シングルフック）化とともに、カエシなしのスレバリが好まれている。またワーム用には専用の環付きバリが使われる

〈ソフトベイト〉
ワームやソフトルアーとも称されるこのカテゴリーには、実にさまざまなデザインやカラーの製品が存在する。主にブラックバス釣りに使われる

※ブラックバス釣りの場合はベイトリール＆ベイトロッド（ベイトタックル）も多用される

ルアーに大きな魚がヒットしてくれるというご褒美が待っていることが、ルアーフィッシングの大きな魅力です。

ハードルアーの仲間は、釣り場や対象魚種の幅が広いオールラウンダータイプです。一般的にはキャスティングでねらいますが、エンジンボートからルアーを流して釣る湖沼のトロウリングもあります。

渓流や大中河川、湖水に生息するヤマメやイワナ、ニジマス、ブラウントラウトなどのトラウト類、平野部の湖沼や河川に棲むブラックバスにナマズ、ライギョ、さらには汽水域のビッグワンとして人気が高いシーバス（スズキ）まで、フィッシュイーターと呼ばれるターゲットすべてがハードルアーにアタックしてきます。

一方、ソフトルアーのワーム類を操る釣りは、ブラックバス釣りに顕著です。バス釣りに特化した製品やリグ（仕掛け）が数多く生み出され、さまざまなテクニックとともに楽しまれています。

17

フライフィッシング仕掛け

独特のラインを駆使する西洋毛バリ釣り

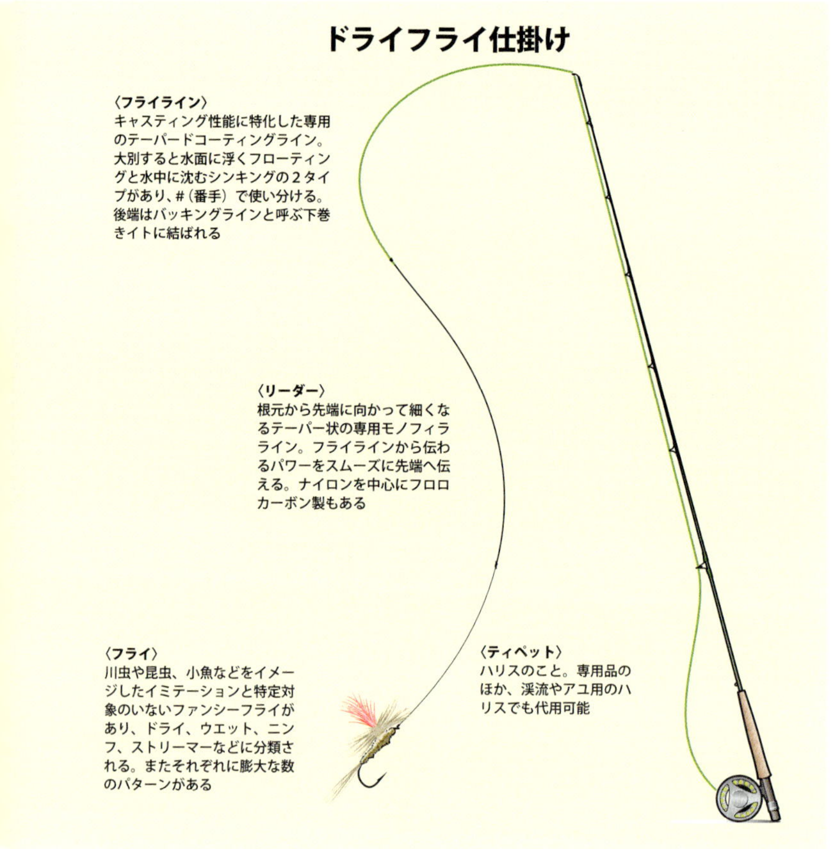

ドライフライ仕掛け

〈フライライン〉
キャスティング性能に特化した専用のテーパードコーティングライン。大別すると水面に浮くフローティングと水中に沈むシンキングの2タイプがあり、#（番手）で使い分ける。後端はバッキングラインと呼ぶ下巻きイトに結ばれる

〈リーダー〉
根元から先端に向かって細くなるテーパー状の専用モノフィラライン。フライラインから伝わるパワーをスムーズに先端へ伝える。ナイロンを中心にフロロカーボン製もある

〈フライ〉
川虫や昆虫、小魚などをイメージしたイミテーションと特定対象のいないファンシーフライがあり、ドライ、ウエット、ニンフ、ストリーマーなどに分類される。またそれぞれに膨大な数のパターンがある

〈ティペット〉
ハリスのこと。専用品のほか、渓流やアユ用のハリスでも代用可能

軽いフライをキャストするためのシステム

フライとは西洋の擬似餌＝毛バリのことで、フライフィッシングはそれを用いた西洋スタイルの毛バリ釣りです。簡素なデザインの毛バリをノベザオで振る日本のテンカラ毛バリ釣りとは対照的に、フライフィッシングでは専用のロッドとタイコ型のリールを組み合わせた独自のタックルを駆使し、バリエーション豊富なフライをキャスト・操作します。

ラインはAFTMAという米国の規格数字で表示され、基本的に#記号を伴うラインと同数字（番手）のロッドとリールでタックルを組みます。数字が小さいほど軽量タックルとなり、4番以下なら渓流向き、6～8番になると湖沼のロングキャスト用になります。ラインは独特で、キャスティング性能を高めるテーパーが施された径の太いものを使用します。このラインが伝

1章 川釣り仕掛けの主なスタイル

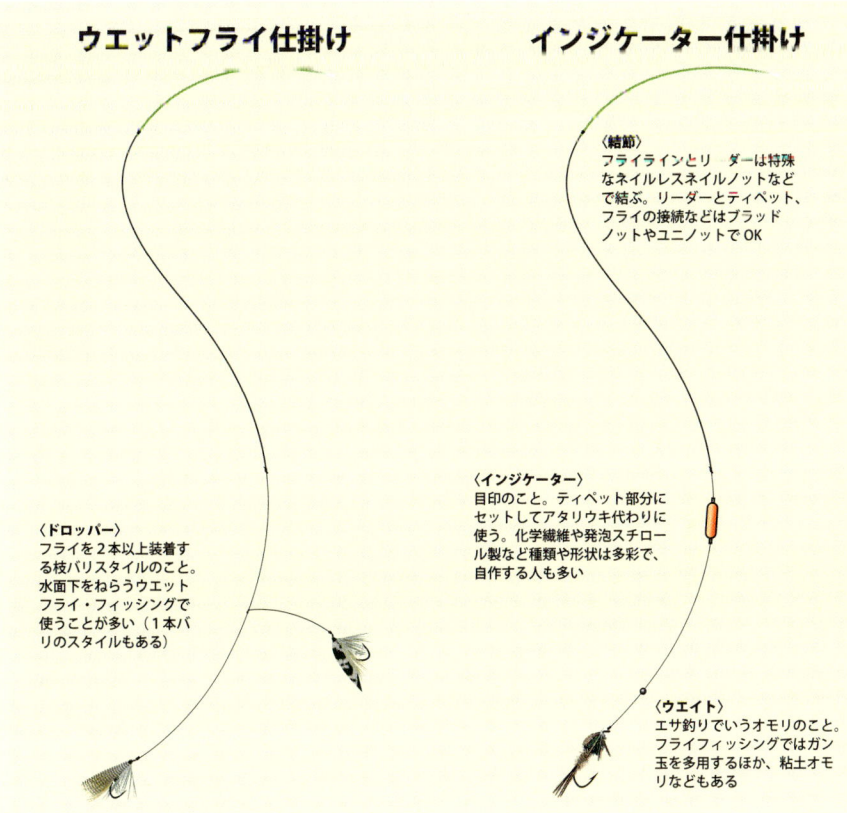

ウエットフライ仕掛け

〈ドロッパー〉
フライを2本以上装着する枝バリスタイルのこと。水面下をねらうウエットフライ・フィッシングで使うことが多い（1本バリのスタイルもある）

インジケーター仕掛け

〈結節〉
フライラインとリーダーは特殊なネイルレスネイルノットなどで結ぶ。リーダーとティペット、フライの接続などはブラッドノットやユニノットでOK

〈インジケーター〉
目印のこと。ティペット部分にセットしてアタリウキ代わりに使う。化学繊維や発泡スチロール製など種類や形状は多彩で、自作する人も多い

〈ウエイト〉
エサ釣りでいうオモリのこと。フライフィッシングではガン玉を多用するほか、粘土オモリなどもある

えるパワーをスムーズに伝達するため、先端には中継ぎ的な役割を果たすテーパー状のリーダーを結びます。そしてティペットに結ばれたフライが美しいループを描いて飛んでいくのが、フライフィッシングの原理です。

フライの種類は、水生昆虫や陸生昆虫類を中心に小魚、小動物などを模写したイミテーションタイプのほか、色鮮やかでゴージャスなサケ釣り用のサーモンフライのように、ファンシーなものも数多く存在します。フライフックにも大小サイズがあり、#記号（番）と数字で表示されています。

多種多彩なフライに呼応して、対象魚もまた豊富です。渓流のヤマメやアマゴ、湖のマス類、ブラックバス、イトウやサケなどの遡上魚。管理釣り場のマス釣りも人気です。代表的な仕掛けとしては、水面をねらうドライフライ、中層を広く探るウエットフライ、目印でアタリをキャッチするインジケーターフィッシングがあります。

19

和の毛バリ釣り仕掛け

地域色豊かな伝統毛バリ釣法

シンプルなテンカラ、ゴージャスなアユ毛バリ

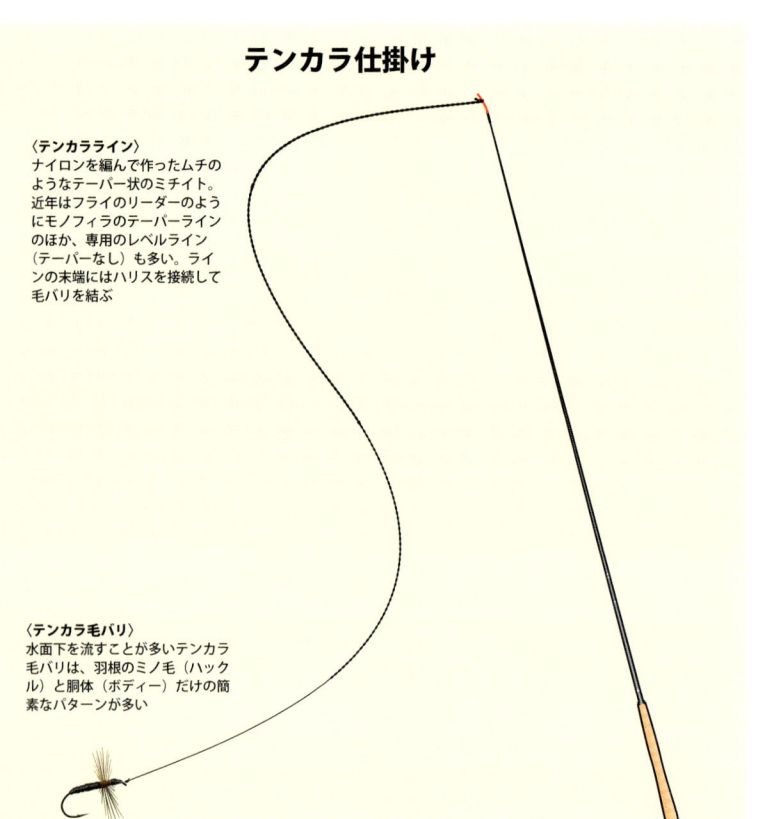

テンカラ仕掛け

〈テンカラライン〉
ナイロンを編んで作ったムチのようなテーパー状のミチイト。近年はフライのリーダーのようにモノフィラのテーパーラインのほか、専用のレベルライン（テーパーなし）も多い。ラインの末端にはハリスを接続して毛バリを結ぶ

〈テンカラ毛バリ〉
水面下を流すことが多いテンカラ毛バリは、羽根のミノ毛（ハックル）と胴体（ボディー）だけの簡素なパターンが多い

日本は各地で毛バリ釣り文化が伝承されてきました。毛バリの形状や釣り方は異なりますが、それぞれ渓流や清流に棲む魚種を釣るために創意工夫された個性豊かなものばかりです。

最もシンプルな和の毛バリ釣りは、ヤマメやアマゴ、イワナなどの渓流魚を相手にするテンカラ仕掛けです。ノベザオにセットするテーパー状のラインは今でこそナイロン製になりましたが、馬の尻尾の毛を何本も撚って編み込んだ馬素（ばす）が原点です。

毛バリは、ハリにキジなどの野鳥やニワトリの羽根を使ったミノ毛と胴体をぱらりと巻いただけ。見た目は単なる虫といった感じの簡素なパターンがほとんどです。

テンカラ釣りとは正反対に、豪華絢爛（けんらん）な毛バリといえば、清流の女王アユを釣るミャク釣りスタイルのアユ毛バ

20

1章 川釣り仕掛けの主なスタイル

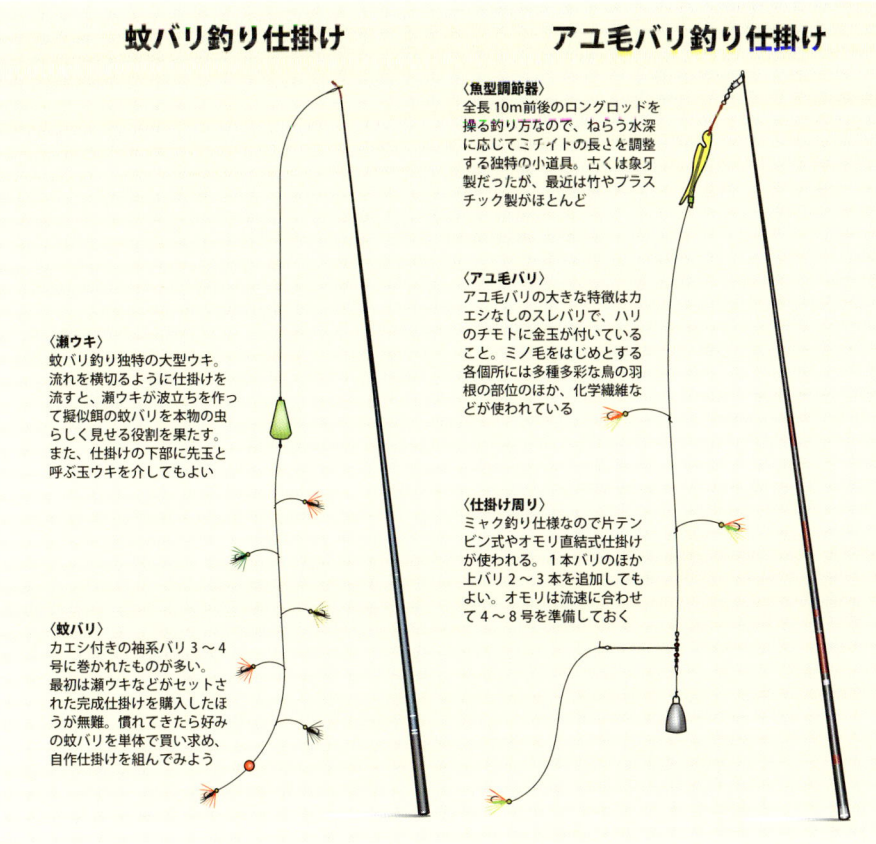

蚊バリ釣り仕掛け

〈瀬ウキ〉
蚊バリ釣り独特の大型ウキ。流れを横切るように仕掛けを流すと、瀬ウキが波立ちを作って擬似餌の蚊バリを本物の虫らしく見せる役割を果たす。また、仕掛けの下部に先玉と呼ぶ玉ウキを介してもよい。

〈蚊バリ〉
カエシ付きの袖系バリ3〜4号に巻かれたものが多い。最初は瀬ウキなどがセットされた完成仕掛けを購入したほうが無難。慣れてきたら好みの蚊バリを単体で買い求め、自作仕掛けを組んでみよう。

アユ毛バリ釣り仕掛け

〈魚型調節器〉
全長10m前後のロングロッドを操る釣り方なので、ねらう水深に応じてミチイトの長さを調整する独特の小道具。古くは象牙製だったが、最近は竹やプラスチック製がほとんど。

〈アユ毛バリ〉
アユ毛バリの大きな特徴はカエシなしのスレバリで、ハリのチモトに金玉が付いていること。ミノ毛をはじめとする各個所には多種多彩な鳥の羽根の部位のほか、化学繊維などが使われている。

〈仕掛け周り〉
ミャク釣り仕様なので片テンビン式やオモリ直結式仕掛けが使われる。1本バリのほか上バリ2〜3本を追加してもよい。オモリは流速に合わせて4〜8号を準備しておく。

り仕掛けです。「ドブ」とも呼ばれる淵などの深場をねらうため、別名ドブ釣りとかドブバリともいわれています。

アユ毛バリは古くから兵庫県の播州バリ、石川県の加賀バリ、四国高知県の土佐バリが3大生産地として知られています。江戸時代から蓄積されてきたアユ毛バリの種類は優に数1000種に達する膨大な数が記録されており、その1本1本には個性的な毛バリ名が付けられています。

アユの毛バリ釣りにはこのほか、チンチン釣りと呼ばれる玉ウキ仕掛けの流し釣りが盛んな地方もあります。

また、山里に近い清流を泳ぎ回るヤマベやハヤと遊ぶには、独特の形状をした瀬ウキと組み合わせる多点バリの「蚊バリ仕掛け」があります。これはフライやテンカラのように水生や陸生の小さな昆虫に似たものではなく、蚊のように小さな毛バリという程度の意味と考えてよいでしょう。

21

時ナタネ

春から夏に向かって水が温む時期に効果を発揮する

蜂（ハチ）

春から夏に向かってハチが飛ぶ季節に好適。ハヤ（ウグイ）の大型もよくヒットする

ホタル

夏から秋にかけて気温が高い季節に欠かせない。大中型ヤマベがよく釣れる

ナタネ（黄ナタネ）

真黄色な菜の花が咲き乱れる春に適したハリ。初期のアユもよく釣れる

金血丸・血丸

この2本の蚊バリは一年中釣れるものの個性が強く、釣り人の好き嫌いが分かれる

油クジャク

どちらかというと、春限定の蚊バリの1つ

ワールド

参考：『うぐい おいかわ釣り』（東京書店 刊 ※絶版）

二葉

四季を通じてよく釣れると同時に、大中型ヤマベが好むといわれる

カラス

ホタルと同じような効果があり、夏秋にはどちらか1本欲しいところ

黒クジャク

油クジャクに対して、こちらは夏限定の蚊バリ

カゲロウ

一年中コンスタントにアタリが出る必釣バリ。寒い日には中小型が掛かる率が高い

音羽

小型ヤマベが掛かりやすいが、数釣りには欠かせない。冬から初春にかけて、特に寒い時期に効果的

赤クジャク

クジャク系3種類の中で季節を選ばない最も無難なハリ

1章 川釣り仕掛けの主なスタイル

彩とりどり 蚊バリ

小バリ2号

小型の蚊ハリパターンとして知られ、1号から10号まである。2号は春から秋にかけての3シーズンに向き、数ねらいよりも良型ねらいに力を発揮

清姫
シーズンを問わずよく当たる推薦バリの1つ。冬期には大中型ヤマベが釣れる確率が高い

苅水

冬から春にかけて寒ヤマベ釣りに適したハリ。特に暖かい日和によい。大中型ヤマベが掛かる

小バリ4号

小バリ2号と同じく冬を除く3シーズンに適し、特に蒸し暑い夏のタマヅメによく当たる

ハエ
ハエが飛ぶ時期によく当たる。ハヤも好んで食ってくる

胴黒

冬を除く春から秋までの3シーズン向き。ホタルやカラスと同じような効果があるが、その力はやや落ちるといわれる

ヒバリ

こだまと同じく、春から秋にかけての3シーズンで効果的

猩々（しょうじょう）

夏の蒸し暑いタマヅメ時に威力を発揮してくれる

歌姫

ミノ毛が長く垂れ下がり、元巻きや留めが加わってアユ毛バリに似る。宇川式蚊バリのパターンの1つ。歌姫は春と秋に型のよいヤマベが釣れる

白雪2号

1～3号の3本組で市販されているシリーズの1つ。中でも白雪は人気が高く、2号は特に春から秋にかけて大中型ヤマベがよく釣れる

高尾

宇川式の高尾は春夏秋の3シーズン向き。大中型ヤマベのほか、アユも掛かる
※宇川式＝キツネバリを使い、アユ毛バリに似せた蚊バリパターンの1つ

こだま

春から秋にかけておすすめ。蚊バリ釣りのトップシーズンには欠かせない1本。大中型も好む

白雪3号

白雪2号と同様に四季を通じてコンスタントに当たるが、こちらは中小型の数釣り向き

23

●サオ

多彩なターゲットに流用が利く清流＆渓流ザオ、リールザオは釣法を特化した専用品も

●振り出しザオ（小継ぎ）
川釣りで最も出番が多いサオは、仕舞い寸法の短い小継ぎの振り出しザオだろう。渓流、清流ザオ等によく見られ、これらを流用する。3m以下の短ザオでは仕舞い寸法が一段と短くなる。

振り出しザオには長短を調節できるズーム機能を備えたものもある。写真の場合は1本のサオを3.9、4.2、4.5mと3つの長さで使うことが可能だ

同じ振り出しザオでも、アユザオになると全長が9m前後と非常に長いのが特徴。最新の素材や技術が投入されたトップモデルは価格も高価

●テンカラザオ
振り出しザオの一種だが、ラインの重さだけで毛バリをキャストできる専用設計がなされている。長いコルク製グリップが多いのも特徴の1つ

長短豊富な振り出しザオ。リールザオは海用タックルを利用

川釣りに使われるサオはノベザオとも呼ぶ「振り出しザオ」と、外ガイド付きのサオとリールを組み合わせた「リールザオ」の2タイプに大別できます。それぞれ魚種や釣り方別に最適なものを選ぶことが大切です。

振り出しザオは、軽く適度な反発があり、アタリ感度もよいカーボン製が主流です。長短でいうと、タナゴや小ブナなど小もの釣り用80cm～2.7mの短ザオから、3.2～6.3mの清流＆渓流ザオまで。特に後者は多種多彩なターゲットに流用が利き、出番が多い万能タイプです。このほか専用ロッドとして9m以上もあるアユザオを含めると、川釣り用の振り出しザオは実に種類が豊富なことが分かります。

振り出しザオのバリエーションには伸縮で全長を変えられる2～3段式ズームロッドもあります。うまく長短

24

1章 川釣り仕掛けの主なスタイル

●リールザオ
川釣りでは、**コンパクトロッド**などと称される振り出し式のリーズナブルなリールザオがあると便利。写真のようにリールシートにスピニングリールをセットして使う

●ルアーロッド　それぞれスピニング、ベイトリールをセットして使用する。両者のロッド（サオ）を比べると、ベイトキャスティングロッドのほうが数段硬く、基本的に1ピース設計になっている

トラウト用スピニングロッド

ブラックバス用ベイトキャスティングロッド

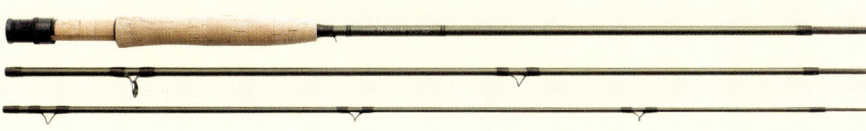

●フライロッド　バスロッドとは対照的に、フライロッドは基本的に継ぎザオ設計。両手で振るダブルハンドロッド以外は、グリップの下（サオの一番下側）にリールシートがあるのが特徴

を考慮して選択すれば、2～3本のズームロッドで3～5・3mの長さをカバーすることも可能で経済的です。

リールザオも魚種や釣り方で選ぶサオが変わってきます。エサ釣りではウキ釣り用のリールザオタックルの投げザオタックルを多用するほか、使います。リールザオは、オモリ負荷という要素も加わることで、さまざまなターゲットに適したサオが選べるようになっています。

ヤマメ、イワナ、ニジマス、ブラックバスなどを対象とするルアー＆フライフィッシングでは、専用のタックルをそろえる必要があります。ワカサギ釣りも、釣り場や釣り方に応じて独特の短ザオが用意されています。

サオを購入する際には、衝動買いを慎み、釣り仲間のベテランや信頼できる釣具店の店員にアドバイスを受けることです。そして、長く付き合える良質なタックルを1つずつそろえていきましょう。

●リール

大別すると4種類。出番が多いのはスピニングリール

スピニングリールは川釣りジャンルで最も出番の多いリールだ

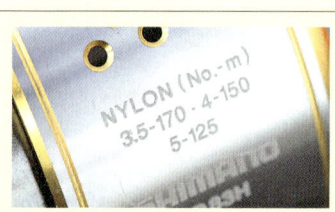 

サイズ（右）やイト巻き量（左）の表示をよく見て選ぼう

リールの種類は大きく分けてスピニングリール、両軸受けリール、片軸受けリール、電動リールの4タイプがあります。

このうち、川釣りのジャンルで最も多用されるのはスピニングリールです。ハゼやウナギなどエサ釣りのリールザオと組み合わせるのはもちろん、マス・サケ類やブラックバスなどのフィッシュイーターを相手にしたルアーフィッシング、コイのボイリーフィッシングなど、スピニングリールの出番は数え切れません。

スピニングリールを選ぶ第1基準は、各ターゲットに見合うミチイトの号数とイト巻き量を参考にします。大手釣り具メーカーは、イト巻き量のほかに、リールのサイズをメーカーごとに4～5ケタの番号で表示しています。購入の際にはこれらの点を必ずチェックしてください。

目安としては、1000～2000番台の小型タイプがハゼのチョイ投げ

26

1章 川釣り仕掛けの主なスタイル

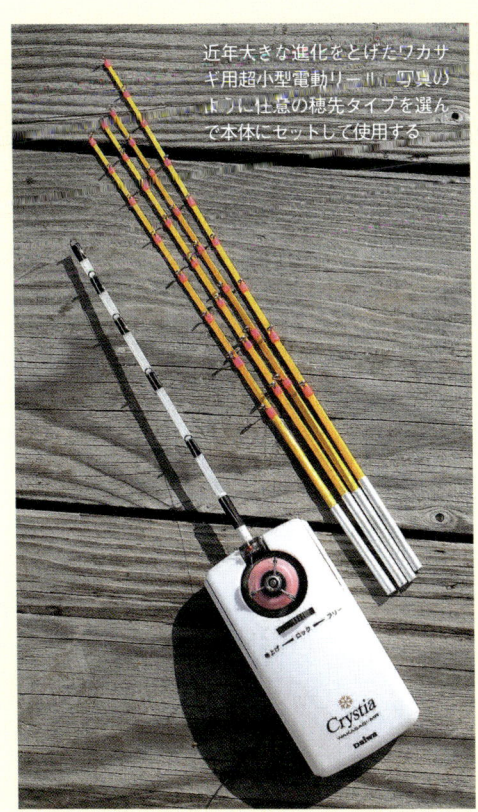

近年大きな進化をとげたワカサギ用超小型電動リール。写真のように仕様の穂先タイプを選んで本体にセットして使用する

コイ科の大型魚の釣りでは両軸受けリールが活躍する

軽量化が図られているデザインのフライリール

釣りや渓流のルアー釣り、2500〜4000番台の中型タイプになると湖沼のルアー釣りにコイのボイリーフィッシング、さらにはシーバスやサケに至るまで、淡水域と汽水域に生息する大中型魚をねらうことができます。

一方、両軸受けリールの出番は少ないですが、何本ものリールザオを並べるコイのブッコミ釣りには根強い人気があります。

片軸受けリールは、フライフィッシング用のリールが代表格です。リールの大小サイズは一律に、#3〜10といったラインのイト巻き量で表されており、ヤマメやニジマスをはじめ、小魚はヤマベ、大型魚はサケやカラフトマスまで楽しめます。

特異的なものでは、近年大人気の屋形＆ドーム船のワカサギ釣り専用に開発された超小型電動リールがあります。今やボート釣りでも必須アイテム化し、デザインや操作性のよさが多くのファンから支持されています。

COLUMN

仕掛け作り道具箱のススメ

　家庭に常備してある道具箱というと、すぐに思い浮かぶのは裁縫箱と救急箱でしょう。これらの常備箱と同じような発想で、私は数個の仕掛け作りの道具箱を使い分けています。愛用している容器は釣具店で買い求めた中蓋2〜3段式のタックルボックスと、100円ショップの多目的プラスチック箱です。

　道具箱の上段は、使用頻度が高いアイテム専用として仕掛け作りに必要不可欠なハサミなどの工具類のほか、接続具の小型パーツケースとオモリ類が収まっています。

　雑多な工具類の中には爪楊枝や安全ピン、クリップといった一見ハテナ？の小道具も忍ばせてあります。これらは微量の瞬間接着剤を塗る時や、中通し玉ウキの止め栓を抜くなど、細かな作業を助けてくれます。また、大型のパーツケースはウキ類の整理箱として使うと便利です。

道具箱上段には仕掛け作りに必要不可欠なハサミなど工具類と小型パーツケース、オモリ類を収納

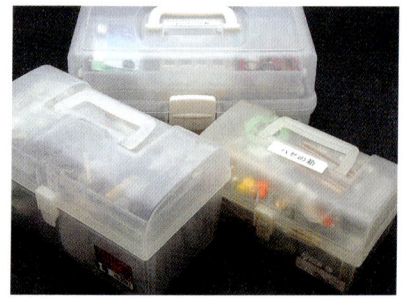

メインボックスのほか、大好きな魚種には専用道具箱を用意してある

ハリや仕掛け巻きなどのスペア用品入れは100円ショップのプラスチックボックスを活用

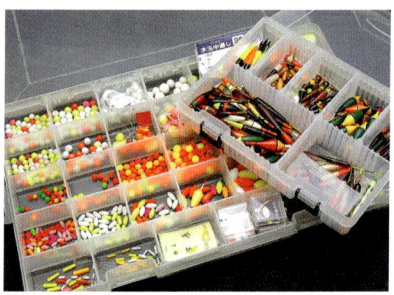

玉ウキや立ちウキなどのウキ類は大中型のパーツケースで整理整頓

2章 仕掛けを構成する主要なパーツ

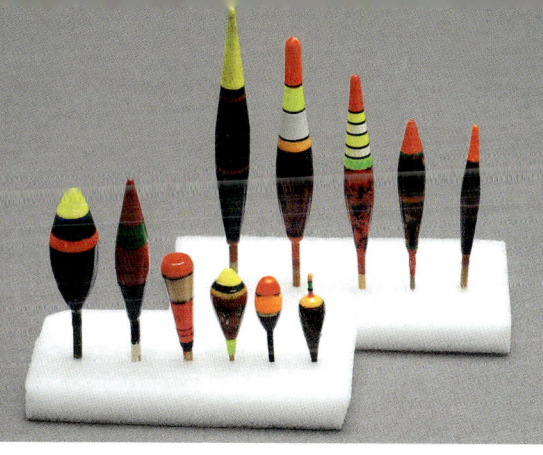

イト、ウキ、オモリ、ハリ、接続具……仕掛け作りでパーツを組み合わせる際、重要なのは何を選ぶかと、そのバランス。各パーツには、種類やサイズ、重さなどのバリエーションがあることを把握しておきたい。

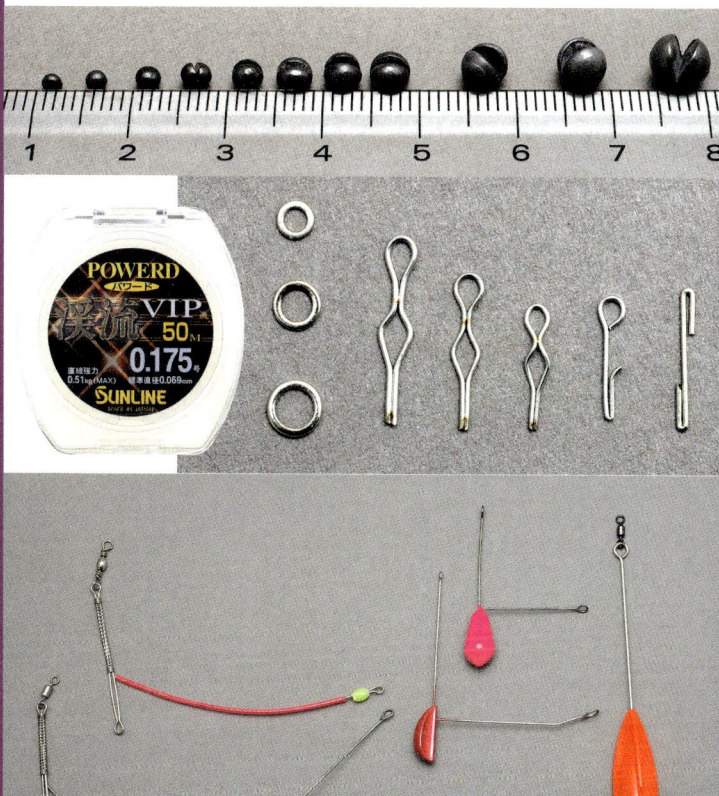

イト

イトには大きく4種類の素材がある

ミチイトに求められる要素

釣りに使うイトは通常、ミチイトとハリスに分けて考えます。イトの素材は大きく分けるとナイロン、フロロカーボン、PE、金属の4種類。それぞれのイトに備わった特性を理解して使い分け、魚種や釣り方にマッチした仕掛け作りを行なうことが基本です。

振り出しザオの仕掛けａｉｋｅ本体、またはリールに巻き込む川釣り用のミチイトには、優れた柔軟性とともにイトグセが付きにくい特性を持つナイロンイトを選択することがほとんどです。カラーは透明が中心ですが、リールザオ用に視認性を高めたイエローやオレンジなどの蛍光色を選ぶこともできます。

近年はポリエチレン繊維を編み込む製法で作られたPEラインもよく使われています。伸びが少なく、細イトでも絶大な強度を誇り、アタリ感度も抜群なことから、ワカサギ、シーバス、ブラックバス、ライギョ、ナマズなどのミチイトとして定評があります。

さらに細い0.03～0.05号という極細イトを開発した金属ラインは、強度と水切れに特化した特性を生かし、主にアユの友釣りに多用されます。

このほか、和洋の毛バリ釣り用ミチイトはキャスティング性能を重視し、ムチのような形状をしたテーパードラインに仕上げた特殊なものです。和風のテンカラ釣りは主にナイロンの組みイトのほか、最近はテーパーのないレベルラインが普及しています。西洋のフライフィッシングには組みイトの芯にナイロン加工を施したコーティングラインが使われています。

ハリスに求められる要素

一方、ハリに結ぶハリス用の川釣りイトには、ナイロンまたはフロロカーボンのどちらかを選びます。柔軟性に優れてイトグセが付きにくいナイロンに対して、フロロカーボンは根ズレに強く伸縮率が少ないなど、ナイロンイトにはない数々の特性があります。

ここ二番の大もの釣りにはフロロカーボンを選ぶのが妥当でしょうが、小もの釣りのジャンルでは顕著な差はなく、使いやすさの点でナイロンイトが優れているでしょう。異色なのはタナゴ釣り用のテトロンハリスで、独特の柔軟さから最良の吸い込みが期待できます。

2章 仕掛けを構成する主要なパーツ

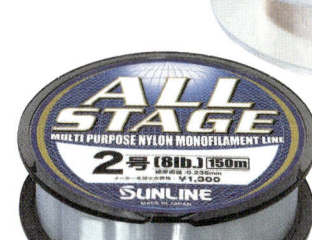

金属ライン
アユの友釣りで極度に進化を遂げた金属ライン

ナイロンイト
川釣りで最も使用頻度の高いのがナイロンイトだ。高価で高品質な細イトから、太めの号数を中心としたリーズナブルなものまで数多くの製品がある。ヘラブナ釣りなどジャンルを特化したものも多い

テンカラライン
写真のテーパータイプのほか、レベルラインタイプも普及している

フロロカーボンライン
根ズレなどに強くナイロンよりも比重が大きいフロロカーボンライン。川釣りではハリスに用いられることが多い

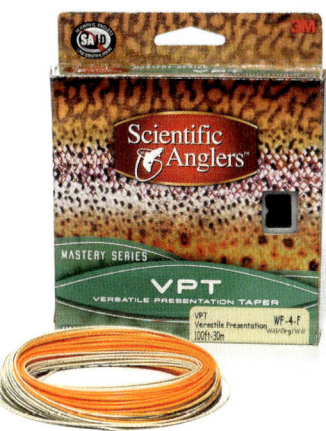

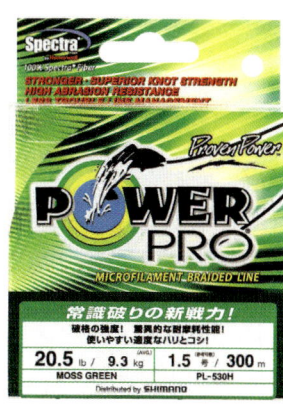

フライライン
ゆでたスパゲティーのような独特の形状のフライライン。製品ごとに浮き沈みやテーパーにさまざまな工夫がなされている

PEライン
海釣り、ルアーフィッシングで幅広く使われているのがPEライン。他素材との結びにはコツがいる

31

ウキ① 立ちウキ

バリエーション豊かなトウガラシウキ、特定の釣りで進化したヘラウキ＆ハエウキ

形、大小、塗りと実に多彩なバリエーションがあるトウガラシウキは、見た目にも楽しい

バットウキ（親ウキ）もトウガラシウキの一種に数えられる

トウガラシウキは立ちウキの代表選手

川釣りで使われるウキを大別すると、棒型の立ちウキと球形の玉ウキの2種類があります。特に立ちウキのバリエーションは多種多彩ですが、いずれも微妙なアタリをいち早く察知できるように、感度と視認性のよさを重視して作られていることが大きな特徴です。

立ちウキの素材はバルサや桐などの木、山吹の芯やカヤの幹などの植物、クジャクの羽根芯、硬質＆軟質の発泡スチロールがよく使われます。どれも浮力が高くてある程度加工しやすい素材ですが、高感度に仕上げるには形状、バランスなどの総合性が問われます。

立ちウキの大半は、トウガラシウキと呼ばれるタイプです。細長いトウガラシから太めのトウガラシまで、いろいろなデザインがそろっています。中にはトップ付きのトウガラシウキもあります。また、タナゴ釣りやフナ釣り

32

2章 仕掛けを構成する主要なパーツ

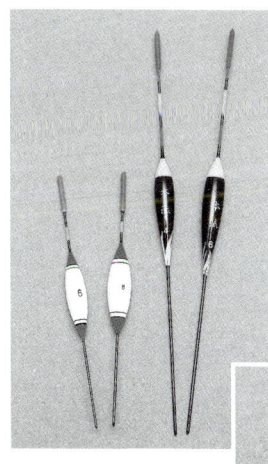

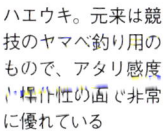

ハエウキ。元来は競技のヤマベ釣り用のもので、アタリ感度や操作性の面で非常に優れている

ハエウキのボディーには浮力をガン玉8号の個数で表示してあることが多い

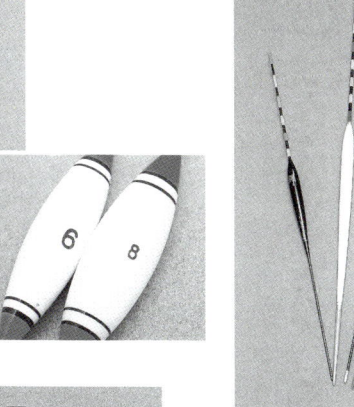

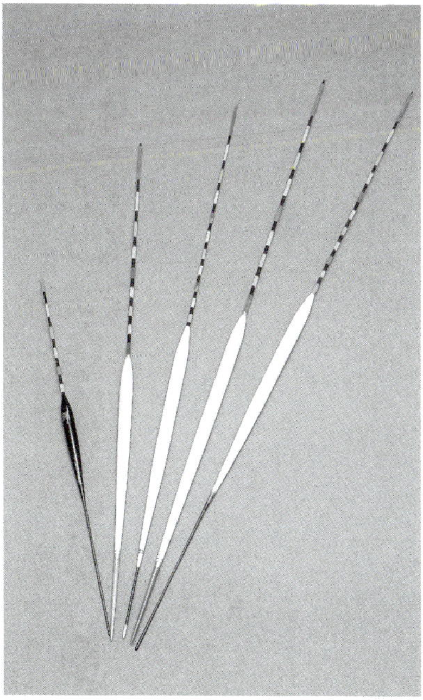

ヘラウキ各種。アタリやエサ落ちの微妙な変化をとらえるために、細くこまかな目盛りのトップが付けられている

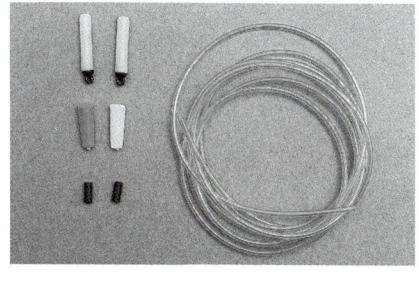

ゴム管各種。ウキの足を仕掛けに固定するパーツ。ゴム管はその総称。左＝上から、ヘラウキ、一般的な立ちウキ、小もの釣り用。右のウレタンパイプはカットして小ブナやハエ釣り用のウキに

ヘラウキ・ハエウキは感度重視の専用ウキ

一般的なトウガラシウキとは一線を画した超高感度の立ちウキもあります。ヘラブナ釣り用のヘラウキと、ハエ（ヤマベ）の競技釣りで多段シズ仕掛け用に登場したハエウキです。

止水域で多用されるヘラウキは、主にクジャクの羽根芯を合わせて作った細身のボディーに、目盛りが入った細長いトップの上下動で練りエサのエサ落ちとアワセのタイミングを読み取ります。

ハエウキは流水に長けた小型ウキです。浮力が高い硬質発泡スチロール製のボディーは流れの中でも安定性がよく、アタリ感度も抜群です。

これらの立ちウキは板オモリやガン玉などのオモリで浮力調節をします。

などの連動シモリウキ仕掛けに用いるバットウキなどの親ウキも、トウガラシウキの一種と考えてください。

33

ウキ② 玉ウキ

近年は複数で使用する中通し式の「シモリウキ」が主流

玉ウキは足付きと中通し式の2種類

立ちウキを用いる釣りは、どちらかというとエンコ釣りなどの低い目線の釣り座からウキを注視します。

反対に、玉ウキの仕掛けの釣りは、高い位置からの目線で見た時に水面あるいは水面下に並ぶウキの視認性がよいことが大きな特徴です。そのため、フナの探り釣りや清流のヤマベのフカシ釣りなど、主に積極的に釣り歩く川釣りターゲットをねらう場合に、玉ウキの仕掛けが使われてきました。例外としてはテナガエビの並べ釣りにも愛用されています。

玉ウキにはゴム管を介してミチイトに接続する足付き玉ウキと、直接ミチイトに通してウキ止メパーツで止める中通し玉ウキがあります。ここ最近の川釣りジャンルでは中通し玉ウキの出番が多く、別名シモリウキとも呼ばれています。

シモリウキの形状には、球形とナツメ型の2種類があります。材質はプラスチック製と硬質&軟質の発泡スチロール製に分かれますが、発泡スチロール製の玉ウキはより浮力が大きい半面、破損しやすいことが欠点です。

サイズは小さいほうから00号、0号、1号……8号、10号といったように表記が統一されているので、魚種や釣り方を考慮して欲しいサイズを簡単に選ぶことができます。

玉ウキには白、黄、赤、ピンクなどプラスチック色のバリエーションは、数色がそろっています。一方、発泡スチロール玉ウキには視認性良好な蛍光カラーがほとんどです。

そのほかのタイプ

このほか、タナゴやフナの連動シモリウキ仕掛けやシモリウキ仕掛けに、前記した玉ウキ以外に、鶏や水鳥の羽根芯で作った羽根ウキや、樹脂を固めて作ったイトウキが使われます。

これらは浮力の弱い（あるいはない）タイプなので、アタリウキと呼ぶ場合もあります。また、最近では前記した素材のほかに、発泡スチロールやゴム製の極小タイプも市販されています。

ヤマベの蚊バリ流し釣りに用いる瀬ウキは、その大きさを利用して水面に波立ちを作るなどの特殊効果をねらったものです。通常のウキのように、ウキ自体でアタリを取るのではなく、誘い効果の機能を備えた独特のタイプといえます。

34

2章 仕掛けを構成する主要なパーツ

足付き玉ウキ

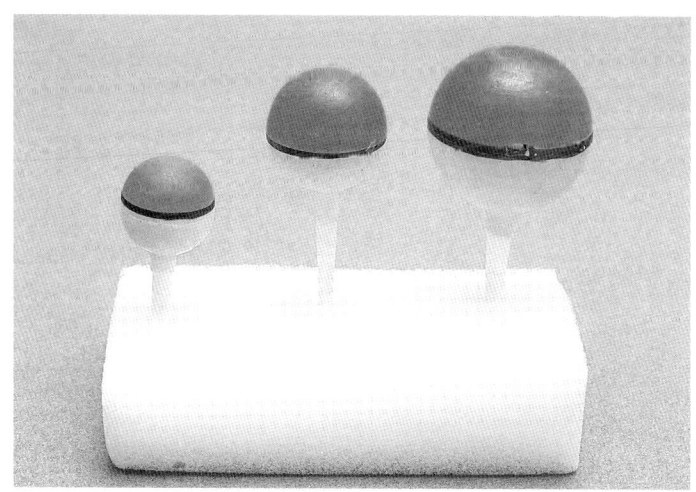

ナツメ型中通し玉ウキ。左から、0、1、2、3、4、5号

シモリウキと呼ばれる中通し玉ウキ。左から、00、0、1、2、3、4号

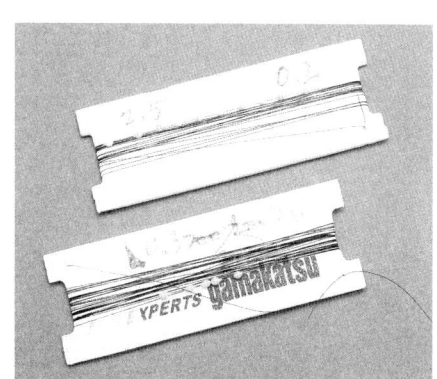

イトウキ仕掛け（イトウキの作り方は本文ほかDVDでも紹介！）

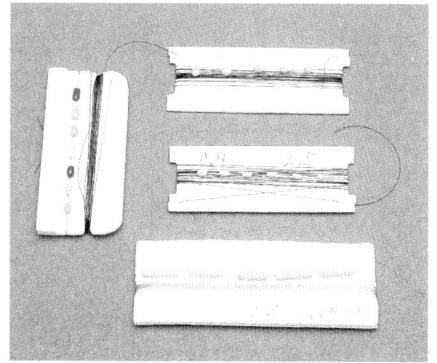

羽根ウキ仕掛け。左は市販品、右の3つは自作

35

目印

ミャク釣り仕掛けの「位置確認」として大活躍

手軽な化繊タイプの目印

振り出しザオで楽しむミャク釣りには、ミチイトによく目印をセットして使います。流れの中や逆光などの条件下でも仕掛けの位置確認がしやすいとと、ウキ代わりとして、手元に伝わるアタリよりも先にハリ掛かり率が高い食い込みアタリをキャッチできることも大きな利点です。

古くは鳥の羽根やセルロイド製の矢羽根から、山吹の芯、カラフルなビニルパイプなど、いろいろな目印が登場しました。近年はナイロン繊維を加工した製品が人気を占めています。各釣り具メーカーから主に渓流＆アユ釣り用として市販されていますが、川釣りジャンルすべてに流用できます。化繊目印は伸縮性に富んで結びやすく、撥水加工を施しているので水分を含まず水切れがよいことが特徴です。ミチイトへのセットもごく簡単で、片結びを3回繰り返すだけでもOK。釣り場用タックルケースの中に1スプール忍ばせておくと重宝します。

余分な部分をカットし、自分が見やすい程度の大きさの目印を3〜5個配列するのが基本です。指先でつまむと上下動ができ、水深やタナなどに合わせて好きな位置で止めることが可能な固定遊動式の目印になります。

スプール巻きの化繊目印は太さ別に細・中・太・極太などがあり、カラーもイエロー、オレンジ、グリーン、ピンク、レッド、ホワイト、ブラックといった各色がそろっています。視認性を考慮して太さや色を選んで配列するとよいでしょう。このほか、結ぶ必要のないワンタッチタイプの化繊目印も市販されています。

ウキの役割も兼ねるフライの目印

フライフィッシングでもアタリを読み取る目印が使われています。インジケーターあるいはマーカーフィッシング、ルースニングと呼ばれるスタイルで、ニンフやウェットフライを使って水面下をねらう釣りです。フライ用の目印は化繊のほか、筒型、玉ウキ型、粘着板タイプなど数種類が市販されていて、これらはフライを一定層に留めるウキの役割も果たします。

この釣り方はニジマスなどのマス類が大量に放流されている湖沼スタイルの管理釣り場で人気のほか、自然の渓流に棲むヤマメやアマゴ、イワナなどの野生魚にも効果的です。

36

2章 仕掛けを構成する主要なパーツ

化繊タイプの目印。釣りイトのようにスプールに巻かれて市販されている

化繊目印を付けたミャク釣り仕掛けの一例

フライフィッシングのインジケーターはさまざまな商品が市販されている。①テープタイプ（任意の大きさに切って使う）②足の両側のウキ止メパイプを介してイトを止める可動タイプ（イトは本体に沿わせる）③成形された張り合わせタイプ（イトを挟んで止める）④足部分のウキ止メゴムにイトを通して止める自作品。本体部分は化繊を折り返して束ねている。自作もさまざまなアイデアがある

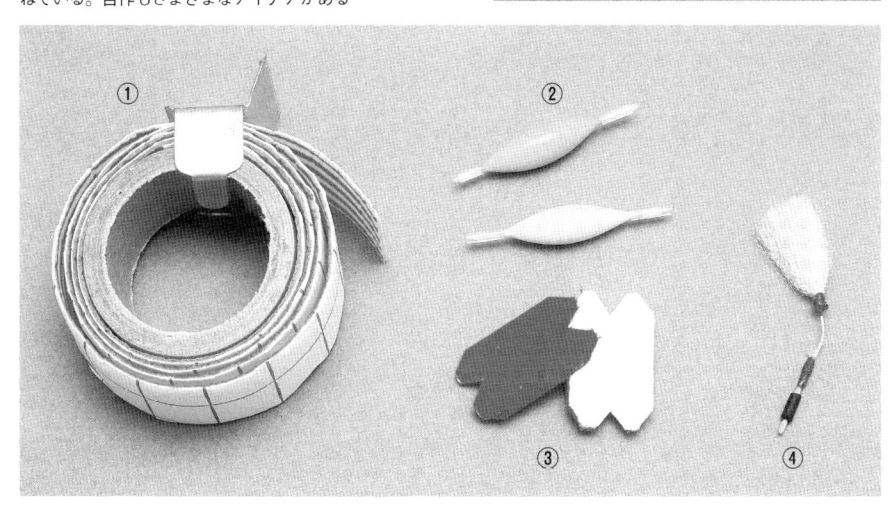

① ② ③ ④

オモリ

仕掛けや釣法別にさまざまなバリエーションが存在

ウキ釣りで出番の多い板オモリとガン玉

オモリはウキ釣り仕掛けの浮力バランスを調節する常用パーツとして重要です。ミャク釣りでも、仕掛けを沈めるとともに、流れの中で仕掛けを安定させることもできるし、さらにリール釣りでは仕掛けを遠くへ飛ばす役割を果たしてくれます。

オモリの種類は多彩です。まずは振り出しザオのウキ釣り仕掛けに欠かせないタイプから説明しましょう。その筆頭は何といっても板状に伸ばしてある板オモリです。厚さは薄いほうが市販品には長さ50㎝程度に切った小巻から0・1、0・17、0・2、0・25、0・4㎜などがそろっており、釣具店に並ぶき、同4〜5mの徳用巻き、長寸のコイル巻きがあります。

フナやハゼなど川釣り全般のウキ釣り仕掛けで多用される板オモリの厚さは0・17、0・2、0・25㎜の3種類。特に小ブナ用など浮力が小さなウキ仕掛けには薄手の0・17㎜を選んだほうが微調節しやすく、より繊細な寒タナゴ用の連動シモリ仕掛けには極薄の0・1㎜が最適です。

板オモリをミチイトにセットする際は後々の浮力調節を考慮し、少し重めに板オモリを巻いておくことが第一。そして、ハサミの刃などを利用して板オモリの一片に数㎜の折り込み部分を作り、そこにミチイトを挟んだ後、ていねいに巻き込んでいくことが基本です。また、ミチイトに裁縫用の縫いバリを添えて巻き込むことで、容易に遊動式の中通しオモリに仕上げることも可能です。

ガン玉もまた、ウキ釣り仕掛けを中心に多用されるオモリです。ガン玉の大きさは小さいほうから10、8、6……1号、B、2B……6Bという15サイズが市販されています。そのなかから使いやすい大小7〜8サイズのガン玉を選んでパーツケースに収納し、自宅用のほか釣り場にも持参すると大変便利です。

ガン玉の使い方の一例としては、春の乗っ込みブナ用のシモリウキ仕掛けなど、あまり微妙な浮力バランスを必要としない仕掛けや、ハエの多段シズ仕掛けなどミチイトの途中にオモリを止めたい場合に重宝します。号別にサイズが決まっているのでそのぶん使いやすいともいえます。また、ウキ釣りや川の流れが速い時は、増しオモリと呼ぶ応急処置の追加オモリとしても対応してくれます。

2章 仕掛けを構成する主要なパーツ

ガン玉オモリ

ガン玉はBサイズ以上になると
ゴム張りタイプが使いやすい

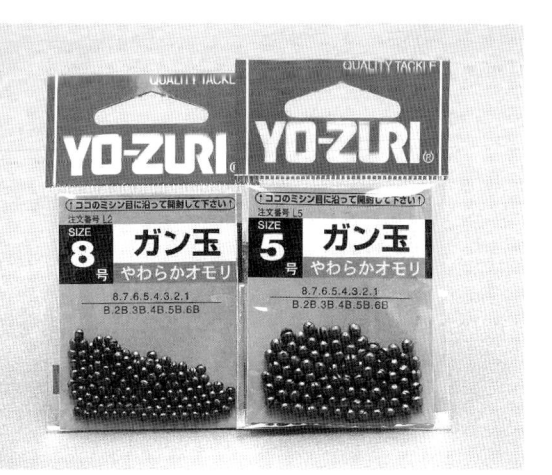

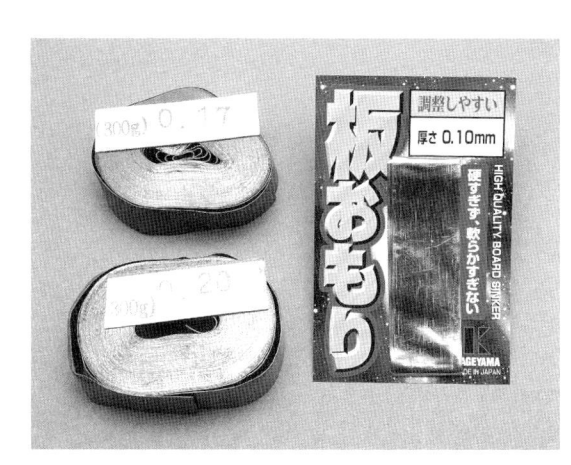

板オモリ。写真左は徳用タイプ。一般的には右のようなかたちで市販されている

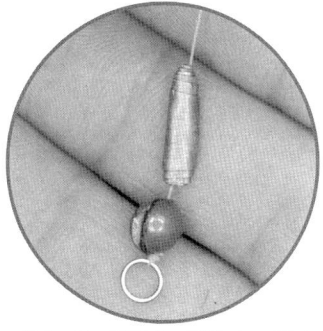

板オモリの仕掛けに「増しオモリ」としてガン玉を追加することもできる

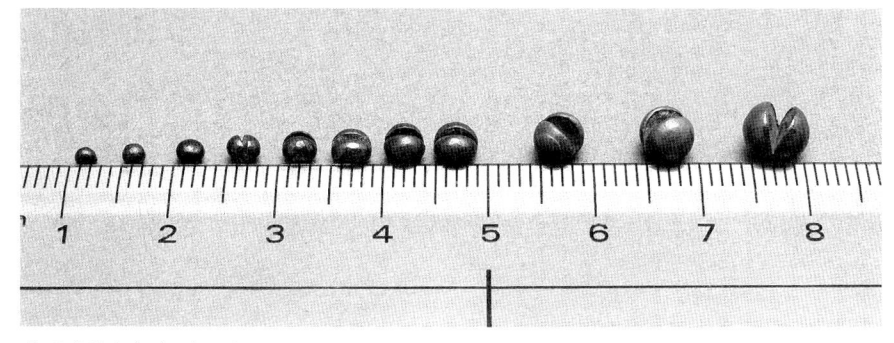

ガン玉各サイズ。左から、10、8、6、5、4、3、2、1、B、2B、3B

39

ポピュラーな環付きオモリ

オモリについて説明しましょう。

環付きオモリの代表的な形状はナス型、タイコ型、小田原型（別名・六角型）の3種類です。その中で、ナス型とタイコ型オモリの号数は0.5、0.8、1号という軽量サイズからラインナップされていることから、昔からハゼなど小型魚をターゲットとした振り出しザオのミャク釣りやショートロッドのチョイ投げ用に愛用されています。

小田原型オモリはその形状から、流れや潮流が速くても転がりにくいことが長所です。10号以上の重い号数を必要とする、ブッコミの投げ釣り用としてポピュラーなオモリです。

次に振り出しザオのミャク釣りやリールザオの投げ釣りによく使われるのが、川釣りジャンルのミャク釣りや投げ釣りで多用されるオモリは、ミチイトやテンビンにセットする環付きオモリと、遊動式仕掛けとして使う中通しオモリの2通りに分かれます。

環付きオモリ。左から、小田原型、ナス型、タイコ型

ナツメ型の中通しオモリ。形状にバリエーションがある

中通し式はナツメ型が代表

ナス型やタイコ型、小田原型オモリが固定式仕掛けに適しているのに対して、遊動式仕掛け用の中通しオモリの代表格がナツメ型です。号数は0.5号の軽量から何十号という重量サイズ

40

2章 仕掛けを構成する主要なパーツ

ワカサギ用オモリ各種。４のオーソドックスなタイプから、現在では釣果を伸ばすために特化されたデザインが施されたものが各種市販されている

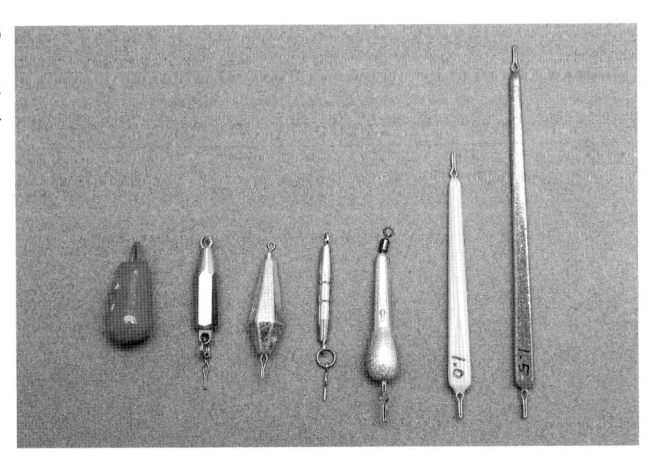

ワカサギ釣りのドーム船内風景。大勢で固定された穴から釣りをするので、仕掛けにはさまざまな面で効率化が求められる

までラインナップが豊富で、ハゼ釣りなど振り出しザオのミャク釣りから、ウナギやシーバス、コイのブッコミ釣りまで、さまざまな釣り場、対象魚に使われてきました。

ナツメ型の唯一の欠点をいえば、流速に弱く流されやすいこと。スパイク型や亀の子型など、転がりにくい扁平タイプの中通しオモリのバリエーションも数多く市販されています。異色的なものでは、ワカサギ釣り専用の通称ワカサギオモリがあります。近年は落下速度が速くて、水抵抗の少ない形状が主流を占めています。

ワカサギオモリは釣り場や釣り方によって細かくウエイトを使い分けられるように、号数のほかSS、S、M、L、LLといったサイズ別、またはグラム表示の製品もあります。そして、素早いオモリ交換と、下バリ接続用として、オモリの上下両端にはサルカンや自動ハリス止メが付属していることが大きな特徴です。

41

ハリ

魚と仕掛けの唯一の接点。対象魚や釣法にマッチしたものを選ぼう

ハリの各部名称
（カッコ内はルアー・フライでの名称）

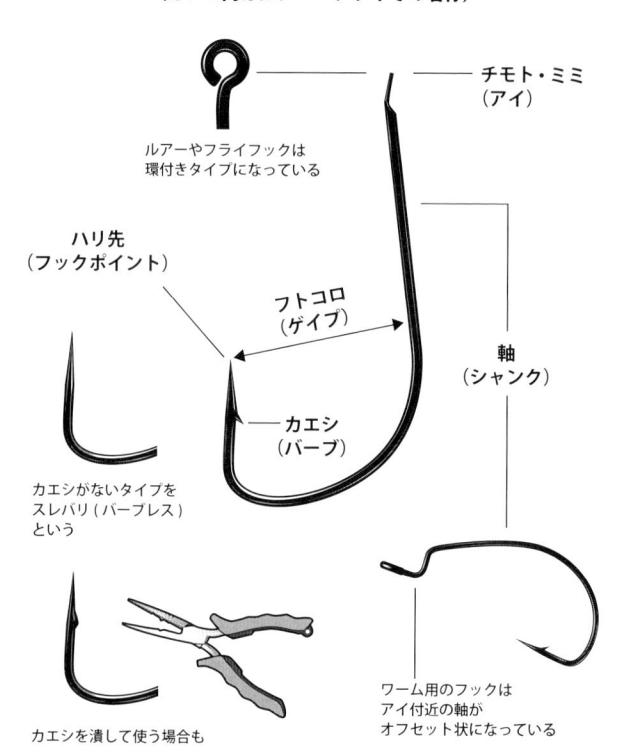

- チモト・ミミ（アイ）
- ルアーやフライフックは環付きタイプになっている
- ハリ先（フックポイント）
- フトコロ（ゲイプ）
- 軸（シャンク）
- カエシ（バーブ）
- カエシがないタイプをスレバリ（バーブレス）という
- カエシを潰して使う場合も
- ワーム用のフックはアイ付近の軸がオフセット状になっている

スタンダードなハリは信頼性が高い

　釣り大国の我が国には、膨大な数の釣りバリが出回っています。その鋼材は隅々まで吟味され、強靭、鋭利さなど品質、完成度ともに世界ナンバーワンであることは確実です。

　釣りバリのバリエーションは、海水と淡水の釣りというカテゴリーに二分できます。そこから川釣りや船釣り、磯釣りなどのジャンル別に分けられ、さらにフナ、タナゴ、ワカサギなどの魚種別に枝分かれします。そして最終的には、同じ対象魚でもエサや仕掛け、釣り方が変わることによって、いろいろなネーミングが付いた釣りバリへと発展しつつ細分化されていきます。

　細分化が進んだ現在では、国内で市販されているものだけで数百種類もの釣りバリのバリエーションが存在することでしょう。

　その中でも、各社が競って新作バリ

2章 仕掛けを構成する主要なパーツ

を開発しているのは、アユの友釣り用掛けバリではないでしょうか。アユの友釣りは競技も盛んで、釣り人の生命線ともいえる掛けバリには、さまざまなノウハウが投入されています。新製品を一見しても、時には改良点がどの部分なのか分からないほど微妙な工夫だったりします。流行の釣法への対応などもあり、後々までカタログの中に生き残れるハリ型よりも、次々に姿を消していく製品のほうが圧倒的に多いと思われます。

釣り人の生命線という点では、ほかのハリも同じです。これほどまでに生存競争の厳しい釣りバリですから、逆にいえば、何年経ってもカタログ落ちしていないハリ型は、いかに釣り人から高い支持を受けているかを物語っています。

川釣りのターゲットに適したエサ釣り用のハリは多種多彩ですが、本書で取り上げたのは基本的に、古くから信頼されて使われてきたスタンダードなのハリも同じです。

川釣りに適したエサ釣り用ハリ

●万能タイプ

淡水域・汽水域を問わず、川釣りの万能バリとして定評があるのが袖バリ

釣りバリを中心に絞り込みました。それでもご覧のとおり、10数種類に及ぶ釣りバリがあります。これらを興味本位で全部のハリ型を集めようとはせず、ねらうターゲットに応じて気に入った釣りバリから買い求めていくことをオススメします。

たとえば、テナガエビ釣り用としてエビバリを選ぶ際には、まず同じ製品で大小2〜3サイズの号数をそろえて購入します。釣り場では釣れてくるテナガエビの大きさや就餌の状況に応じて、あれこれ使い分けてみる工夫も必要です。そうして経験を積んできたら、A社B社と異なるエビバリを同時に購入して、掛かり具合などを試してみるのも面白いでしょう。

●里川・湖沼・汽水向け

世界に誇る最小バリといえばタナゴバリです。主な種類には極小、新半月、三腰、ハリマ、半月、流線、極タナゴ（きわめ）があり、ハリの形状や大きさはそれぞれ異なります。自分の好みとともに釣れるタナゴの大小にマッチしたハリ型を選ぶことが大切です。

タナゴバリや袖バリと並んで、小ものバリとして人気が高い秋田狐バリは小ブナ釣りにワカサギ釣り、そしてカネヒラやオオタナゴなどの良型タナゴねらいに好適です。

このほか、テナガエビ釣りには専用のエビバリがあります。また、ヘラブナ釣りに使われるヘラバリはエサや釣り方などの用途別にバリエーションが

です。1号から12号まで大小13サイズがそろっています。里川のフナ釣りはもちろん、タナゴやハゼ、ヤマベといった小魚から大型のマス類まで対応します。また、ウキ釣り・ミャク釣り・投げ釣りなど釣り方も選びません。

秋田袖

1〜2号は袖1号の代わりの小バリとして。小ブナや良型のタナゴにも

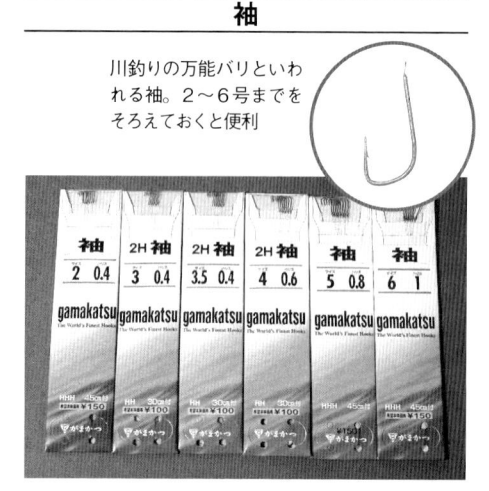

袖

川釣りの万能バリといわれる袖。2〜6号までをそろえておくと便利

ワカサギの市販仕掛けには袖や秋田袖系のハリ型が使われていることが多い。右は任意のところでカットして使用できる、ワカサギならではのお得な50本バリ仕掛け

豊富ですが、基本的なハリ型は関東スレと改良ヤラズの2種類です。

●渓流・清流向け

ヤマメやアマゴなどの渓流釣りの定番はヤマメバリです。これに加えて、アメマスやニジマスなどの大型マス類にはマスバリが好まれています。

ヤマベやハヤ相手の清流のフカシ釣りやミャク釣りには、ヤマベバリと袖バリが使われ、練りエサの寄せエサ釣りには専用のハエスレバリがあります。

同じ清流でもアユの友釣り用掛けバリはバリエーションが豊富です。近年の傾向としてはハリ先が少し内側に向いたシワリ系の保守型と、ハリ掛かりが早いストレート系の速攻型に分かれています。また、アユのエサ釣りにも専用バリがあり、号数は1〜2号の小バリを多用します。

●大中型魚向きのハリ

コイやナマズ、レンギョなどの大ものの釣りには、海用のハリとしても人気が高い丸セイゴ、伊勢尼、コイバリな

44

2章 仕掛けを構成する主要なパーツ

半月／新半月

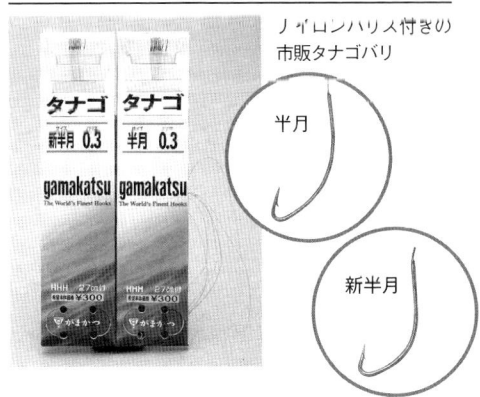

ナイロンハリス付きの市販タナゴバリ

半月

新半月

極タナゴ

極タナゴはテトロンイト付きの市販バリ

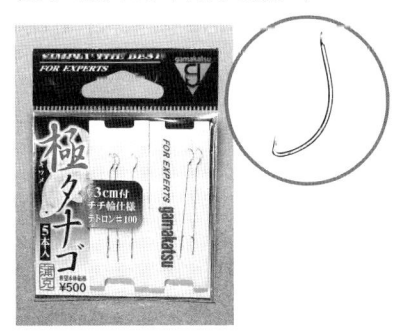

発光ハゼ

発光玉付きタイプ。主にシーズン後半の落ちハゼやケタハゼねらいの投げ釣りに

エビ

テナガエビ専用バリ。根掛かりの多い釣りのためスペアは充分に

擬餌バリ類

●アユの毛バリ

主に水深の深いドブ（淵の方言）をねらうことから、アユ毛バリ釣りはドブ釣り、その毛バリは別名ドブバリとも呼ばれます。絢爛豪華なアユ毛バリのバリエーションは数1000種ともいわれ、ハリのチモトに固めた金箔貼りの金玉とカエシのないスレバリ、ファンシーな色彩が大きな特徴です。代表的なアユ毛バリには、青ライオン、八ツ橋、新サキガケ、夕映など、お洒落な名称がたくさんあります。これらは職人の手作りとなるため、元になるハリ本体は一般には市販されていません。

●ヤマベ＆ハヤの蚊バリ

どが使われます。丸セイゴは流用性が高く、各サイズをそろえておくと便利です。また、ウナギのブッコミ釣りには軸太タイプで折れにくい専用のウナギバリがあります。

ヤマベ

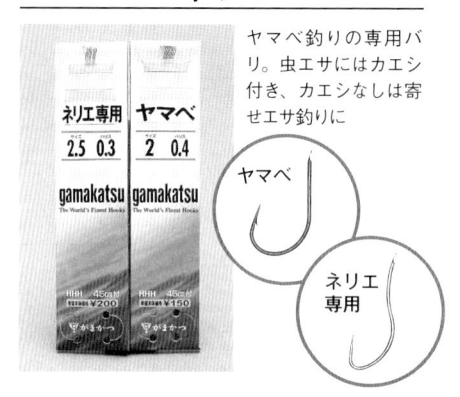

ヤマベ釣りの専用バリ。虫エサにはカエシ付き、カエシなしは寄せエサ釣りに

バラサ（ヘラブナ用）

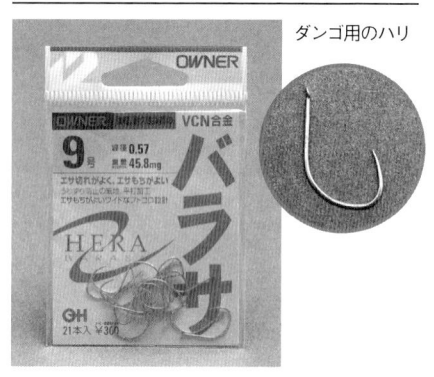

ダンゴ用のハリ

改良鮎エサ（金）

アユのエサ釣り専用のスレバリ

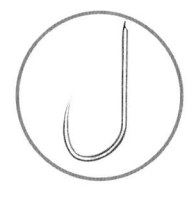

コム（ヘラブナ用）

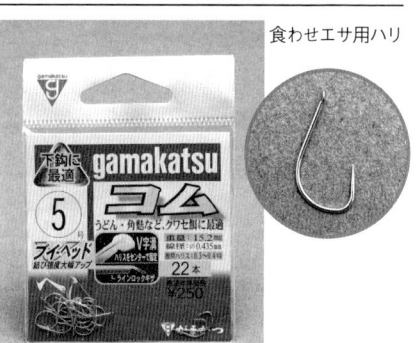

食わせエサ用ハリ

アユ毛バリに比べるとシンプルで、カエシ付きのハリに巻かれているパターンも多く、現在市販されているのは数10種類に過ぎません。代表的な蚊バリには、音羽、二葉、カゲロウ、菊水、清姫の通称・五色バリがあります。もとになるハリ型は袖または秋田袖の3～4号が主に使われているようです。

●渓流のテンカラバリ

渓流魚用に巻かれた毛バリをテンカラバリと呼びます。ミノ毛（ハックル）はキジの剣羽根で巻いたものが古典的なパターンです。ハリ型は、最近ではフライフックを使用する人が多いようです。

●フライフック

フライフィッシングのスタイルは、それぞれ使用するフライとともに、水面に照準を定めたドライフライフィッシング、水面下の各層をねらうウエット＆ニンフフィッシング、そして主に小魚をイミテートしたストリーマーフィッ

46

2章 仕掛けを構成する主要なパーツ

三越うなぎ
軸の長さに特徴があるウナギ専用バリ。13～15号が主に使われる

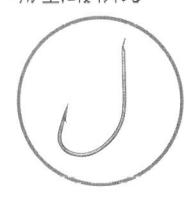

アユの掛けバリ
写真のようにハリス付き3、4本イカリのほか、自分で作るバラバリも市販されている 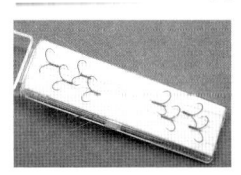

ヤマベの蚊バリ
ヤマベの蚊バリ釣りは、瀬ウキ付きの市販仕掛けから始めてみよう

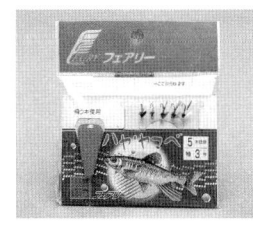

ルアーフック
右のトリプルフックのほか、対象魚によっては1本バリのシングルフックもよく使用される

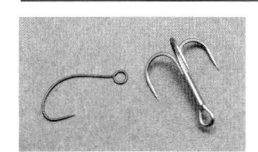

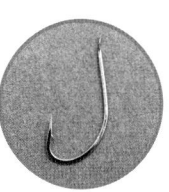

フライフック
写真はドライフライ用のフック。巻くフライに応じてさまざまな形状や軸の太さ＆長さがラインアップされている 

丸セイゴ
海釣りの万能バリだが、川釣りでもリール釣りの大きな対象魚に使われる

シングに大別できます。このうち、ドライフライやウエット＆ニンフフライにはカゲロウやトビケラ、カワゲラなどの水生昆虫をイメージしたパターンが多いのが特徴です。フック（ハリ）はそれぞれの釣り方に適したアイ（環）付きの専用品が市販されており、鳥の羽根などのハックルを軸に、天然素材から化学製品まで、無数のマテリアルを組み合わせることで個性豊かなフライが完成します。

● ルアーフック

淡水域や汽水域のルアーフィッシングに使われるプラグやスプーン、スピナーといったルアーには3本バリスタイルのトレブルフックが定番です。

しかし、近年はキャッチ＆リリースの徹底とともにフッキング率がよいなどの理由から、特に渓流のヤマメ、イワナ、北海道のイトウ等のマス類、管理釣り場専用のルアーには、カエシがない1本バリのバーブレス・シングルフックの人気が高まっています。

47

接続具

主にイト同士を専用の金具を介して接続する

小さくても仕掛け作りに欠かせないパーツ

川釣りに使われる接続具のバリエーションはそれほど多くはなく、せいぜい7～8種類です。必要な接続具を、自宅用には予備を含めて大中型パーツケースに、釣り場には少量のガン玉や板オモリとともに、小型のパーツケースに収納して携行すると大変便利です。

●自動ハリス止メ

ワンタッチでハリスを止められる接続具です。振り出しザオのウキ釣り・ミャク釣り仕掛けの中でも、主に小ブナやタナゴなどの小もの釣りジャンルで好まれます。ポピュラーな一体型のほか、フック式では片足タイプとタナゴやワカサギ釣り専用の両足タイプもあります。

●サルカン

ヨリモドシ、スイベルとも呼ばれており、ミチイトとミチイト、ハリスをつなぐと同時に、仕掛けのイトヨレを防ぐ機能も兼ねた接続具です。海川問わずリール釣りの仕掛け全般で使われ、号数は#24の極小から#1以上の特大までサイズが豊富です。

●丸カン

主にミチイトとハリスをつなぐ最もシンプルな接続具。振り出しザオのウキ・ミャク釣り仕掛けに多用します。サイズは極小・小小・小・中・大・大大が市販されていますが、小小・小・中の3サイズをそろえておけば、まず間に合います。

●スナップサルカン

サルカンとスナップを組み合わせた接続具。両端にスナップが付いたダブルスナップサルカンもあります。サルカンとスナップを介することで仕掛けや他の接続具、オモリを簡単に接続することができます。

号数はサルカンと同等のものが用意されています。また、ルアーフィッシングにはサルカンを省いた専用の単体スナップも市販されています。

その他の接続具

●スプリットリング

主にルアーのフック交換用の接続具として使われています。サイズは#00、0……3、4と数字が上がるほどリングの直径が大きくなります。

●テンビン

仕掛け絡みの防止用として、投げ釣りで使われる接続具です。本書ではハゼ釣り用として小型の片テンビンを

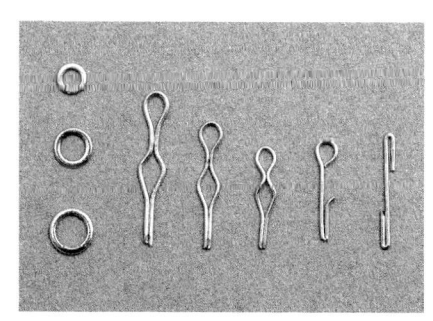

2章 仕掛けを構成する主要なパーツ

左端・丸カン=上から、極小、小小、小。その隣・自動ハリス止メ=右から小小、小、中。右の2つはタナゴ用片足フック式ハリス止メ、両足フック式ハリス止メ

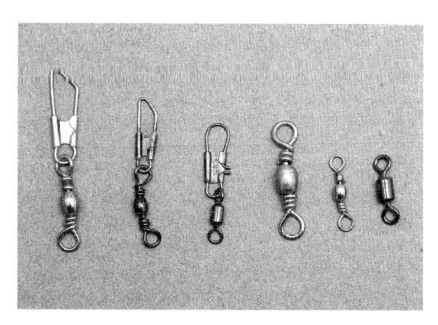

左3つ=スナップサルカン。右3つ=サルカン

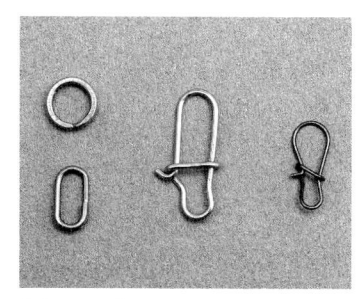

左上下=スプリットリング（主にルアー用）。中、右=ルアー用スナップ

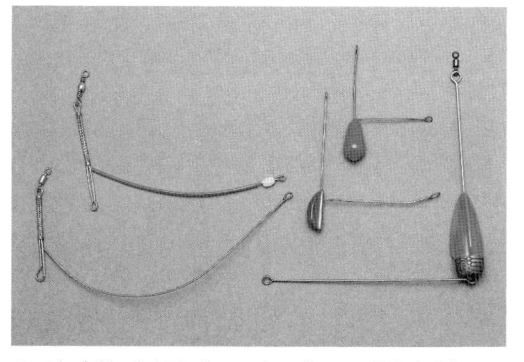

テンビン各種。左上下=片テンビン、中2つ=固定（L型）テンビン、右=ジェットテンビン

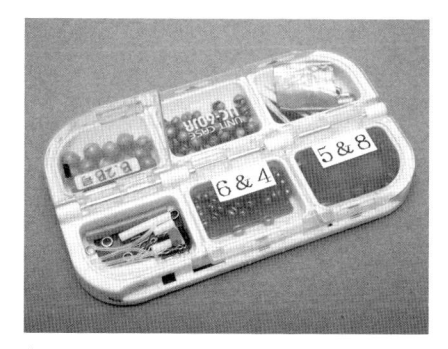

●ゴム管

立ちウキや足付き玉ウキを仕掛けに止める接続具です。中通しオモリとスイベルの間に通してゴム管クッションとして使うこともあります。穴の直径は大小あるので、ウキの足にあったものを選びます。足が細い小型ウキにはウレタンチューブなどを流用します。

出てきますが、このほかテンビンとオモリが一体化した投げ釣り用の固定テンビンオモリなどもあります。

丸カンなどの小さな接続具は、ガン玉などと一緒に小型ケースに忍ばせておくと釣り場で万が一の際にも困らない

COLUMN

仕掛け巻きの使い分け

　自作・市販の完成品を問わず、仕掛けを収納しておくには「仕掛け巻き」が必要です。ウキ釣りやミャク釣り用など、何度も繰り返して使える一般的な仕掛けには、プラスチック製や竹製の硬質フラットタイプの仕掛け巻きが万能です。

　細かなパーツ仕掛け用には発泡スチロール製の小型ペラが使いやすく、特にタナゴのイトウキを自作する場合には重宝します。

　スプールタイプの仕掛け巻きもいろいろそろっています。ヤマベの蚊バリやワカサギなどの多点バリ仕掛けをきれいに巻き込むことができ、繊細なアユ友釣り仕掛けにも専用のスプール回転式が市販されています。

　このほか、釣り場移動の際などに仕掛けを一時簡易に巻き取る目的用として、風呂マットや発泡スチロールをカットした手製の仕掛け巻きを持ち歩くと便利です。

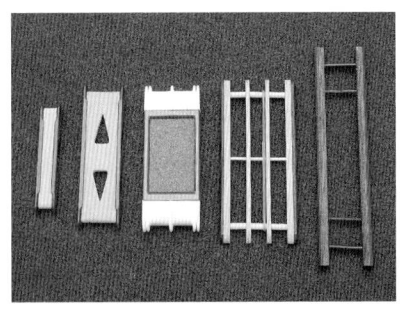

一般的な仕掛けにはプラスチックや竹製の硬質フラットタイプが万能。スポンジ付きは好きな個所にハリを止めておくことが可能

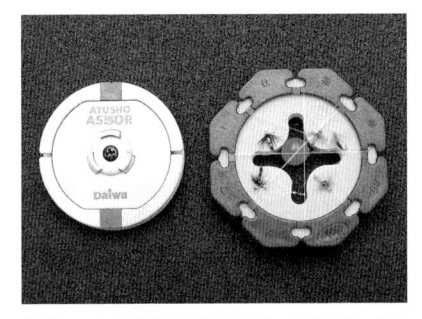

左がアユ友釣り仕掛け用のスプール回転式。右は多点バリ仕掛けを巻き込むのに便利な円形タイプの仕掛け巻き

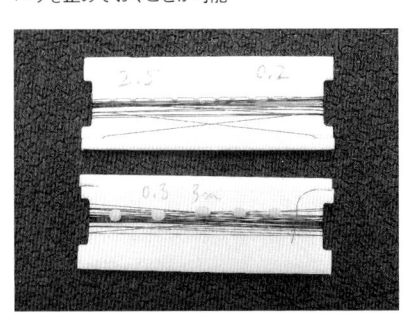

タナゴのイトウキなど、パーツ仕掛け用には発泡スチロールの小型ペラが使いやすい

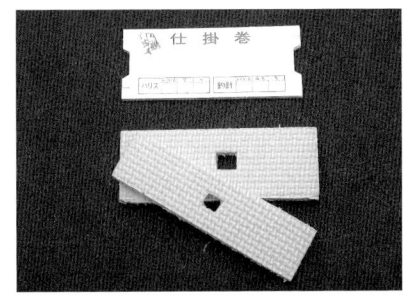

上はペーパー製の市販仕掛け巻き、下は釣り場移動用に風呂場マットで自作したもの

3章 結びをマスターしよう（DVD連動あり）

仕掛け作りにおいて「結び」は必須の技術。穂先とイト、イトとイト、イトと接続具、イトとハリなど、異なるものをつなぐ際には必ず各部に適した結びが必要になる。結び上手は仕掛け上手。特に、大もの相手の場合は結びの出来が釣り場での運命を左右する。

結びをマスターしよう①　穂先への接続（準備） DVD連動

8の字結びのチチワ

ナイロンリリアン付きの穂先には、8の字結びで作った大小2つのチチワで仕掛けをセットする。
8の字結びのチチワは、ハリスの長さを決めた交換バリでも使うので必須の結びだ

⑤ 先端部の輪と2本の中心イトを持って静かに引き絞る。この時、摩擦熱でイトの強度が低下しないように結束部をだ液で湿らせておく

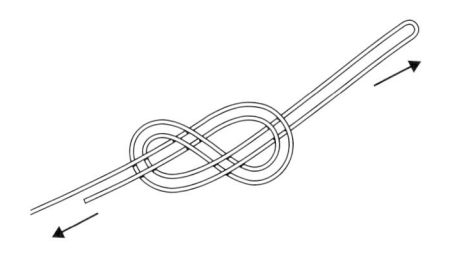

① イトの端を2つ折りにする。慣れないうちは10cm程度と長めにしたほうが作業が楽

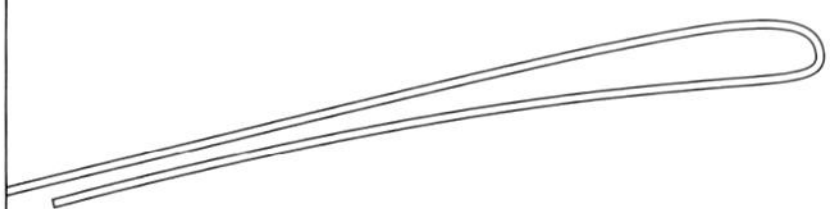

② 先端部の輪を折り返す

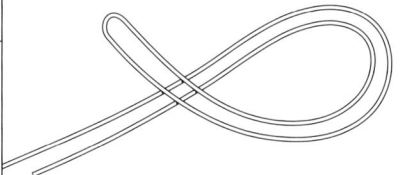

⑥ チチワの大きさを加減するにはヨウジやピンの先などとがった器具を使い、8の字の結束部右側の輪に通した状態でゆっくり引くと調整可能

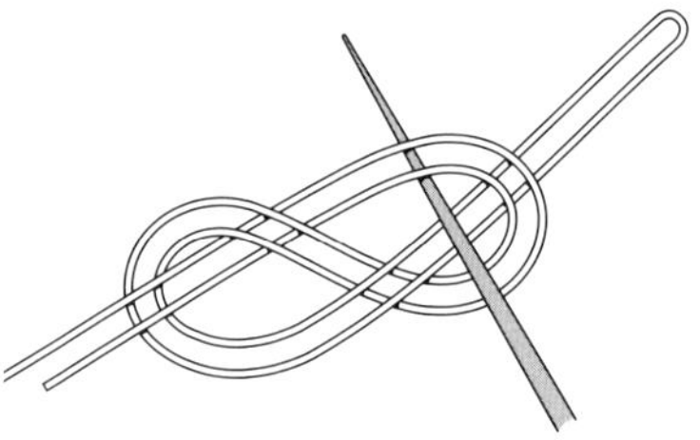

③ 2本の中心イトを軸に1回転させたら……

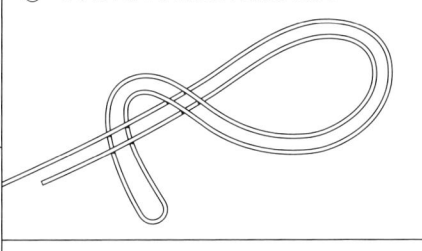

⑦ 完成

④ 巻き込んだ部分を離さないように注意して、さらに折り返して輪に潜らせる

52

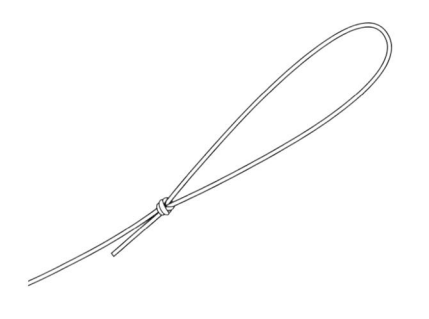

3章 結びをマスターしよう

結びをマスターしよう② 穂先への接続

DVD連動

ぶしょう付け

8の字結びで作った大小2つのチチワによる基本的な穂先への接続法

④ 2重の輪を作る

① 8の字結びで大小2つのチチワを作る。小さなチチワは引きほどき用

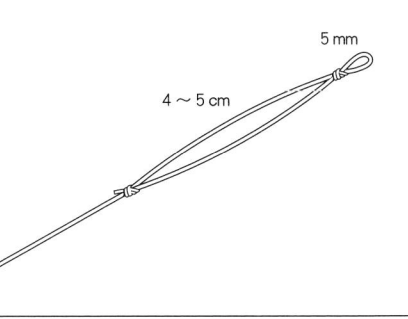

5mm
4〜5cm

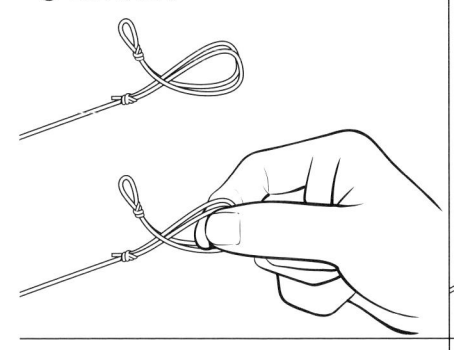

⑤ この輪にリリアン穂先を通し入れて……

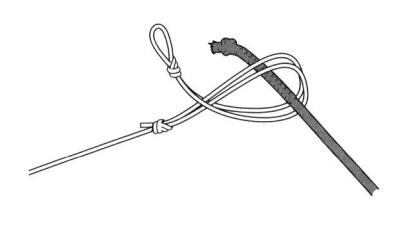

② 大きなほうの輪の中に親指と人差し指を差し込む

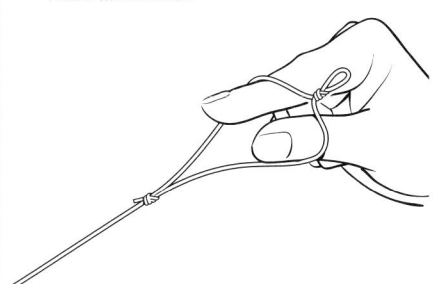

⑥ 引き締めるとリリアンにイトが食い込んで固定される。ほどく時には小さなチチワを引っ張ると簡単に外れる

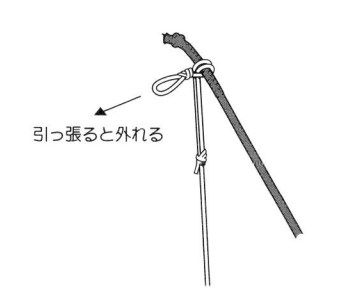

引っ張ると外れる

③ そのまま2本の中心イトをくくり取って……

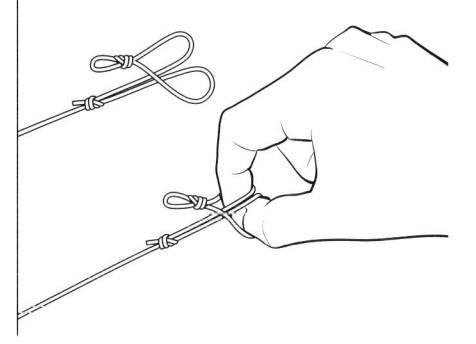

53

結びをマスターしよう③　穂先への接続

投げなわ結び

川の小もの釣りに流用する小継ぎの渓流ザオは、金属製の回転トップが主流になっている。投げなわ結びは回転トップにはもちろん従来のリリアン穂先にも使える

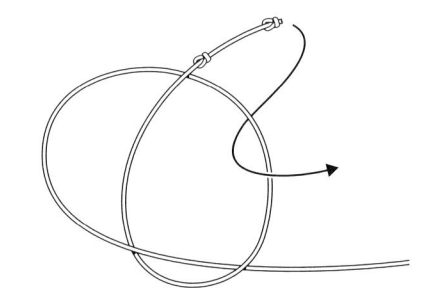

④　手前のコブの際で止まるようにチチワを作る

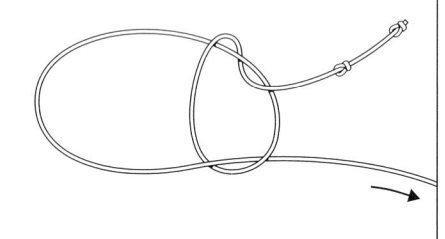

①　イトを交差して輪を作る。端には抜け防止用としてあらかじめ8の字結びで1〜1.5cm間隔でコブを2つ作っておく

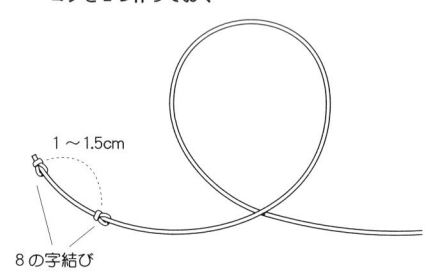

1〜1.5cm

8の字結び

⑤　チチワに穂先を通して引き絞る

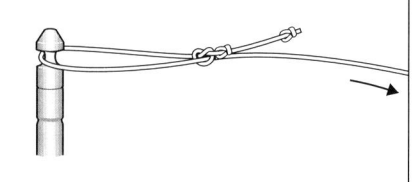

②　①の輪に端イトを通す

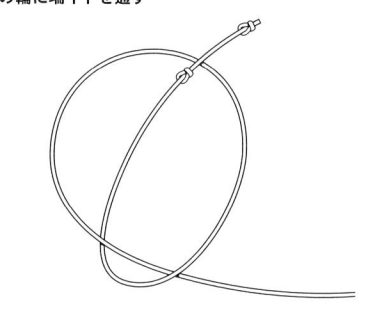

⑥　ほどく際はコブのある端イトを引く

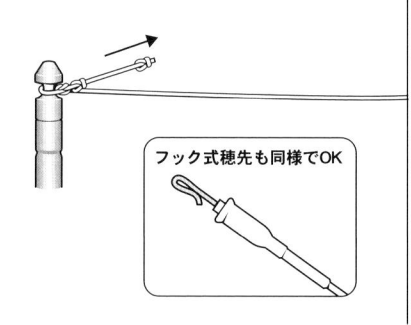

フック式穂先も同様でOK

③　端イトを図の矢印のように回す

3章 結びをマスターしよう

結びをマスターしよう④　イトとイトの接続

DVD連動

ブラッドノット

海川、釣りジャンルを問わず使われることの多い結び。
なるべく太さが同じか近いイト同士で結びたい

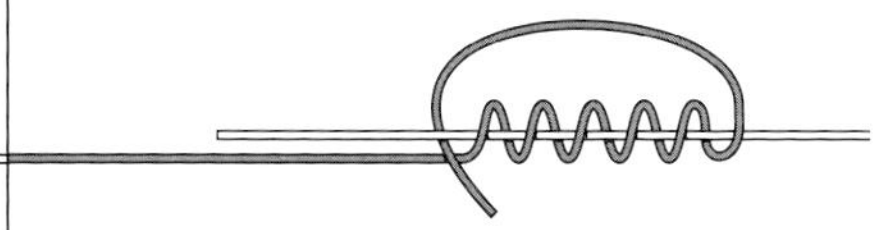

④ もう一方のイトも同じ回数で巻きつける。
先端部は3と同じ位置に、ただし逆側から通す

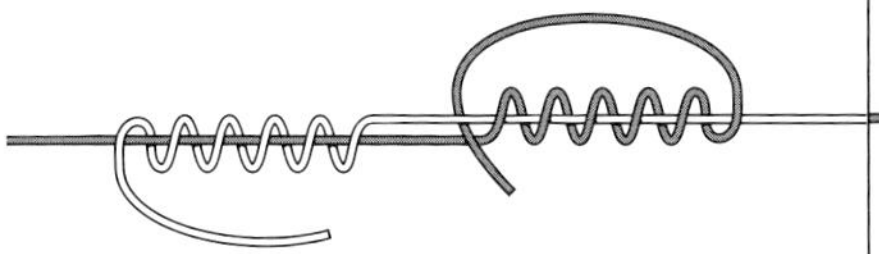

① イト同士を重ねる

⑤ 両側の端イトと本線イトを軽く引き、
結び目ができる直前の状態にして……

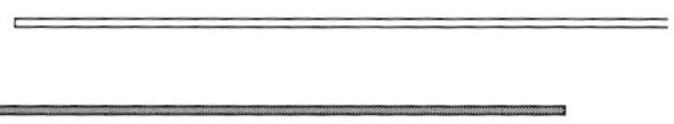

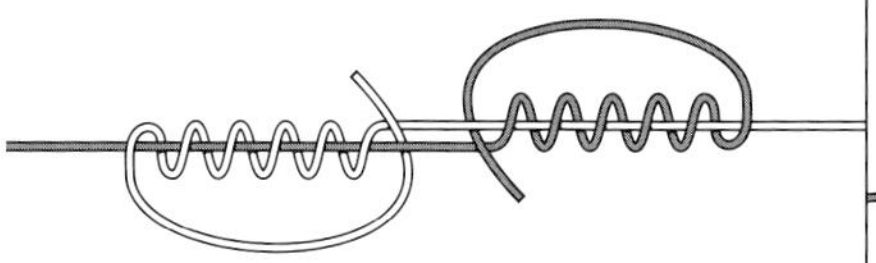

② 片側のイトを図のように4〜6回巻きつける。
次に端イトを元の位置側に折り返す

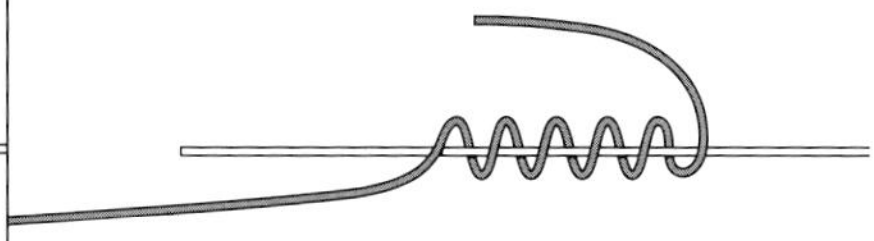

⑥ 両側の本線イトをゆっくり引き締める。
余りを切れば完成

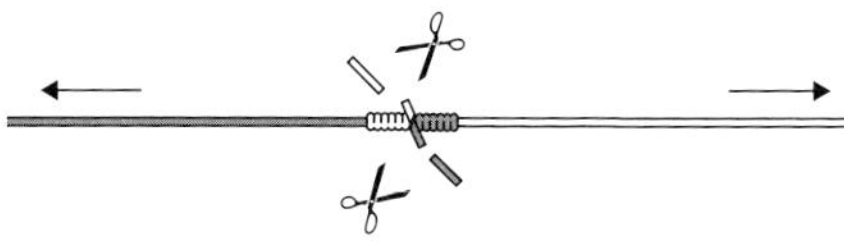

③ イト同士が交差する最初の箇所に
戻して間に通す

結びをマスターしよう⑤　イトとイトの接続

電車結び

短い仕掛けにミチイトを足したい時などの応急処置用に便利で簡単な接続法。強度もOK

⑤ 反対側も同じ要領で結び目を作る

① 結ぶイト同士を合わせて1本を折り返す

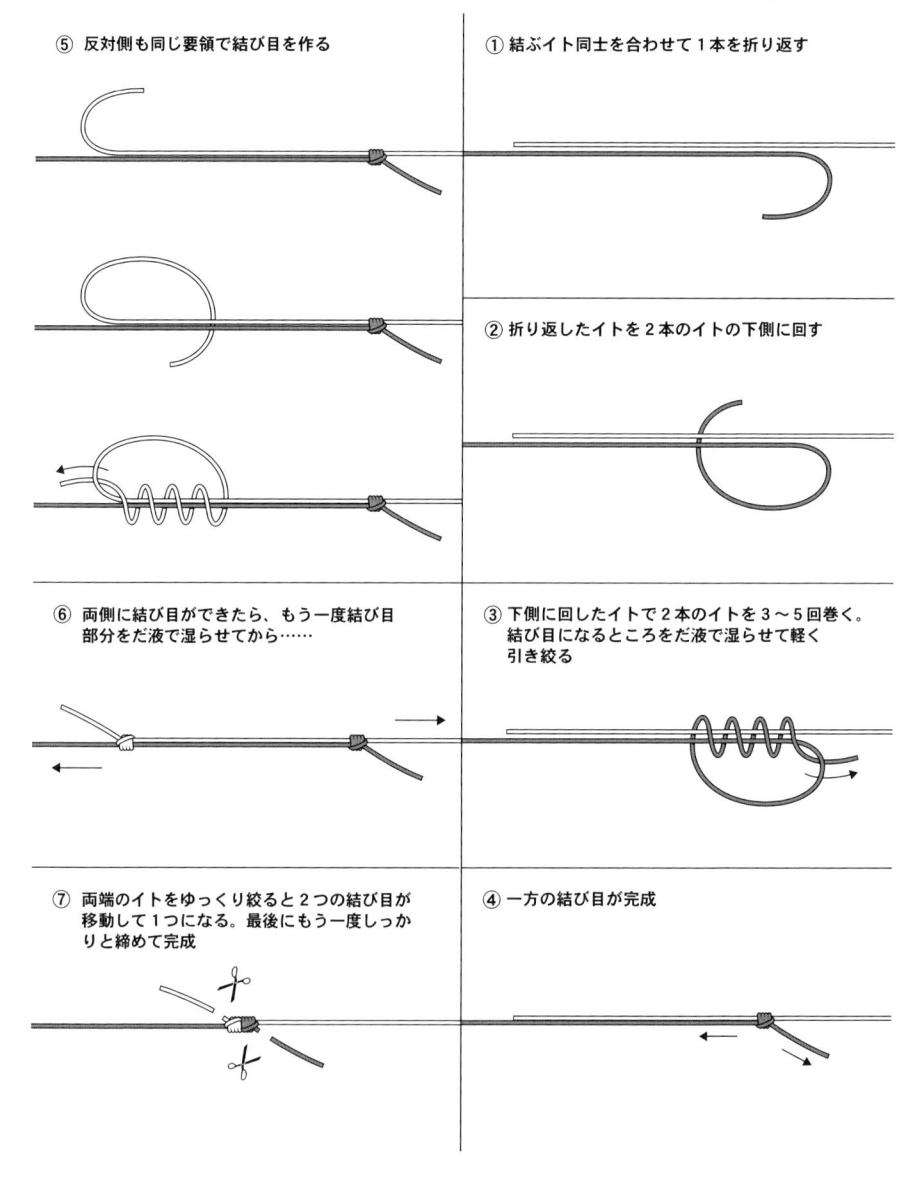

② 折り返したイトを2本のイトの下側に回す

③ 下側に回したイトで2本のイトを3〜5回巻く。結び目になるところをだ液で湿らせて軽く引き絞る

⑥ 両側に結び目ができたら、もう一度結び目部分をだ液で湿らせてから……

④ 一方の結び目が完成

⑦ 両端のイトをゆっくり絞ると2つの結び目が移動して1つになる。最後にもう一度しっかりと締めて完成

3章 結びをマスターしよう

結びをマスターしよう⑥　イトとイトの接続
ネイルレス・ネイルノット

フライラインとリーダーの接続に使われる。細いパイプを使うネイルノットがポピュラーだが、パイプを使わないこの方法を覚えておくと便利

① リーダーの後端（バット側）とフライラインの先端を合わせる

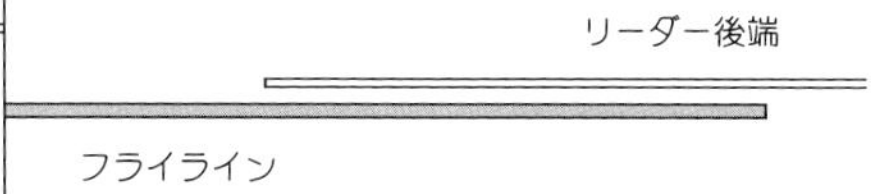

リーダー後端

フライライン

② フライライン、リーダーの両方を親指、人差し指で押さえる。リーダーを折り返して小さな輪を作り、フライラインに巻きつけていく。右手の指でフライライン先端とリーダーのバット側を補助してやると作業がやりやすい

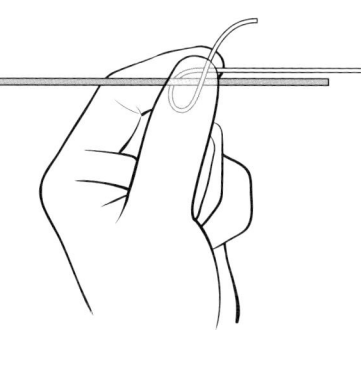

③ リーダーをフライラインに3回巻き付けたら、折り返して最初の輪の中に通す（巻き付けられたすべてのリーダーの輪の中に通す方法もある）

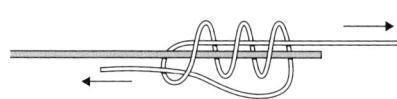

④ リーダーを軽く引き締める。結び目ができたら、指先で詰めながら結び目をきれいにしてラインの先端側に移動させる（ライン先端から抜け落ちないように注意）。最後にリーダーを両側からゆっくりと引き締め、フライラインに食い込ませる。余りのリーダー（フライラインは極力出さない）を切って完成

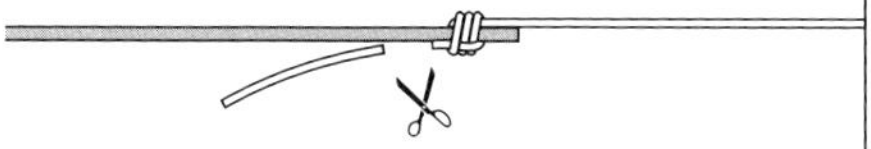

※細いパイプを利用すると「ネイルノット」になる

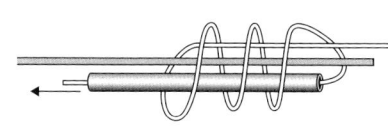

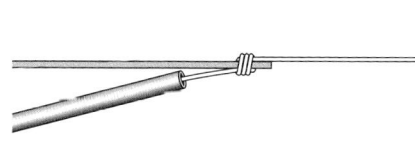

結びをマスターしよう⑦　PEラインとショックリーダーの結び

電車結び改良版

ルアーフィッシングなどでPEラインとリーダーを結ぶ場合にはさまざまなノットがあるが、電車結びを応用したこの方法は初心者にも分かりやすい

① イト同士を重ねてPEラインの端イトで図のように輪を作る

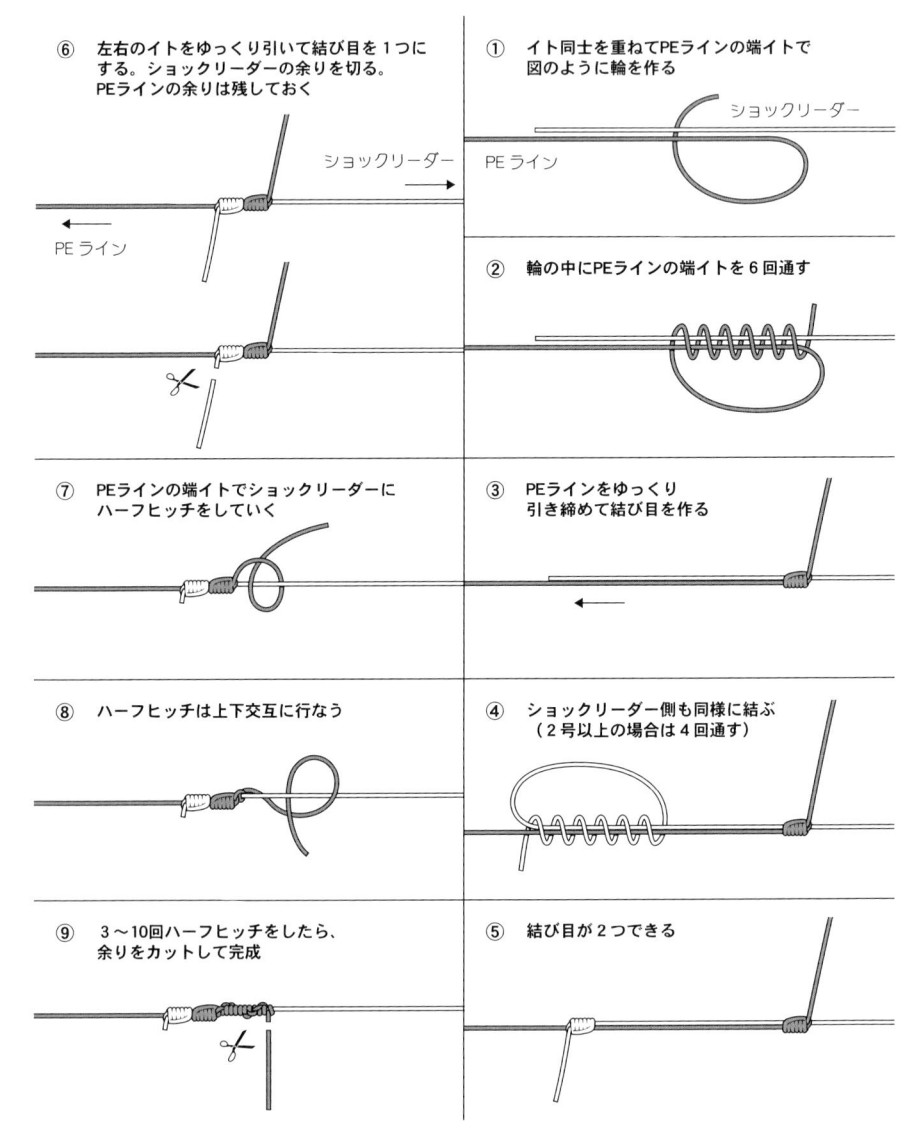

② 輪の中にPEラインの端イトを6回通す

③ PEラインをゆっくり引き締めて結び目を作る

④ ショックリーダー側も同様に結ぶ（2号以上の場合は4回通す）

⑤ 結び目が2つできる

⑥ 左右のイトをゆっくり引いて結び目を1つにする。ショックリーダーの余りを切る。PEラインの余りは残しておく

⑦ PEラインの端イトでショックリーダーにハーフヒッチをしていく

⑧ ハーフヒッチは上下交互に行なう

⑨ 3〜10回ハーフヒッチをしたら、余りをカットして完成

3章 結びをマスターしよう

結びをマスターしよう⑧ 天井イトの折り返し部分を作る

編み込み

アユの友釣り、渓流のエサ釣りなどではミチイトが天井イト、水中イトに分かれている。天井イトはこの折り返しと次項のジョイント部分を作って水中イト側と接続する。市販の編み付け器等を使うと便利

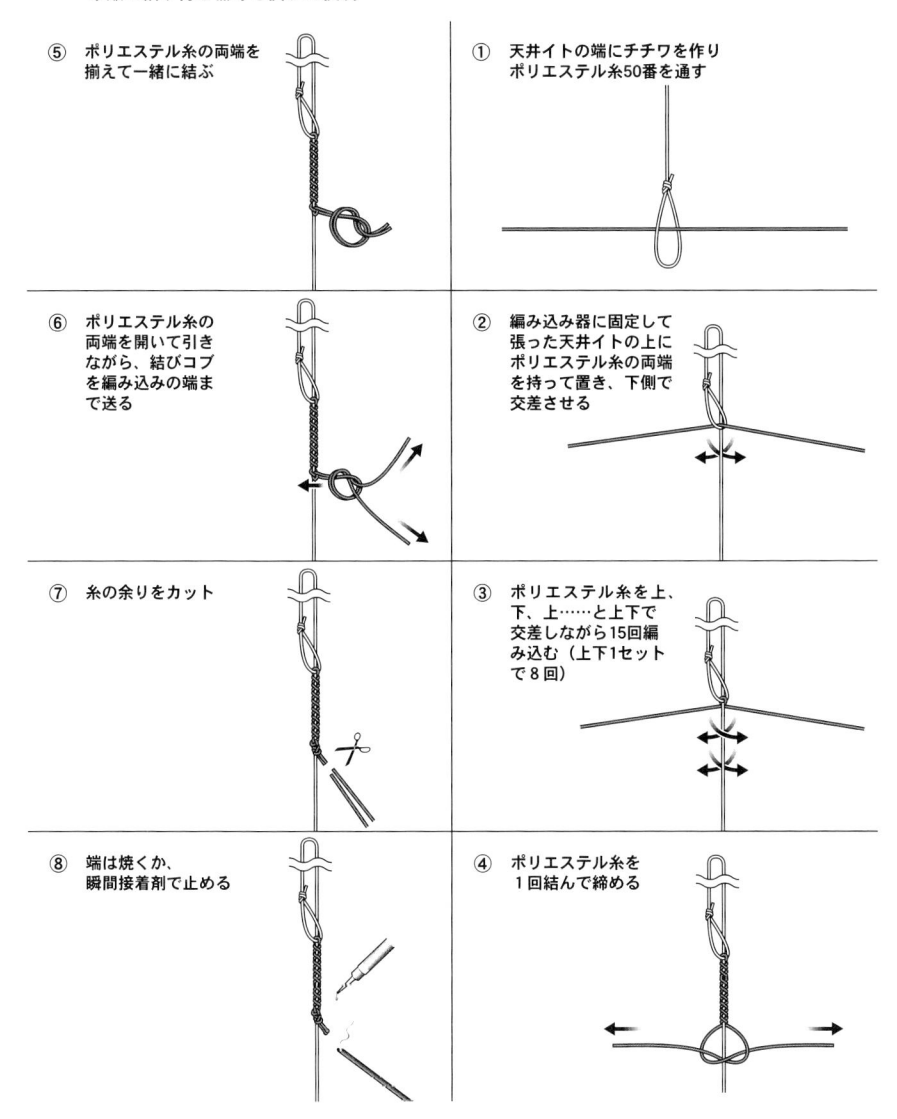

⑤ ポリエステル糸の両端を揃えて一緒に結ぶ

⑥ ポリエステル糸の両端を開いて引きながら、結びコブを編み込みの端まで送る

⑦ 糸の余りをカット

⑧ 端は焼くか、瞬間接着剤で止める

① 天井イトの端にチチワを作りポリエステル糸50番を通す

② 編み込み器に固定して張った天井イトの上にポリエステル糸の両端を持って置き、下側で交差させる

③ ポリエステル糸を上、下、上……と上下で交差しながら15回編み込む（上下1セットで8回）

④ ポリエステル糸を1回結んで締める

結びをマスターしよう⑨　天井イトの水中イトジョイント部分

ヨリ

アユの友釣り、渓流のエサ釣りなどではミチイトが天井イト、水中イトに分かれている。
天井イトは前項の折り返しとこのジョイント部分を作って水中イト側と接続する。
市販の編み付け器等を使うと便利

⑤　糸の端を2～3mm残してカット

③　両端を持ったままゆっくりと締めると糸がヨレる。
1回でヨレない時は数回繰り返すと長いヨリができる

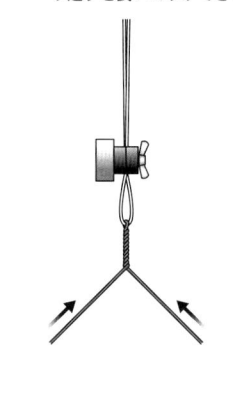

①　天井イトの折り返し部分を編み付け器に固定し、ポリエステル糸50番を通す

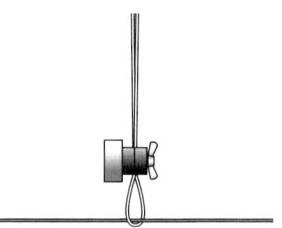

⑥　端は焼くか、瞬間接着剤で止める

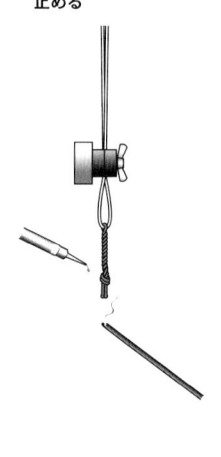

④　ポリエステル糸を揃えて結ぶ

②　ポリエステル糸の両端を引っ張りながら同じ方向へヨリをかける

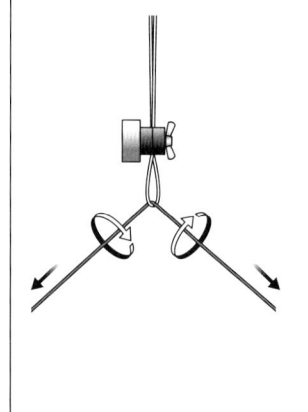

60

3章 結びをマスターしよう

結びをマスターしよう⑩ その他（イトと目印） DVD連動

電車結び・片結び3回止め

ミャク釣りで用いる目印をミチイトに止める方法。
イトとイトの結びを利用したもので、どちらでも手軽にできる

電車結び

① 3～4cmにカットした目印で輪を作る

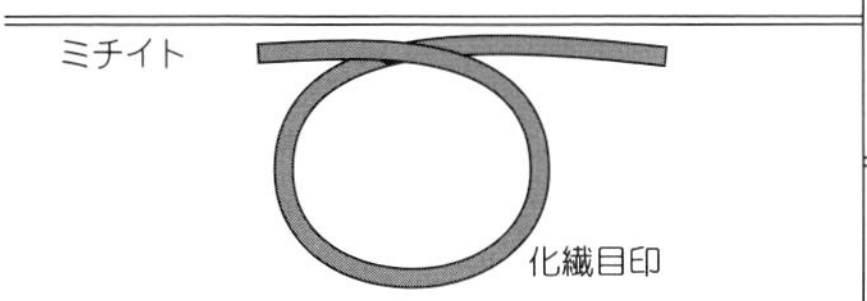

ミチイト／化繊目印

② ミチイトを抱き込むようにして目印の片方の先端部を輪に通す

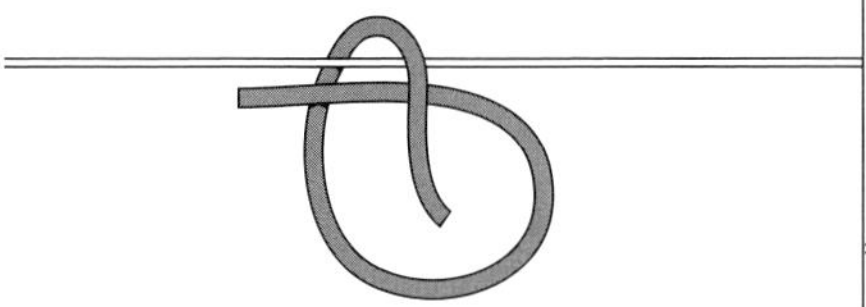

③ 2回通したら目印を軽く引き絞る

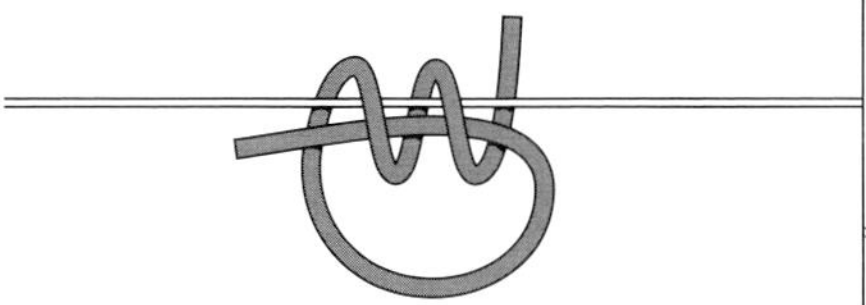

④ 動き具合を試しながらさらに少しずつ締め込んでいく。目印を好みの長さにカットして完成

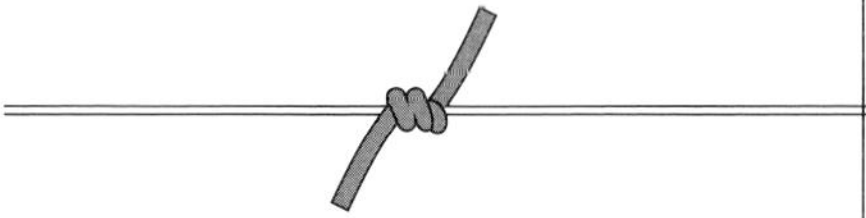

片結び3回止め

① 文字どおり片結びを3回行なうだけの簡単なもの。目印を図のようにミチイトに回す

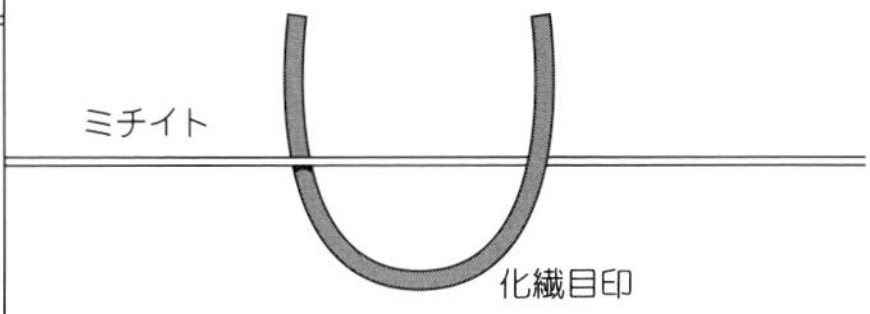

ミチイト／化繊目印

② 図のように片結びをする。ここで目印の動き具合を調節しておく

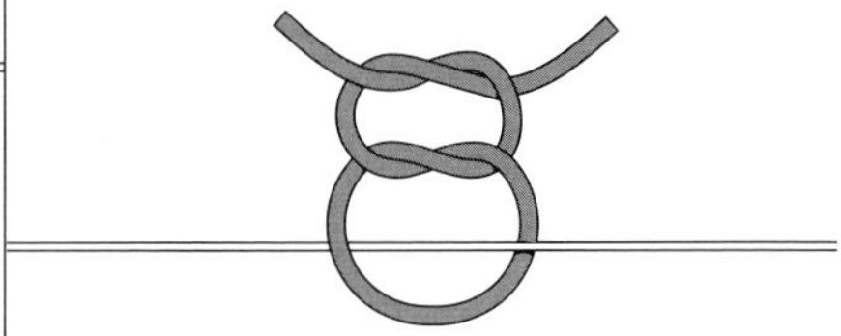

③ 3回目の片結びを行なう

④ 目印を好みの長さにカットして完成

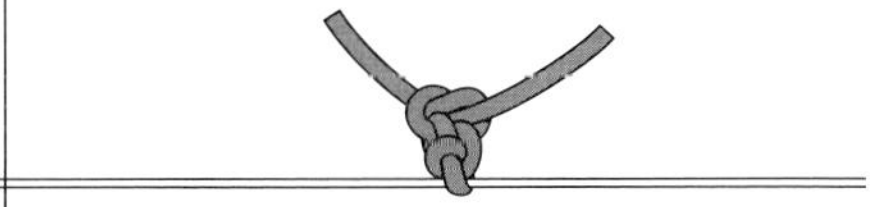

結びをマスターしよう⑪　イトと接続具の結び方

ユニノット

簡単で信頼性も高いノット。丸カンや自動ハリス止メなどの接続具とイトの結びはコレ！

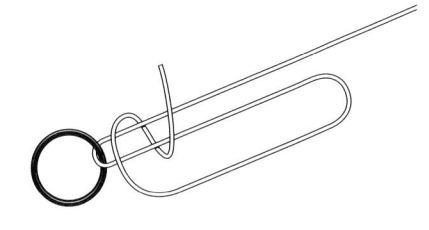

④ そのまま続けて4〜5回巻いていく

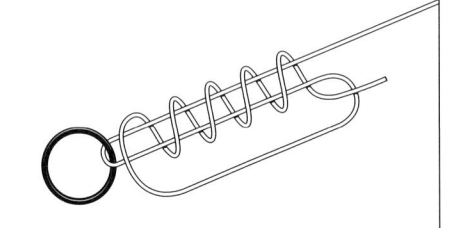

① 丸カンなどの接続具にイトを通して折り返す

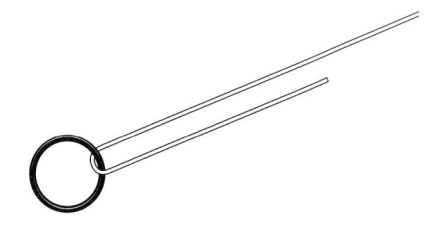

⑤ 端イトを引いて軽く締めたらだ液で結び目を湿らせ……

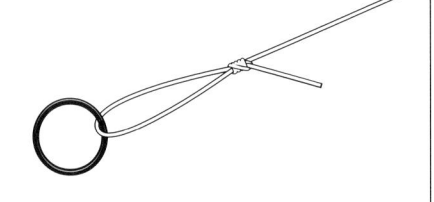

② 端イトをもう一度折り返して輪を作る

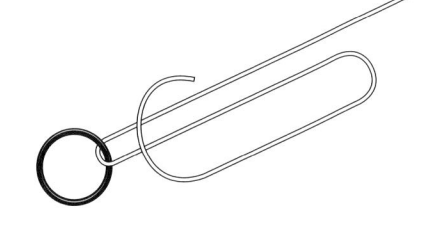

⑥ 本線イトを締め込んで完成

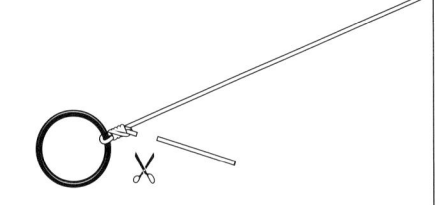

③ 端イトを2本のイトの奥に回して②でできた輪の中に潜らせる

3章 結びをマスターしよう

結びをマスターしよう⑫　イトと接続具の結び方

上バリ用丸カン結び

上バリ用の丸カンはこの方法で結ぶと下バリまたは
捨てイト用のイト部分の長さの調整がしやすい

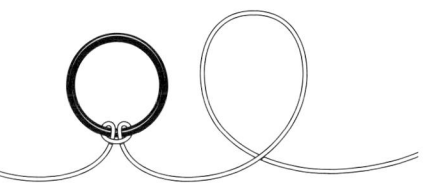

⑤　丸カンに潜らせて絞り込む

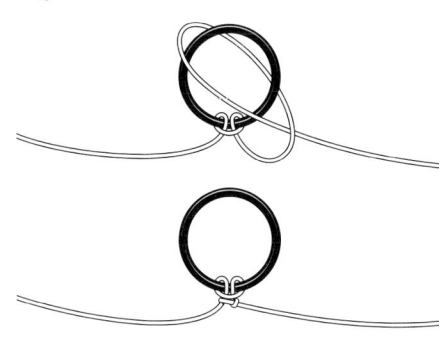

① 下の丸カンから7〜8cm上のミチイト部分を
　2つ折りにして上バリ用の丸カンを通す

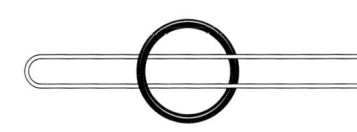

② 丸カンをくくるようにして通したイトを
　折り返し……

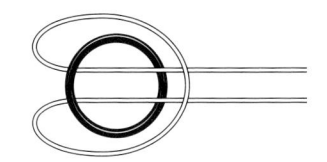

⑥　続いて上側のイトも同じように輪を作り……

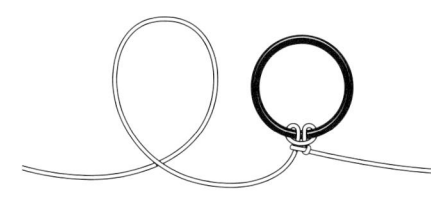

③ 丸カンを押さえ込みながら下側のイトを任意の
　長さに微調整したあとでイトを絞り込む

⑦　丸カンを潜らせてイトを締め込めば完成

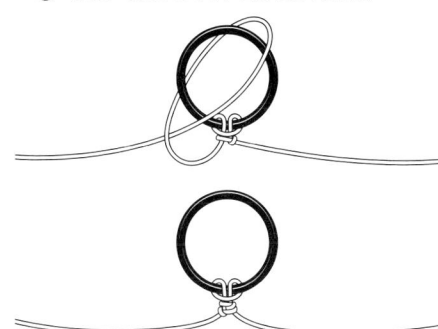

④ 下側のイトで輪を作る

結びをマスターしよう⑬　イトとハリ

外掛け結び

淡水から海釣りまでオールラウンドに通用するハリ結び

DVD連動

④　続けて5～6回巻く

①　イトを折り返して小さな輪を作る

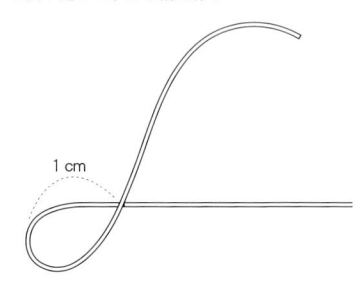

1cm

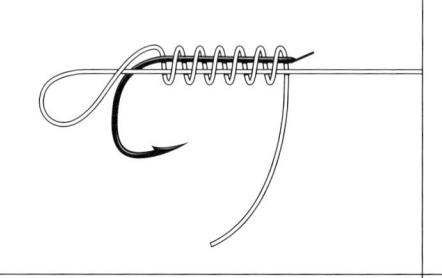

⑤　巻いた部分を離さないように注意して、端イトを折り返して最初の輪に潜らせる

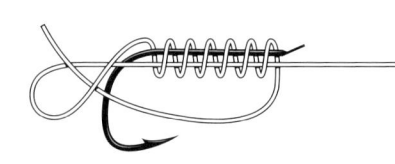

②　ハリの軸にイトを交差させた部分をそえる

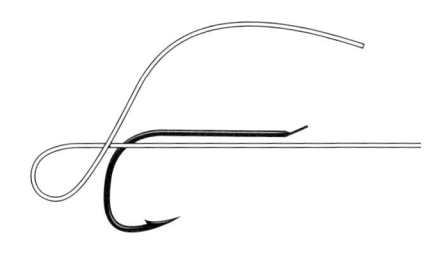

⑥　ここでも巻いた部分は決して離さず、端イトを張った状態で本線イトを引き絞り仮止めする。本線イトがチモトの内側から出るように調整して最後に本線イトをもう一度引き絞って結び目を止める

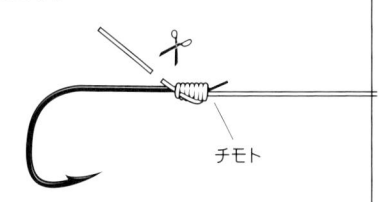

チモト

③　イトをそえた箇所をしっかりと指で押さえ、端イトで本線イトごとハリの軸を巻く

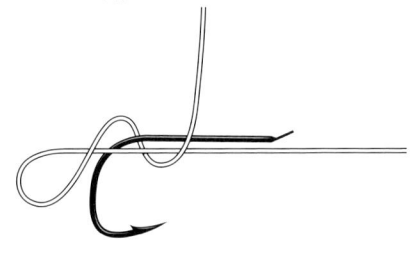

3章 結びをマスターしよう

結びをマスターしよう⑭ イトとハリ
ノー・ノット

カープフィッシングのヘアリグの作り方。
ヘアの長さをはじめに決められる環付きバリが便利

④ 巻き終わりとハリ先の位置が同じになるまで巻いたら、折り返して図のようにアイに通す

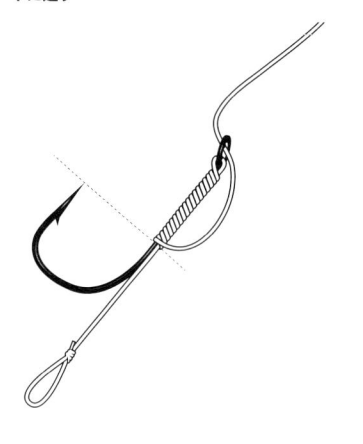

① イトの先端に小さなチチワを作っておく

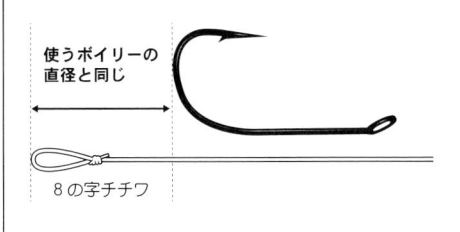

使うボイリーの直径と同じ

8の字チチワ

② 図のようにハリに通す

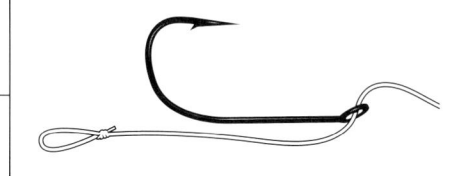

⑤ イトを締めれば完成

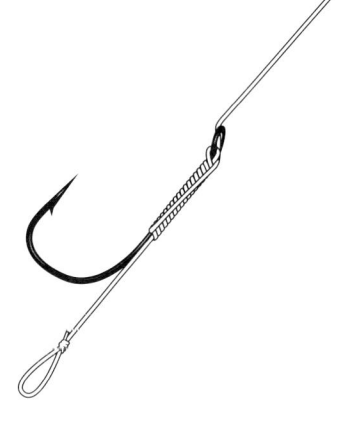

③ イトを折り返してハリ先側に向かって巻いていく

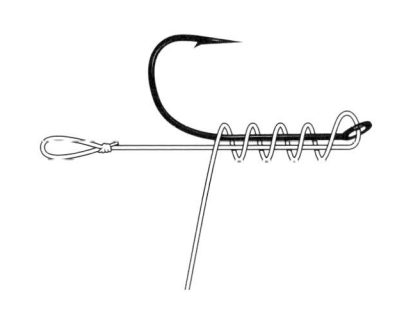

COLUMN

仕掛け作りに便利な補助工具

　指先の動きまで衰えてしまった老眼のせいにするわけではありませんが、私は仕掛け作りの結び作業に補助工具を多用しています。

　特に厄介なのは、タナゴバリのハリス末端や、穂先に仕掛けを接続するぶしょう付け用ダブルチチワ先端部の極小チチワです。このため、エイトノットとも呼ぶ8の字結びでチチワを作る補助工具は、いくつかそろえてあります。

　8の字結びはアユの友釣りや渓流釣り仕掛けでよく使われるため、釣り具メーカー数社から専用工具が発売されています。このほか、仕掛け作りの常用品の中から選ぶと、ピンセットでも流用できます。

　また、化繊目印や編み付けパーツを作る場合には専用の編み付けホルダーを使い、イトを張った状態で作業を行なうと簡単です。

　便利な補助工具は積極的に利用すると仕掛け作りが楽しくなります。

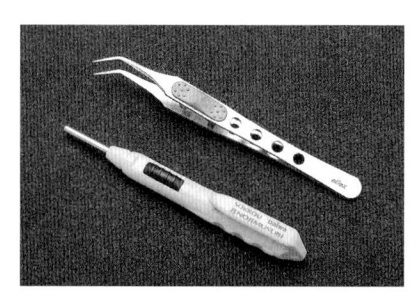

上のピンセットは慣れてしまうと使い勝手がよい。
下は携帯に便利な8の字結び器

こちらは化繊目印作りなどにも重宝する専用の編み付けホルダー。少し高価な製品だが、買って損のない補助工具の1つ

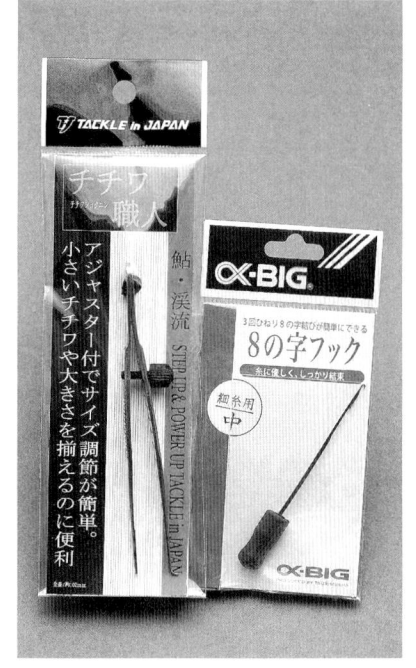

特にアユや渓流釣りで多用する8の字結び。それぞれ創意工夫を凝らした専用の補助工具が市販されている

66

4章 仕掛け作り・ワンポイント&自作編（DVD連動あり）

誰でもできる仕掛け作りのちょっとしたコツから、釣りに少し慣れてきて何か仕掛けを工夫したい、自分で作ってみたいと思ったときのために、本章ではウキとフライの自作法を紹介する。ウキ作りを始めたら小ものの釣りが一段と楽しくなるハズ。

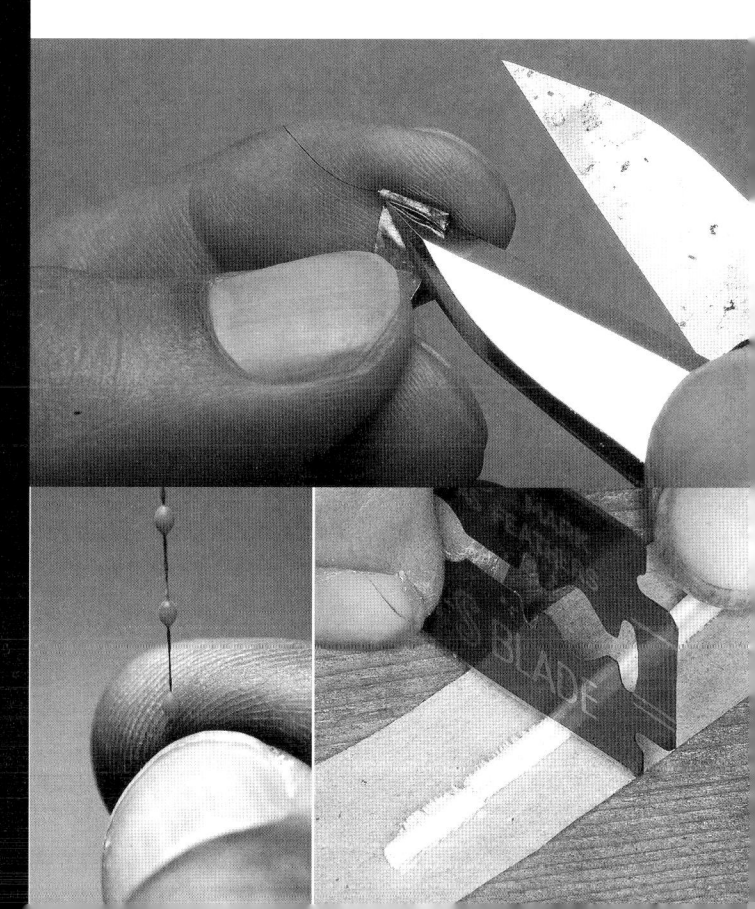

フナ釣り仕掛けの外通しバットウキを作る

連動シモリ仕掛けの親ウキとして人気が高いバットウキは、立ちウキのバリエーションなので、そのままゴム管に差し込んで使える。これをさらに外通し式のバットウキに加工すると、親ウキと中通し玉ウキが一体化して水に馴染みやすくなる。
操作感は普通のシモリ仕掛けとほとんど変わらず、アシ際などの障害物周りを探る時にも親ウキが引っ掛かることが少なく、水草の間をすり抜けてくれる。

1 外通し用パーツのウレタンパイプは、釣り具の市販品を、ウキの大小に応じて内径0.3mmを中心に0.2～0.4mmを選ぶ

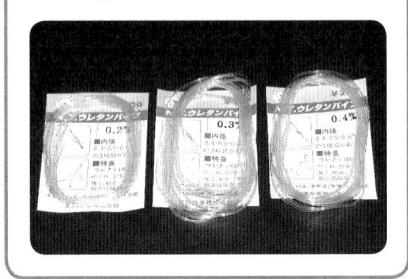

2 ウレタンパイプを2～3mmにカットする

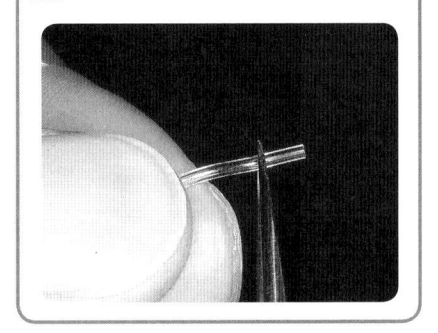

3 バットウキの上部側面に瞬間接着剤を1滴垂らし……

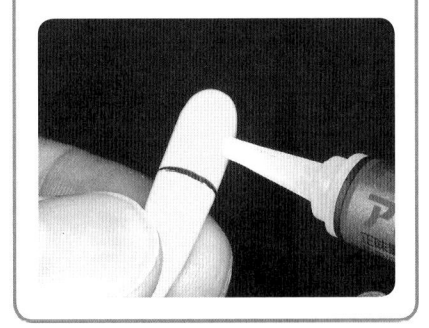

4 ピンセットでウレタンパイプをつまみ、乗せて接着する

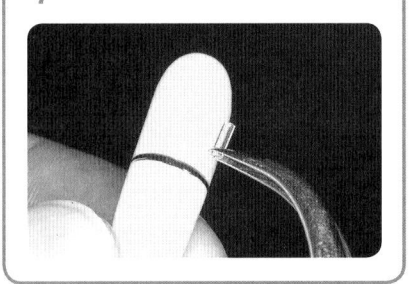

5 完成した状態

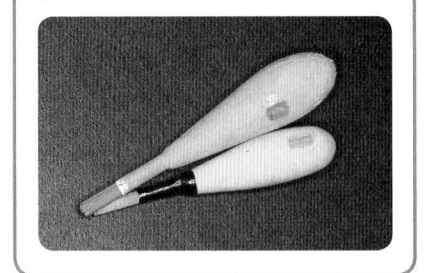

68

4章 仕掛け作り・ワンポイント&自作編

小型立ちウキを作る

アマチュアが手を出すのはとても無理に思えるウキ作りだが、素材や塗料の入手は意外に簡単。あせらず根気よくやれば、ウキ作りだって楽しめる。ちなみに田沼さんはこのウキを主にフナの連動シモリ仕掛けの親ウキとして使っている

制作／田沼光太郎

●材料

バルサ材の丸棒／下地用塗料／人工漆のカシュー各色／蛍光塗料各色／つや出しクリア樹脂塗料／粗目の整形用ヤスリ／380～400番紙ヤスリまたは耐水ペーパー／焼き鳥用竹串／木工用ボンド

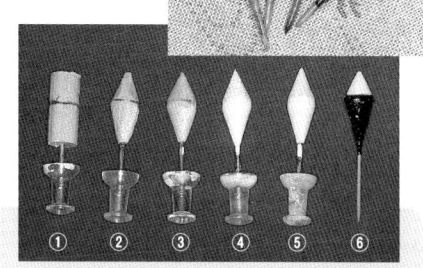

立ちウキ作りの主な工程

① 完成品をイメージして好みの長さにカット。トップとボディーの境界線を決め、底面の中心部には軸用の穴を開けておく
② カッターナイフと粗目の整形用ヤスリで粗削りをする
③ 380番の紙ヤスリで慎重に完成形まで削り出す
④ 下地用塗料を1～2回塗る
⑤ 400番の紙ヤスリで表面のざらつきをきれいに落とす
⑥ ウキの軸を取り付け、ボディーに好みの色のカシューを3～4回塗り重ねる。慣れてきたらラメ入りなどの変わり塗りも楽しい

⑤～⑥前後の細かい手順

A ウキの軸に使う竹串は、底面の穴の径に合わせてカッターなどで細く削り、木工用ボンドなどで本体に固定する

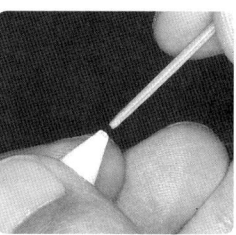

B ボディーは塗料を塗って乾燥させる度に耐水ペーパーで凸凹をなくし、最後に透明カシューで仕上げる。トップの蛍光塗料は1～2回塗り重ね、クリア樹脂塗料で仕上げる

C バットウキと同様に、最後にウレタンパイプを貼り付ければ外通し式にもなる

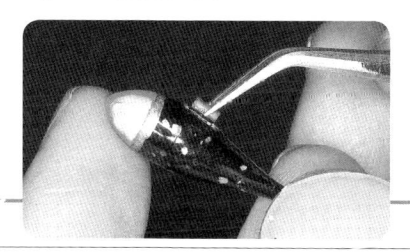

小ブナ釣り仕掛けの羽根ウキを作る

養鶏や水鳥の羽根の芯で作った羽根ウキは、玉ウキや親ウキと組み合わせて羽根シモリ仕掛けに仕上げる。小ブナ釣りで特に定評があり、独特の繊細なアタリを楽しむことができる

制作／榎本圭一

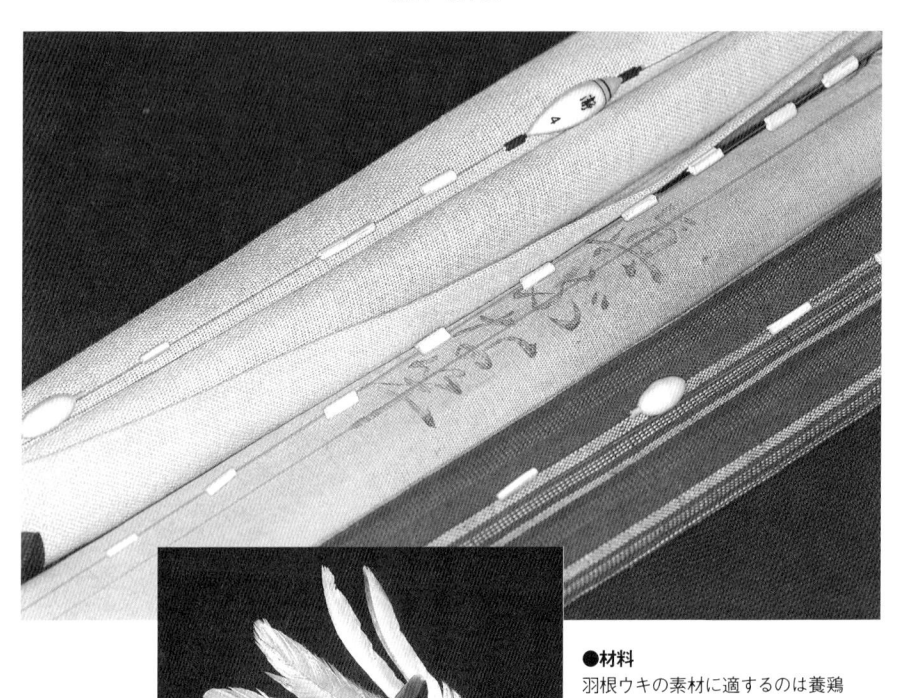

●**材料**
羽根ウキの素材に適するのは養鶏（下）か水鳥（上）の羽根。自分で採取できない方は、羽根芯用穴開け器とともに川釣りに熱心な一部の釣具店で購入可能

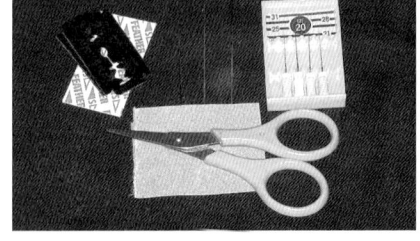

●**道具**
安全カミソリの刃、羽根芯専用の穴開け器、ハサミ、240番前後の紙ヤスリ

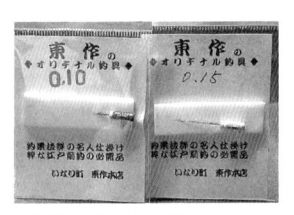

羽根芯専用の穴開け器もある

4章 仕掛け作り・ワンポイント＆自作編

4 羽根芯を安全カミソリの刃で必要な長さにカットする。切った瞬間に飛びやすいので粘着の紙テープなどにあらかじめ貼り付けておくとよい

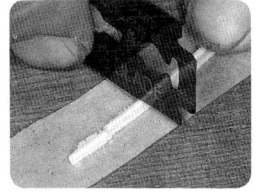

1 羽根は細すぎる先端部と付け根の透明な箇所を切り落とし、芯が詰まった中央部を使う

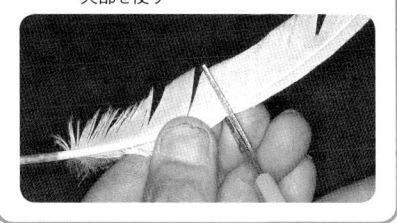

5 羽根芯の中心に穴開け器を突き刺し、回転させながら穴を抜く。力を入れすぎるとハリが折れやすいので注意

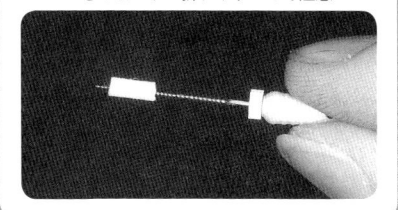

2 羽根部分を切り落とす

6 羽根芯にミチイトを通す際のコツは、ミチイトを斜めにカットし、芯を回しながら穴を探る感じ。ミチイトを通した後は、少し緩くても水に浸すと芯の繊維が縮まり、ちょうどよい感じに固定される

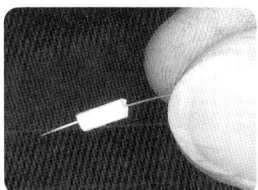

3 芯に残った羽根は紙ヤスリでこすり落とす

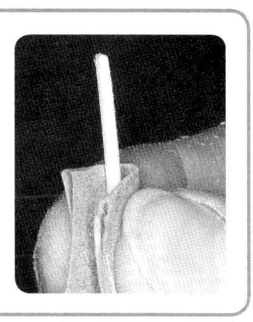

7 榎本圭一さんが小ブナ釣りに使う羽根芯の長さは3～5mmが基本。先端のごく細い部分はタナゴ用として使えるので、余った部分は太さや長さを変えて切り溜めておくと便利

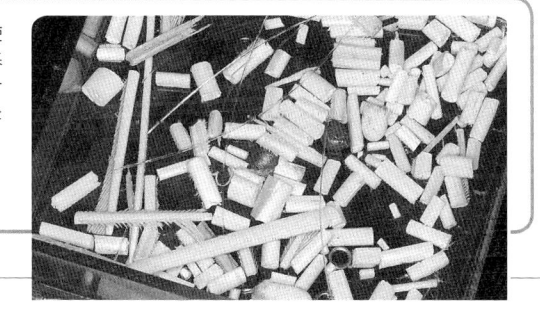

71

タナゴ釣り仕掛けのイトウキを作る

DVD連動

水中のアタリウキとして重要な役割を果たすタナゴ用イトウキには、個性豊かな作り方がいろいろある。その中で最もポピュラーなものが下地用塗料ホワイトで玉を作る方法。またDVD収録分とは別に、羽根芯を利用した作り方も紹介しよう。

制作／新谷一大

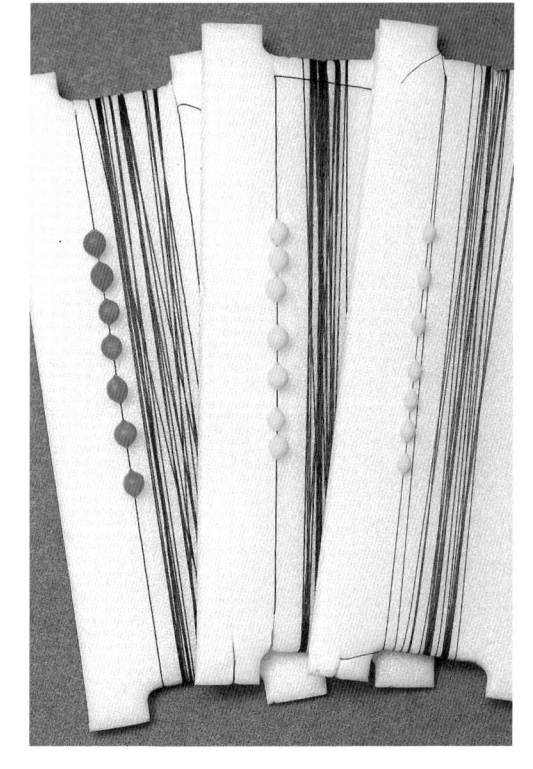

●材料
写真中＝ブラックラーヂなどミチイト0.2～0.3号／奥＝下地用塗料ホワイト、蛍光塗料各色／手前2段目左から2番目＝養鶏や水鳥の羽根芯

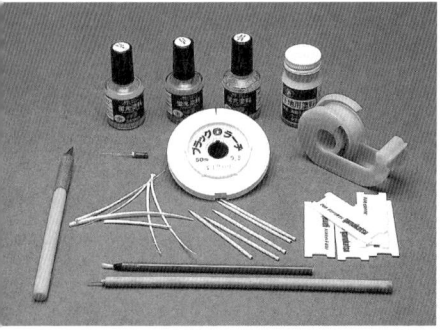

●道具
写真左＝カッターか安全カミソリの刃／中左＝羽根芯の穴開けに使う歯科医用の神経抜き／手前2段目中＝楊枝／手前＝細筆／手前2段目右＝発泡製の薄い仕掛け巻き／イトウキ乾燥台（右写真）

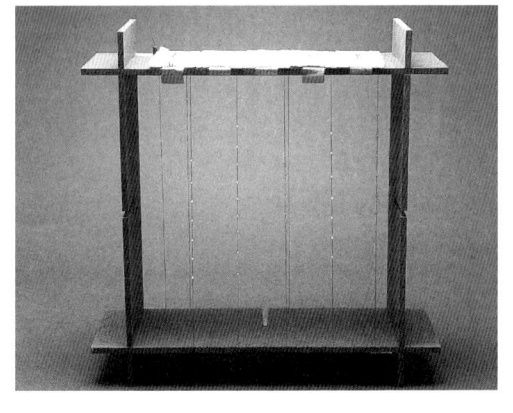

4章 仕掛け作り・ワンポイント&自作編

1 下地用塗料ホワイトで作るイトウキの作業は、楊枝の先に付けた塗料の原液を丹念に塗り重ねていくだけ。この際、最初の1滴は、原液を小皿に取って少し空気に触れさせ、粘度を高めてから塗ったほうが付着させやすい。イトウキの数は好みだが、1、2個失敗することを考慮して、6個玉なら8個、8個玉なら10個と余分に作っておくとよい

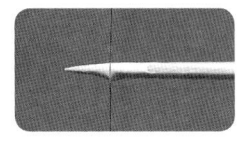

2 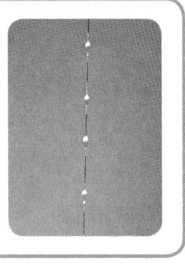 下地用塗料ホワイトの乾燥時間は1回塗ったら2〜3日待つくらい気長に行ない、最低5回塗り重ねてから、⑦の蛍光塗料を塗る工程に進むこと

3 羽根芯で作るイトウキは先端部から極細の0.5〜1mm径を選び、長さ0.5〜1mmにカットする。羽根芯が飛ばないようにセロテープに張って作業するとよい

4 歯科医用の神経抜きなどで羽根芯に穴を開け、ミチイトを通す

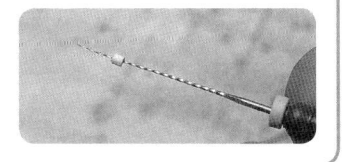

5 通したミチイトごと羽根芯を1時間ほど水に浸して穴を締め、最低1日以上乾燥させる

6 楊枝か細筆で①、②と同じく下地用塗料ホワイトの原液を塗り重ねて楕円形やナツメ形に仕上げていく。乾燥台を上下に返しながら乾燥させるのがコツ

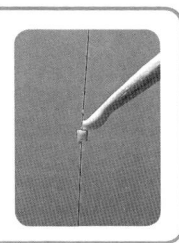

7 好みの大きさにまとまったら、充分に乾燥させてから視認性がよい蛍光塗料を2〜3回塗り重ねる

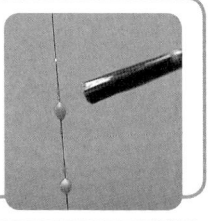

8 イトウキの玉の上下にバリができるが、これは爪の先を使うとこそげ落とせる。うまくいかない場合は、イトウキ自体を動かすことでバリを落とすことができる

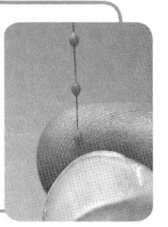

9 最後に成形状態などをチェックする。失敗作はここで取り除く。イトウキを上下に動かしてみて多少緩い感じがしても、釣り場で使うと細かなゴミなどが詰まってちょうどよい具合になることが多い

タナゴ釣り仕掛けの板オモリの巻き方－片足フック式ハリス止メの場合

短ザオのタナゴ釣りは、アタリ感度を重視するうえで振り込んだ仕掛けが上下にふらつかないように板オモリを固定することが大切。片足フック式ハリス止メの場合は、巻いた板オモリをハリス止メのチモトでしっかりと固定する。一方、両足フック式のハリス止メ（次頁）の場合は、ミチイトを結んだ側のフックを包み隠すように、ハリス止メの軸の上から板オモリを巻いて一体化させるとよい。

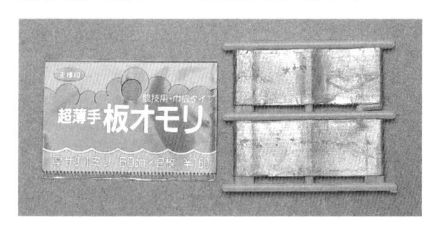

タナゴ用のウキ仕掛けは浮力が小さく使用する板オモリも軽く小さい。したがって、板オモリは柔らかくて微調整が容易な極薄の0.1mm厚が適している

1
ミチイトをハリス止メにユニノットで結ぶ。板オモリはウキの浮力よりも重めに想定して写真のように切っておく

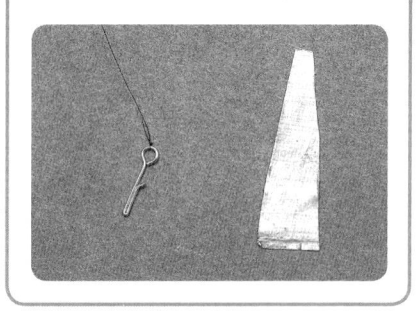

2
イトを挟む折り返し部分を1mm程度折り曲げる。ハサミの刃などを利用すると便利

3
ミチイトに挟んで仮止めする

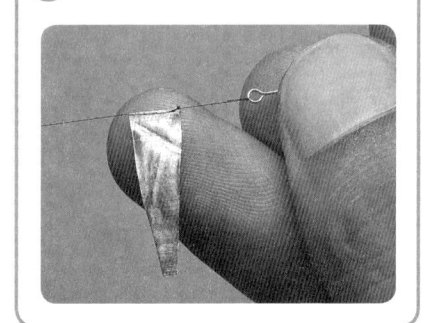

4
ハサミの刃と指先の腹で形よく折りたたんでいく

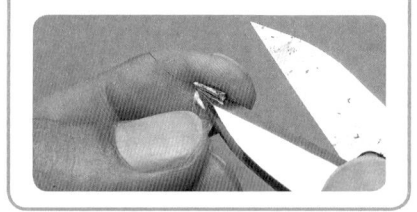

5
最後にハリス止メのチモトに密着させ、強く押し付けて固定すれば完成

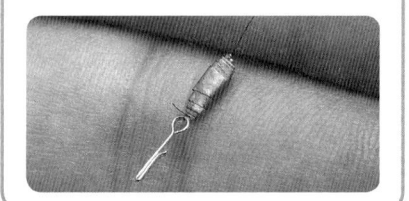

4章 仕掛け作り・ワンポイント＆自作編

タナゴ釣り仕掛けの板オモリの巻き方－両フック式ハリス止メの場合

1 ミチイトをハリス止メにユニノットで結ぶ。板オモリは親ウキの浮力よりも重めに想定して台形か長方形に切っておく

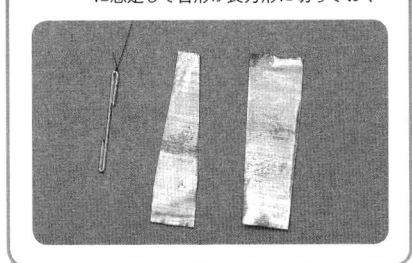

2 イトを挟む折り返し部分を2mmくらいを目安に折り曲げる

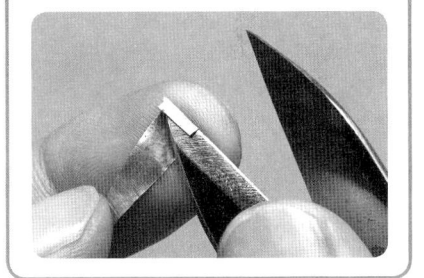

3 ミチイトを結んだ片方のフックを包むように挟んで固定する

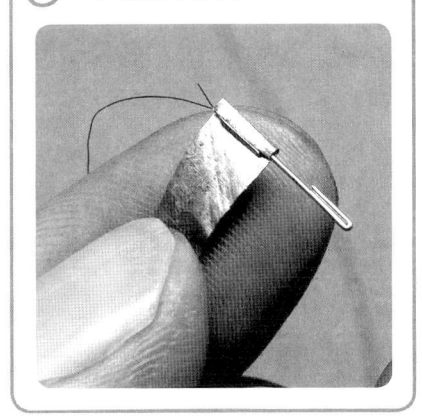

4 ハサミの刃と指先の腹で形よくしっかりと巻き込んでいく

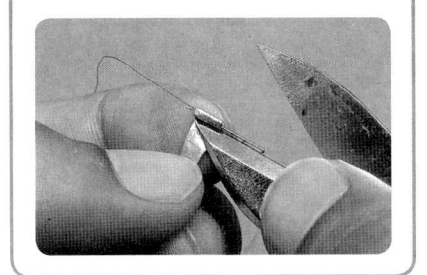

5 最後に強く圧迫して固定すれば完成

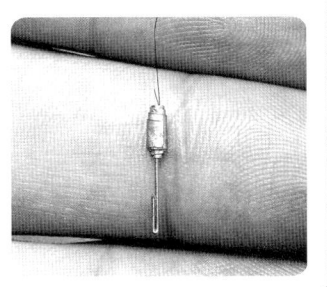

●オモリを調整するには……

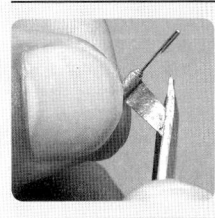

板オモリは、微妙な浮力バランスが要求されるので角を微量ずつ切って調節すること

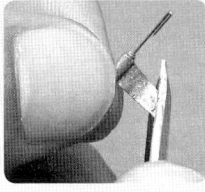

切りすぎて浮力が勝ってしまったら、板オモリの小片を巻き込み、再度ベースの板オモリを微量ずつ刻むとよい

75

フライを巻く—管理釣り場用パターン（ウーリーバガー）

ウーリーバガーは特定の水生昆虫や小魚を模倣しない、ファンシーフライと呼ばれるカテゴリーに属する沈むタイプのフライ。本来は野生のマスを対象として作られたものだが、日本ではマスの管理釣り場で安定した実績をもつフライとして知られている。アタリは主にインジケーターの変化でとる。

●道具
左上から時計回りに、①バイス（ハリを固定する万力）②ハックルプライヤー（羽などの先をつまむ）③ボビンホルダー④ハサミ（スレッドや羽用）⑤ハーフヒッチャー（スレッドを結び止める）⑥ニードル（ヘッドセメントを垂らす）⑦ハサミ（硬いもの用）

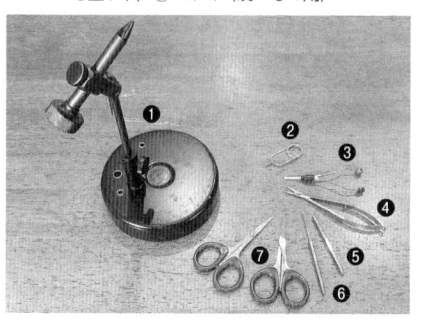

●材料
右上から時計回りに、①マラブー（白ほか各色）②ニンフ用フライフック♯10～12③スレッド（6/0サイズでマラブーの色に合わせる）④ビーズヘッド（金属製）⑤ファインワイヤ⑥やわらかめのハックル（マラブーに色を合わせる）⑦フラッシャブー

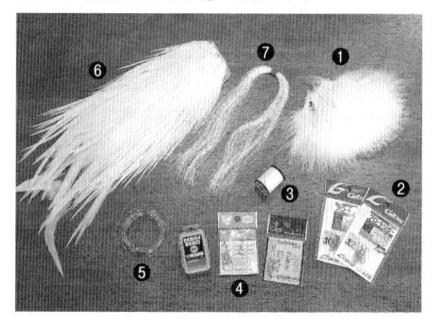

2 スレッドをビーズの直後に巻いて凸状にしてビーズを固定する

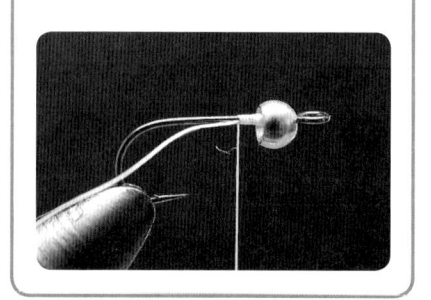

1 ビーズヘッドを通したフックをバイスにセットする。ビーズは穴が広がっているほうがハリ先側を向くように

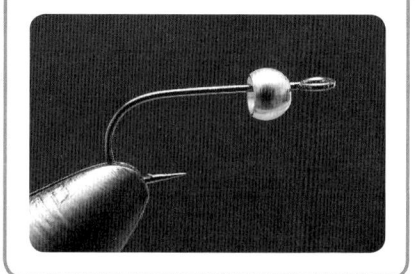

76

4章 仕掛け作り・ワンポイント＆自作編

7 ビーズのうしろでマラブーをスレッドで巻き止める

3 スレッドで軸を1往復して下巻きする

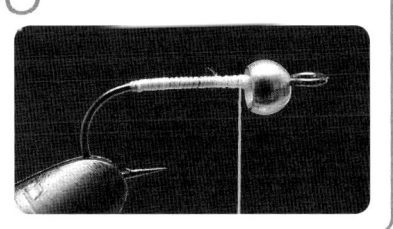

8 そのままハリ先側まで巻いたら根元側の余りをカットする

4 長さを揃えたフラッシャブーを4本軸の上に乗せてスレッドで巻き込む

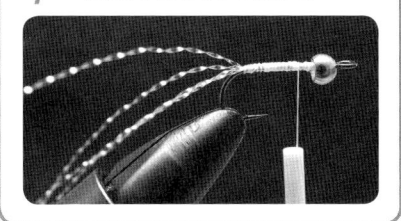

9 スレッドをアイ側に巻き戻す

5 マラブーから根元に近い側を切り出す（先端部はあとでちぎる）

10 フライを沈めるためのワイヤをハリ軸に沿え、スレッドで巻き止める

6 切り出したマラブーをハリ軸に乗せる

11	そのままハリ先側までスレッドで巻き、ふたたびアイ側に巻き戻して1往復する。ワイヤはそのままにしておく
12	ハックルを結び止める。写真のように曲げると毛足の長さを確認できる。フックゲイプ（軸とハリ先の間の幅）の1.3〜1.5倍が目安
13	ハックルはまず毛が柔らかい根元部分を取り、さらに抜け防止のために取り付ける部分をハサミで短くカットして写真のように櫛状にする
14	スレッドでハックルを固定する。ここでも1往復させる
15	ハックルはワイヤの根元の辺りに止め、スレッドをアイ側に移動しておく。ハックル先端をプライヤーでつまみ、ハリ軸に巻きつけていく
16	ハックルは一定の間隔でアイ側に巻き進める
17	ビーズヘッドまできたらスレッドでハックルの端を巻いて固定し、余りをカットする
18	ここまでの状態

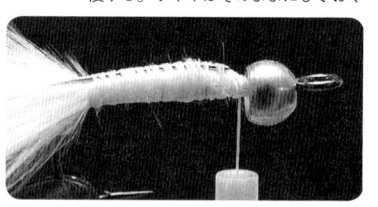

4章 仕掛け作り・ワンポイント＆自作編

23 ビーズの根元（ハリ先側）にハーフヒッチを2〜3回行なってスレッドを止める

24 ハーフヒッチをしたところにヘッドセメントを滴下する。あまり付けすぎないように注意

25 マラブーを適当な長さにちぎる。ハサミよりも指を使ったほうが自然な感じに仕上がる。その際、フラッシャブーを一緒につかまないこと

26 最後にフラッシャブーをマラブーより少し長めにハサミでカットして完成

19 ⑪のワイヤをアイ側に向けて巻いていく。ハックルと同じく一定の間隔で、ハックルの毛をつぶさないように少しジグザグに動かしながら巻き進める

20 ビーズヘッドまできたらスレッドで巻いて固定し、余りをカット。金属を切るのでハックルを切るのとは別のハサミを使用するとよい

21 ワイヤの端が少し出ているのを……

22 爪の先などでワイヤの端をビーズの内側に入れるか、本体に寄せる

フナ釣り仕掛けの中通し玉ウキを毛糸ストッパーで固定する

可動式の中通し玉ウキの止め方には、ホウキ草の芯や爪楊枝、輪ゴム、鶏の羽根芯などさまざまな方法がある。ここで紹介するのは、江戸和竿師・竿富さんが実践している方法。ちなみに、玉ウキの中通し穴の形状は単純な円柱タイプと、円錐形の2種類がある。毛糸止めは前者に適する方法なので、ウキを選ぶ際にはご注意を。

1 ミチイトにセットした玉ウキの中通し穴へ2つ折りにしたナイロンイト（1.5〜2号）を通す

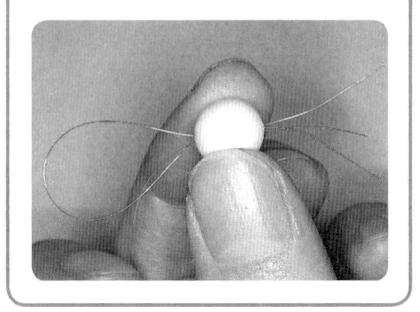

2 ナイロンイトの輪に毛糸を通す。毛糸は撚り糸状の束をほぐして適当な太さを選ぶ。③の作業で「少しキツイかな？」と思うくらいがちょうどよい

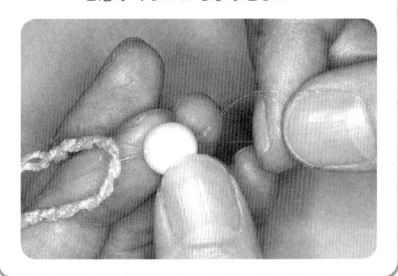

3 2本のナイロンイトを引っ張り、毛糸を玉ウキの中通し部分に引き込む

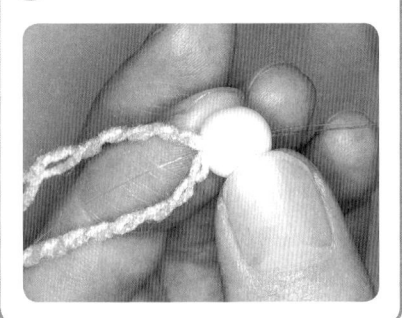

4 毛糸が反対側から出る寸前で止める（多少出ても特に問題はない）

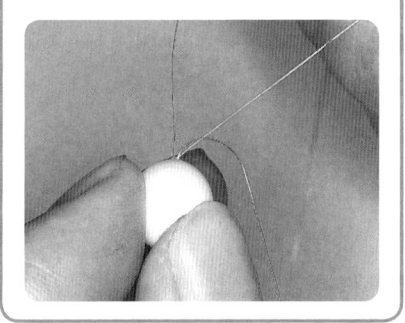

5 ナイロンイトの一端を引いて外す。余分の毛糸をカットする。千枚通しなどで毛糸の端を押し込むときれいに仕上がる

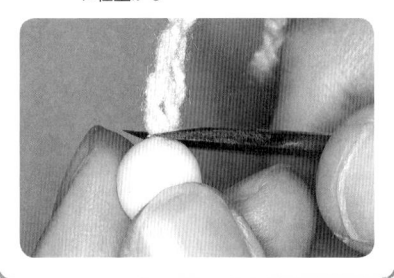

5章 川釣り仕掛け 魚種別マニュアル

源流のイワナから清流のアユ・ヤマベ、湖沼のワカサギ、里川のフナ、汽水のハゼ・テナガエビ・シーバスなどなど、50音順に主なターゲットの仕掛けと釣り方を紹介。経験すればどれも楽しい釣りばかり。川釣りの醍醐味、ここにあり!

アメマス

サケ科

冷水域を好む降海型の大型イワナ
原始の趣漂う野性を擬似バリで

生態

北海道〜日本海側は山形県以北、太平洋側には千葉県以北に生息。水温15℃以下の冷水域を好み、最大で70cm。一般的には降海型をアメマス、陸封型はエゾイワナと区別しているが、降海型の生態は解明されていない点が多い。褐色や銀白色の体色の中に乳白色の斑点があり、降海する個体にはオレンジの斑点が加わることもある。

ベアスプレーとクマ鈴。北海道の河川を釣り歩くなら必需品

道東太平洋に注ぐ河川のほとんどで大型のアメマスがねらえる

淡水のアメマス（①）は海でベイトを飽食すると見違える体型になる（②）

　他の渓流釣りと同様、各河川の管轄漁協が定めた解禁＆禁漁期間を守ってアメマス釣りを楽しみます。本州を流れる河川の多くは春3月から秋9月にかけてが解禁期間となります。

　川のアメマス釣りは、地域や季節によって上流部から汽水域の下流部まで広い範囲でねらうことができます。渓流相の上流部になると陸封型の魚影が多くなる傾向が強く、釣れるのは大きくても40cmクラスまでが大半です。また、ルアー・フライのほか、振り出しザオでの渓流スタイル（ミャク釣り）でねらうこともできます。

　一方、北海道ではアメマスといえば阿寒湖のフライフィッシングのほか、海岸エリアからねらう海のアメマス釣り（海アメ）が人気。そこで、本書は川釣りの本ですが、本稿では併せて紹介します。海アメは日本海側は冬〜春、太平洋側は夏がメインシーズン。厳寒の中、50cmを超える大型アメマスがヒットしてくるのは大きな魅力です。

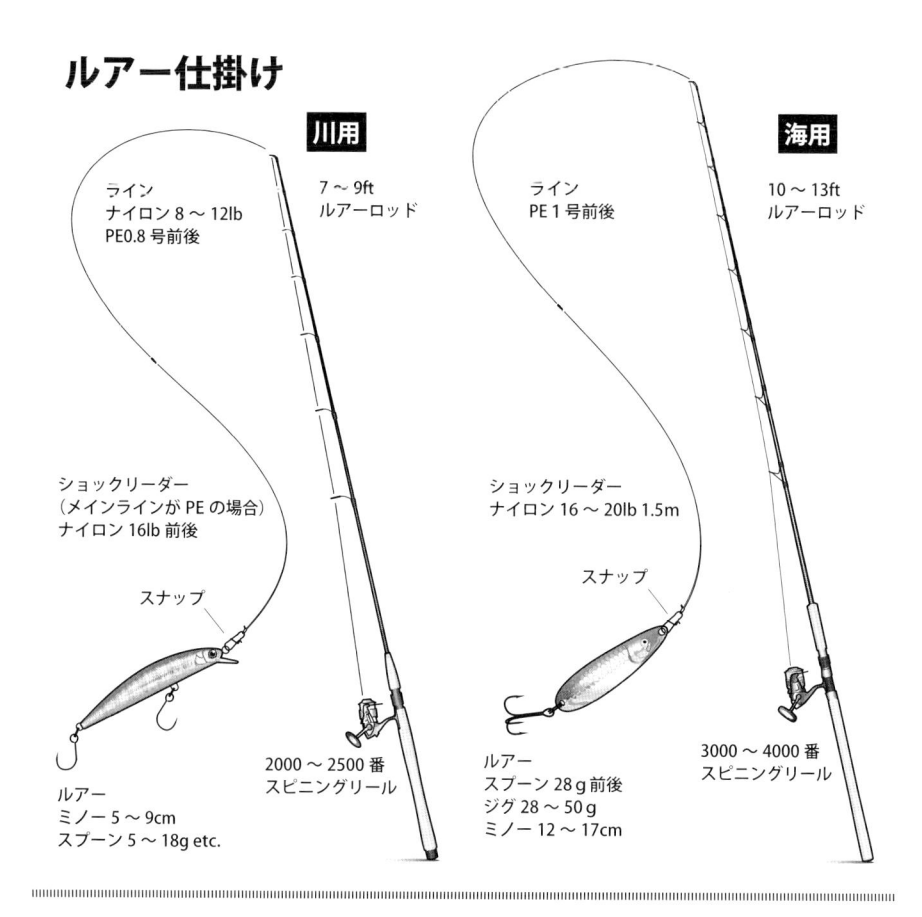

5章 川釣り仕掛け　魚種別マニュアル

ルアー仕掛け

川用

- ライン　ナイロン8～12lb　PE0.8号前後
- 7～9ft ルアーロッド
- ショックリーダー（メインラインがPEの場合）ナイロン16lb前後
- スナップ
- ルアー　ミノー5～9cm　スプーン5～18g etc.
- 2000～2500番 スピニングリール

海用

- ライン　PE1号前後
- 10～13ft ルアーロッド
- ショックリーダー　ナイロン16～20lb 1.5m
- スナップ
- ルアー　スプーン28g前後　ジグ28～50g　ミノー12～17cm
- 3000～4000番 スピニングリール

ルアーフィッシング

川、海ともスピニングタックルです。

●仕掛け　川用にはライトアクションのルアーロッドに、小型のミノーやスプーンが主体です。北海道の海アメにはミディアムライト～ミディアムアクションのシーバスロッドも流用できます。風波が伴う天候が多いので重めのスプーンやジグが主力です。

●釣り方　川の場合は少し上手にキャストし、流れを斜めに横切らせるように操作するのが基本です。海アメは遠投後、シャクリ＆フォールなどのロッド操作でルアーをアピールします。

●釣期　3～9月（各河川の解禁期間等による）。北海道の海アメは冬期も。

Point
- フィールド環境と魚のサイズに適したタックルを選ぶ。
- 川は小型ルアーをチョイス。
- 海アメには風波を考慮して重めのルアーを。

フライ仕掛け

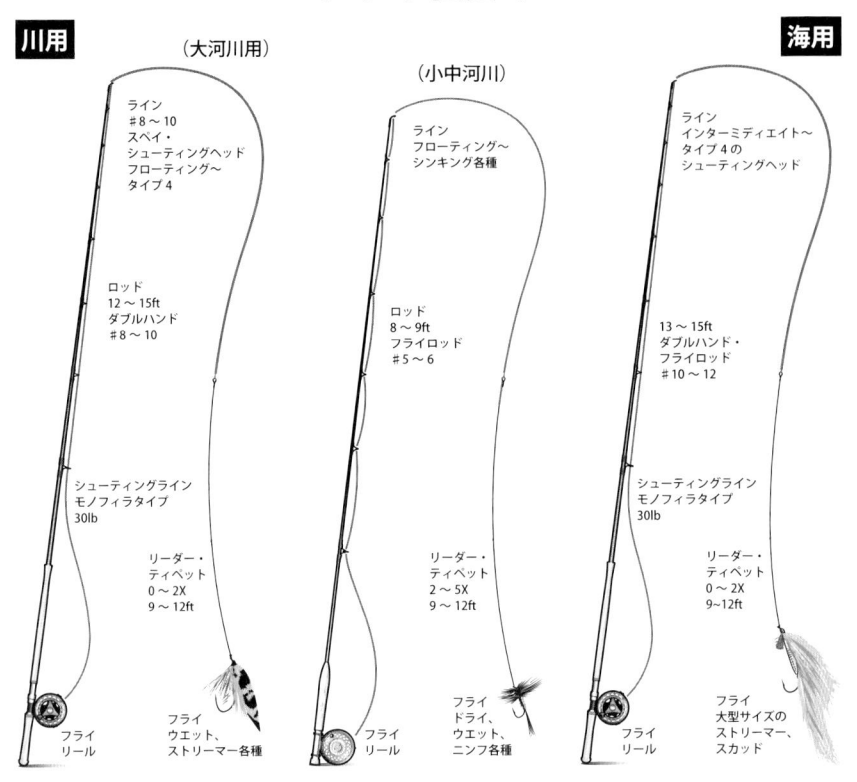

川用

(大河川用)
- ライン #8〜10 スペイ・シューティングヘッド フローティング〜タイプ4
- ロッド 12〜15ft ダブルハンド #8〜10
- シューティングライン モノフィラタイプ 30lb
- リーダー・ティペット 0〜2X 9〜12ft
- フライリール
- フライ ウエット、ストリーマー各種

(小中河川)
- ライン フローティング〜シンキング各種
- ロッド 8〜9ft フライロッド #5〜6
- リーダー・ティペット 2〜5X 9〜12ft
- フライリール
- フライ ドライ、ウエット、ニンフ各種

海用
- ライン インターミディエイト〜タイプ4のシューティングヘッド
- ロッド 13〜15ft ダブルハンド・フライロッド #10〜12
- シューティングライン モノフィラタイプ 30lb
- リーダー・ティペット 0〜2X 9〜12ft
- フライリール
- フライ 大型サイズのストリーマー、スカッド

フライフィッシング

ルアーと同様、川（上流、下流部）、海で異なるタックルが必要です。

●**仕掛け** 川は流れの規模にタックルを合わせて使い分けます。フライはドライ、ウエット、ニンフ、下流域ではストリーマーや大型ウエットなど。

海アメにはシンキングライン主体のダブルハンドロッドというへビータックルで遠投します。フライはサケ稚魚に似せたストリーマーや、スカッドパターンを多用します。また、北海道・阿寒湖では、春〜初夏にかけてワカサギやモンカゲロウの釣りも有名です。

●**釣り方** 海アメねらいは高速リトリーブが基本です。

●**釣期** 3〜9月（各河川の解禁期間等による）。北海道の海アメは冬期も。

Point
・川は流れの規模に合うタックルを。
・海アメはサケ稚魚を意識したストリーマーを多用。

5章 川釣り仕掛け　魚種別マニュアル

アマゴ・ヤマメ
サケ科

容姿端麗な渓流のスター
その釣りはどれもテクニカル！

生態

アマゴは本来、神奈川県以西の本州太平洋側と四国、九州の分布で、降海型はサツキマス。一方、ヤマメの分布は北海道以南、関東以北の太平洋側と日本海側全域および九州で、降海型はサクラマス。近年は放流などにより両種が混生している河川も見られる。アマゴとヤマメの簡単な見分け方は、側面に鮮やかな朱点があるのがアマゴだ。

エサは普段から渓魚が食べている川虫が好適！

渓流の女王の称号をもつヤマメ

アマゴ。ヤマメとは朱点の有無で見分けがつく

アマゴ・ヤマメは、いずれも渓流と呼ばれる透明度が高い川の上・中流域に棲んでいます。自然孵化もありますが、多くの河川では卵放流や稚魚放流が行なわれています。釣り人は河川を管理している漁協の遊漁規則や漁業調整規則を守ったうえで、アマゴやヤマメの渓流釣りを楽しむことができます。解禁期間は地域にもよりますが、主に春3月から秋9月までです。

釣り場は、民家が点在する山里の川幅が比較的広い本流から、山間部の支流筋までがメインステージです。

水がまだ冷たすぎる解禁当初の早春は、淵などの水深がある場所に群れるケースも見られます。春が本格化して、地域によっては雪代も終わると、ヤマメ・アマゴは流速が速い瀬に広く散り始め、シーズン本番を迎えます。

平均サイズはいずれも20㎝前後ですが、30㎝を超える大型は「尺アマゴ」「尺ヤマメ」と呼ばれ、強い引き味と美しい姿から釣り人の憧れです。

ミャク釣り仕掛け

仕掛けの流し方

目印が立った状態を保ちながら仕掛けに付いていく感じで穂先を移動させる。手先ではなく上体を回すようにしてサオを操作すると穂先がブレにくい

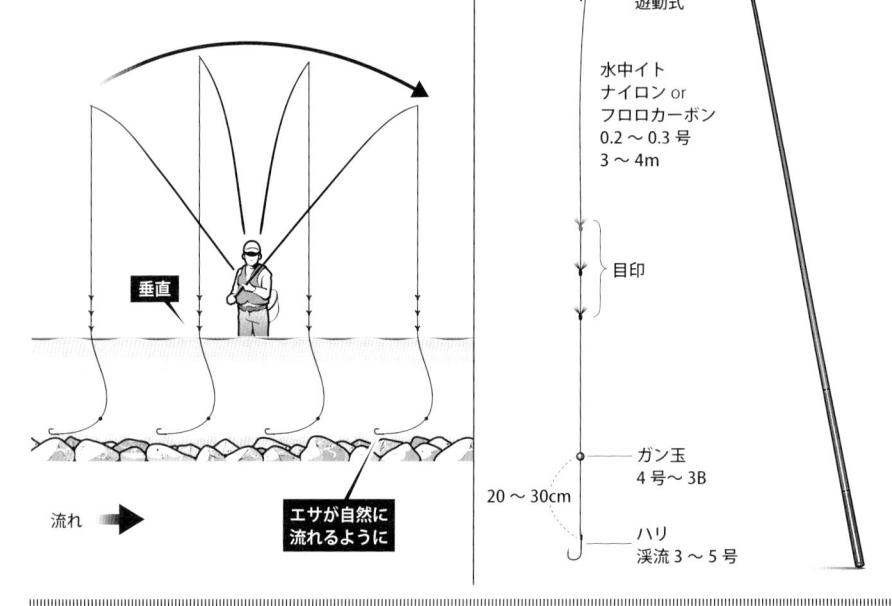

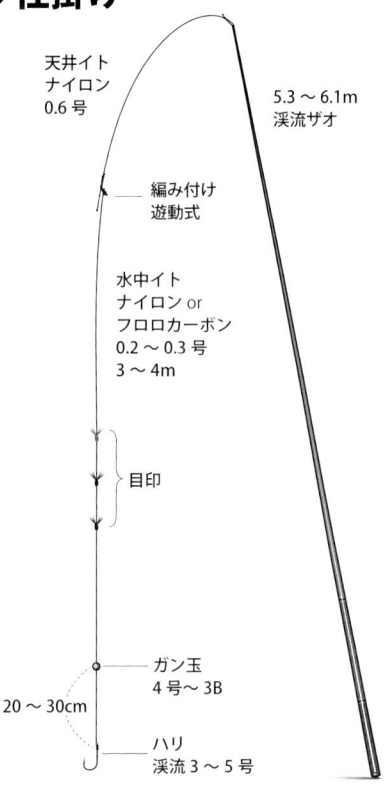

垂直

流れ →

エサが自然に流れるように

天井イト ナイロン 0.6号

5.3～6.1m 渓流ザオ

編み付け遊動式

水中イト ナイロン or フロロカーボン 0.2～0.3号 3～4m

目印

20～30cm

ガン玉 4号～3B

ハリ 渓流3～5号

ミャク釣り

振り出しの渓流ザオを使ったミャク釣りでねらいます。

●**仕掛け** 仕掛けの長短を自在に操れる編み付け遊動式の天井イトと、細い水中イトを組み合わせたものが基本的なパターンです。エサは各種の川虫が一番ですが、初期はイクラやブドウ虫、また水濁り時はキヂ（ミミズ）が効果的です。

●**釣り方** 立ち位置より上流に振り込み、イトを立てて自然に仕掛けを流すのが基本。常にエサが底近くを流れるようにサオ操作を行ない、アタリは目印の変化で即合わせます。

●**釣期** 3～9月（各河川の解禁期間による）。

Point
- 振り出し渓流ザオでのミャク釣り。
- 天井イトと水中イトの組み合わせが基本パターン。
- 最盛期の瀬釣りは川虫エサが一番!

86

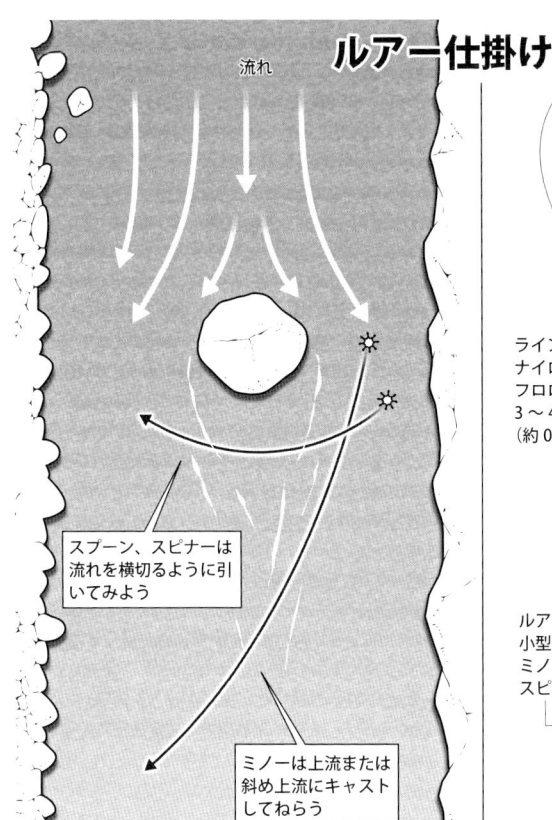

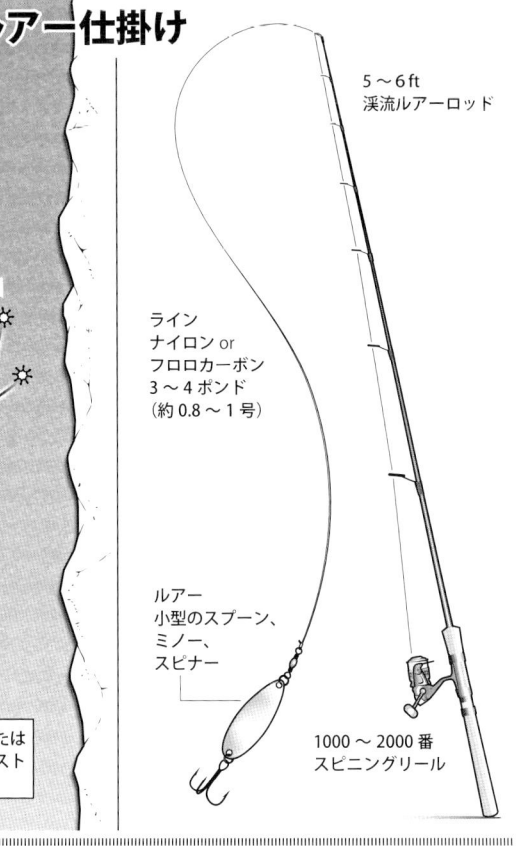

5章 川釣り仕掛け 魚種別マニュアル

ルアー仕掛け

- 流れ
- スプーン、スピナーは流れを横切るように引いてみよう
- ミノーは上流または斜め上流にキャストしてねらう
- 5〜6ft 渓流ルアーロッド
- ライン ナイロン or フロロカーボン 3〜4ポンド（約0.8〜1号）
- ルアー 小型のスプーン、ミノー、スピナー
- 1000〜2000番 スピニングリール

ルアーフィッシング

軽量スピニングタックルと小型ルアーで楽しみます。

● **仕掛け** 渓流ルアーフィッシングにはウルトラライトアクションのロッドが好適。リールに巻く細いラインはキンクしやすいので、数時間から半日ごとに先端部数mをカットして無駄なトラブルを防ぎます。
ルアーは5〜7gのスプーンや5〜7cmのミノー、2〜3gのスピナーが定番です。

● **釣り方** 上流へのアップストリームキャストを繰り返すうち、流れを横切る途中でルアーが変化した時にバイトしてくる確率が高いことを忘れずに！

● **釣期** エサ釣りに準じる。

Point
- ウルトラライトロッドで引き味を楽しむ。
- 小型ルアーはタイプ別に各種用意。
- アップストリームキャストが基本。

87

テンカラ釣り仕掛け

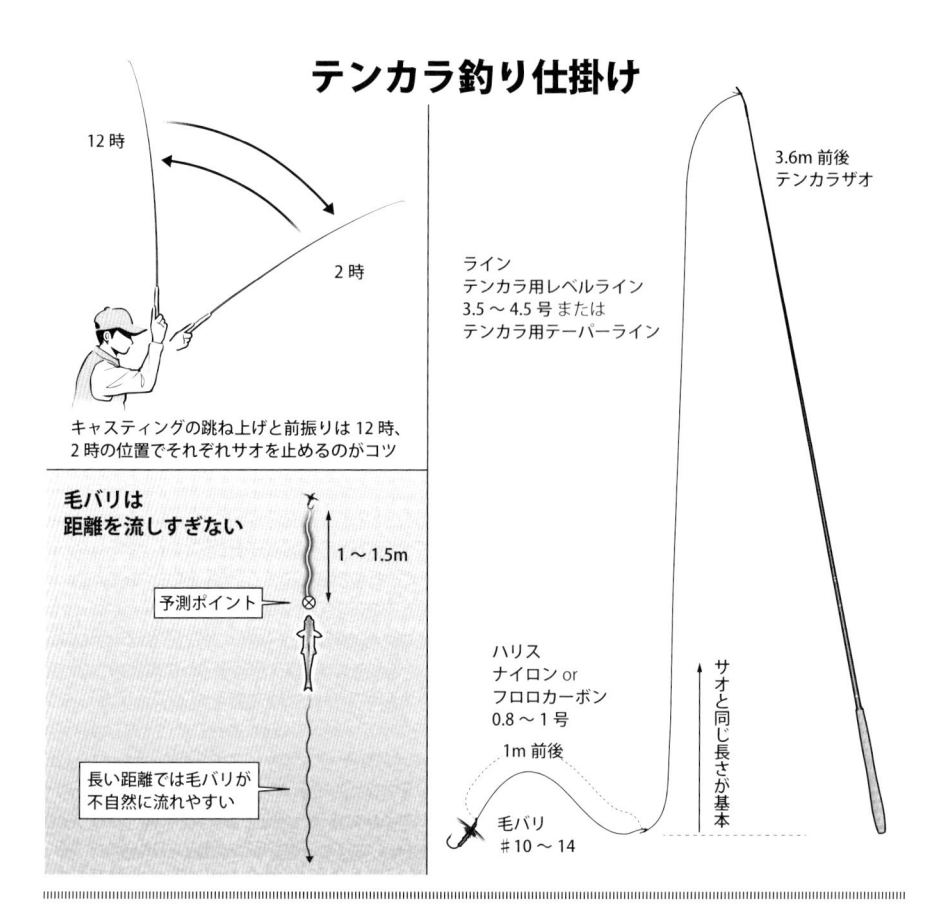

12時
2時

キャスティングの跳ね上げと前振りは12時、2時の位置でそれぞれサオを止めるのがコツ

毛バリは距離を流しすぎない

1〜1.5m
予測ポイント
長い距離では毛バリが不自然に流れやすい

3.6m前後 テンカラザオ

ライン
テンカラ用レベルライン
3.5〜4.5号 または
テンカラ用テーパーライン

ハリス
ナイロン or
フロロカーボン
0.8〜1号

サオと同じ長さが基本

1m前後

毛バリ
#10〜14

テンカラ釣り

タックル＆仕掛けが簡素な日本流の毛バリ釣りです。

● 仕掛け　ラインが飛ばしやすい調子の専用ザオが好適。レベルラインとテーパーラインは、好みで選びます。
テンカラ用の伝統的な毛バリはキジの剣羽根を巻いて作ったものですが、現在は西洋フライ用のハックル類が多用されています。いずれにしてもシンプルなパターンが特徴です。

● 釣り方　テンカラ毛バリは西洋のフライフィッシングでいう水面のドライフライと水面直下のウエットフライの中間的な役割を果たします。浮き沈みは流れに任せて毛バリを自然に流し、時には誘いをかけることもあります。

● 釣期　エサ釣りに準じる。

Point
・リールのない簡素な仕掛け。
・毛バリは全般にシンプル。
・水面〜水面直下を自然に流す。

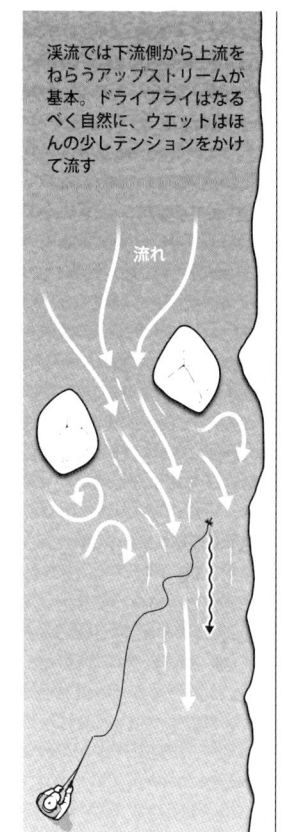

5章 川釣り仕掛け　魚種別マニュアル

フライ仕掛け

ウエットフライ（ドロッパー式）

- 8〜8.6ft フライロッド ＃4〜5
- リーダー 4X 9ft
- ティペット 4X
- 50〜60cm
- 5〜6cm
- 30cm前後
- フライリール

ドライフライ

- ライン フローティング ＃3〜4
- 7.6〜8.6ft フライロッド ＃3〜4
- リーダー 5〜6X
- ティペット 5〜7X
- フライ　ウエットフライ　ドライフライ　ニンフフライ
- フライリール

渓流では下流側から上流をねらうアップストリームが基本。ドライフライはなるべく自然に、ウエットはほんの少しテンションをかけて流す

流れ

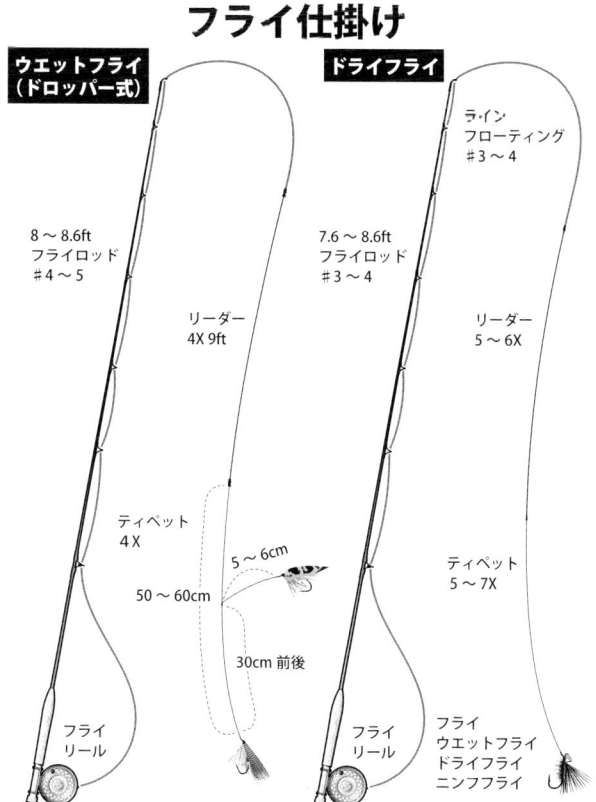

フライフィッシング

主に20cm前後の渓魚が相手なので軽い番手のタックルを使います。

●仕掛け
手頃な川幅と水量の渓流フライフィッシングには、フローティングライン1本で充分。フライは各種ありますが、渓流ではスピーディーに釣れるドライフライが面白く、視認性が高い＃12〜16のパラシュートパターンをおすすめします。小型の羽虫やアリに似せたミッジサイズ（＃18以下）のフライも忍ばせておきましょう。

●釣り方
羽化した川虫が目立つ時や水面で捕食されている時は、ドライフライに絶好のチャンス。水面下で川虫を捕食している時はウエットフライや、ニンフの釣りにスイッチしてみることも大切です。

●釣期
エサ釣りに準じる。

Point
・ドライフライの釣りが軽快。
・水面に川虫が流れ出したらチャンス。

アユ
キュウリウオ科

夏の清流の女王
独特、多彩な釣りでファンを魅了

生態

北海道西部以南の各地に分布。天然アユは晩秋以降ふ化した仔魚が海へ下り、春になると川へ遡上してくる。海の代わりにダム湖などを利用するアユもいる。近年は天然アユが上らず、放流に頼っている河川も多い。解禁期間は地域にもよるが6〜9月が多い。成長したアユは主に底石の付着藻類を食べ、ナワバリ意識を持つ。また1年で生涯を終える年魚である。

友釣りは仕掛けにオトリアユをセットして野アユを掛けるユニークな釣りだ

夏の清流を彩る川釣りきっての人気ターゲット、アユ

アユは川の中流域に生息し、その美しさから清流の女王と呼ばれます。その女王の権力を誇るかのように、1尾1尾が流れの中にナワバリを形成します。胸元には真黄色の「追い星」が浮かび上がり、体色も黄色みを帯び、侵入してくるアユを必死に追い払おうとします。この習性を利用した釣法が友釣りです。

アユの釣期は初夏の「初アユ」でスタートし、梅雨が明けると最盛期の「夏アユ」に突入します。盛夏に釣れるアユが一番おいしいといわれています。

8月後半に入ると、年魚のアユは早くも産卵を意識し始め、特に夏の短い東北地方などは「落ちアユ」の時期を迎えます。しかし、水温が比較的高い東海以西の西日本には9月いっぱい落ちアユ釣りを楽しめる河川が数多くあります。

本書では「友釣り」とともに、「ドブ釣り」「チンチン釣り」「エサ釣り」という4つの釣り方を取り上げます。

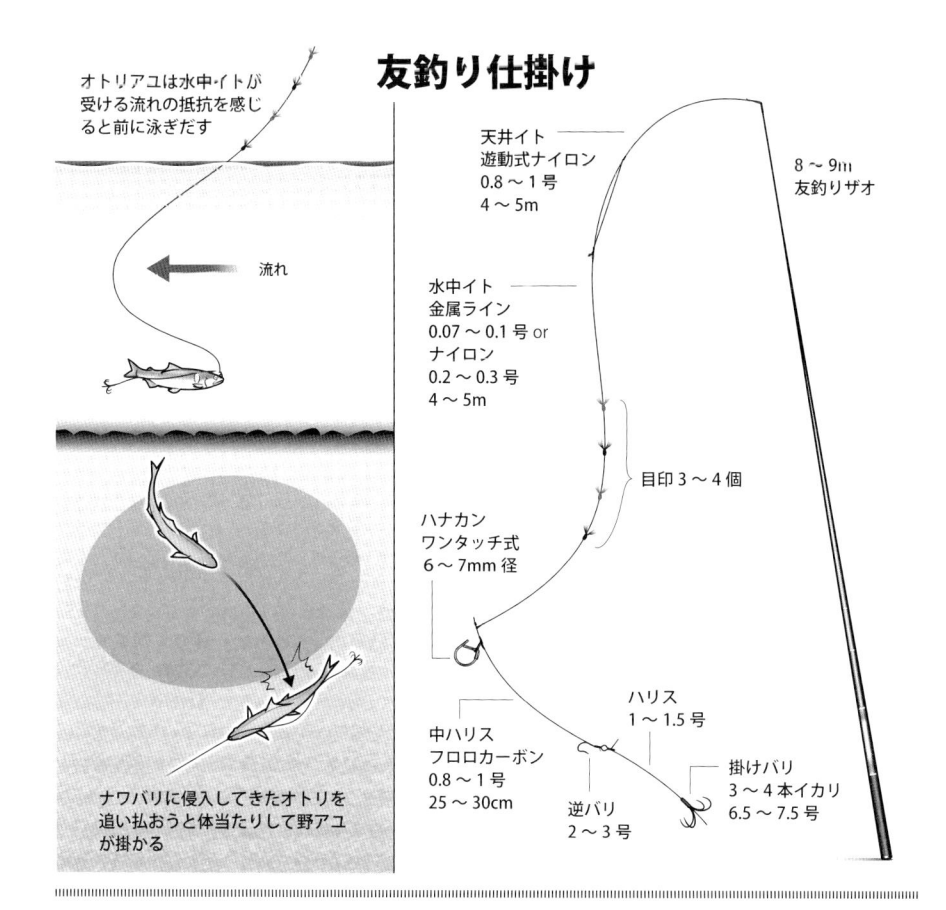

5章 川釣り仕掛け 魚種別マニュアル

友釣り仕掛け

オトリアユは水中イトが受ける流れの抵抗を感じると前に泳ぎだす

流れ →

天井イト
遊動式ナイロン
0.8〜1号
4〜5m

8〜9m
友釣りザオ

水中イト
金属ライン
0.07〜0.1号 or
ナイロン
0.2〜0.3号
4〜5m

目印3〜4個

ハナカン
ワンタッチ式
6〜7mm径

中ハリス
フロロカーボン
0.8〜1号
25〜30cm

ハリス
1〜1.5号

逆バリ
2〜3号

掛けバリ
3〜4本イカリ
6.5〜7.5号

ナワバリに侵入してきたオトリを追い払おうと体当たりして野アユが掛かる

友釣り

川釣りジャンルの中にあって、最も特殊な仕掛けと長ザオを使います。

●**仕掛け** 友釣りザオにはさまざまな調子&硬さがそろっています。万能タイプは中硬硬調で、トロ場の泳がせ釣りから瀬の引き釣りまで楽しめます。

仕掛けは、まず完成仕掛けで友釣りを体験してみましょう。それからパーツ別に市販品を購入して組み立てると仕組みが理解しやすいでしょう。

●**釣り方** 野アユのナワバリに侵入させるアユを「オトリ」と呼び、川近くのオトリ店で入漁券と一緒に購入します。オトリはハナカンに通し、逆バリを打ってそっと流れに放します。

●**釣期** 6〜9月（解禁期間による）。

Point

- 最初の1本は万能な中硬硬調ザオ！
- 仕掛けは天井イト、水中イト、ハナカン周り、掛けバリから成り立つ。
- オトリを自由に泳がせる。

ドブ釣り仕掛け

北陸スタイル

- ウキ止メ
- 仕掛け確認用玉ウキ
- 9m前後の専用リールザオ
- ミチイトナイロン 1.5～2号
- 北陸型ナイロン片テンビン
- 北陸型オモリ 6～10号
- 小型の片軸 or 両軸受けリール
- アユ毛バリ

関東スタイル

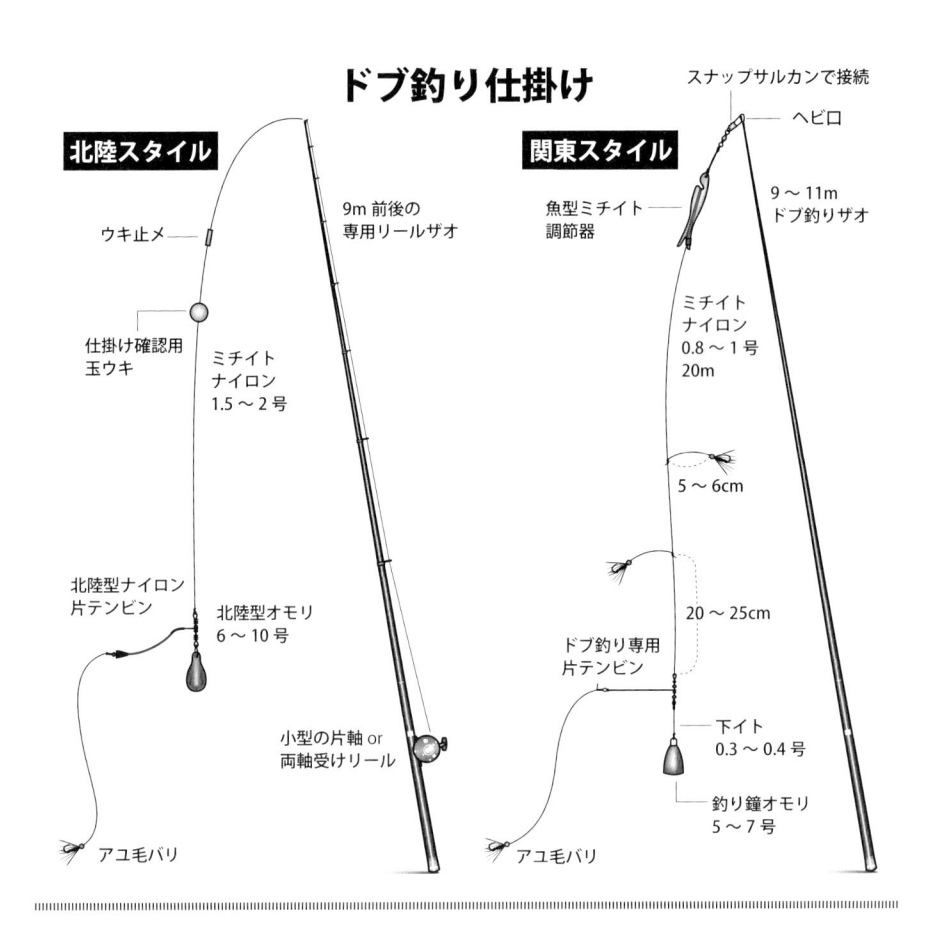

- スナップサルカンで接続
- ヘビロ
- 9～11m ドブ釣リザオ
- 魚型ミチイト調節器
- ミチイト ナイロン 0.8～1号 20m
- 5～6cm
- 20～25cm
- ドブ釣り専用片テンビン
- 下イト 0.3～0.4号
- 釣り鐘オモリ 5～7号
- アユ毛バリ

ドブ釣り（毛バリ釣り）

ドブ釣りの"ドブ"とは淵、トロ場など水深が深い場所の意味です。

● **仕掛け** 振り出しの超長ザオを使う関東スタイルとリールザオを扱う北陸スタイルに分かれ、現代流のドブ釣り仕掛けは片テンビン式が主流です。関東スタイルは2～3本の上バリを併用する人が多いですが、河川によってハリ数の規制があるのでご注意を。

● **釣り方** 流れの上手から静かに仕掛けを落とし、オモリが着底したら下手に向かって、ゆっくりと上下の誘いを繰り返します。誘い上げてくる途中で当たることが大半なので、そのままサオ先を止めて食い込みを待ちます。

● **釣期** 友釣りに準ずる。

Point
- 現在は片テンビン仕掛けが主流。
- 河川によってハリ数の規制があるので上バリは要注意！
- オモリ着底後は上下にゆっくり誘う。

5章 川釣り仕掛け 魚種別マニュアル

チンチン釣り仕掛け

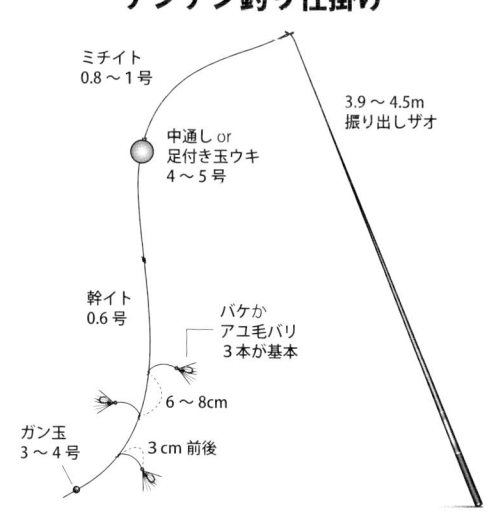

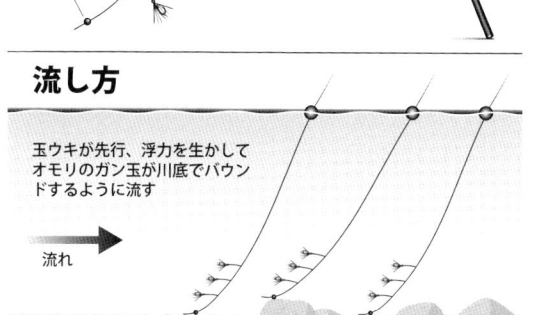

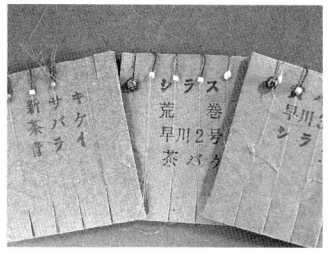

- ミチイト 0.8〜1号
- 3.9〜4.5m 振り出しザオ
- 中通し or 足付き玉ウキ 4〜5号
- 幹イト 0.6号
- バケかアユ毛バリ 3本が基本
- 6〜8cm
- 3cm前後
- ガン玉 3〜4号

流し方

玉ウキが先行、浮力を生かしてオモリのガン玉が川底でバウンドするように流す

流れ

地方色豊かな毛バリにノベザオスタイルで楽しめるチンチン釣り

チンチン釣り（毛バリ釣り）

清流釣りと同じように、ノベザオの流し釣り感覚で楽しめます。

●仕掛け
地方や河川独特のバケがあるほか、ドブ釣りの伝統アユ毛バリでもよく釣れます。仕掛けスタイルは中通しか足付き玉ウキに、バケやアユ毛バリのドウヅキ3〜4本仕掛けをセットし、最下部にはガン玉を固定します。

●釣り方
仕掛けを流す筋は流心脇からヘチ寄りにかけて。玉ウキを先行させ、川底でガン玉をバウンドさせる感じで底層を探るのが基本です。アタリは玉ウキの千差万別な変化で合わせます。チンチン釣りの禁止河川も多いので、遊漁規則を必ず確認してください。

●釣期
友釣りに準ずる。

Point
- ノベザオの流し釣り感覚で楽しむ。
- バケやアユ毛バリのドウヅキ3〜4本バリが基本。
- 下部のガン玉を利用して底層を流す。

ウキ釣り仕掛け

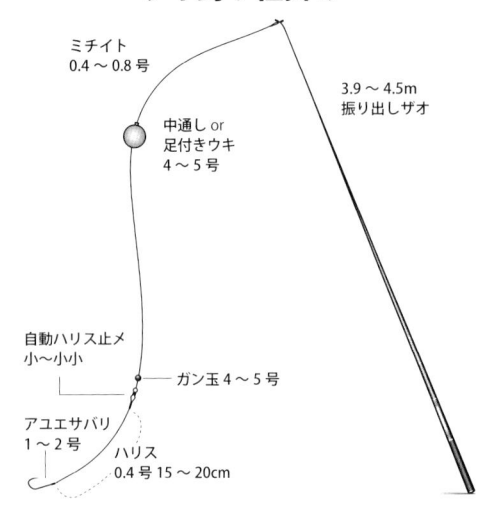

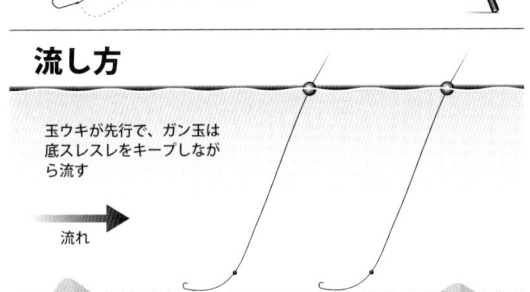

ミチイト 0.4～0.8号
中通し or 足付きウキ 4～5号
3.9～4.5m 振り出しザオ
自動ハリス止メ 小～小小
ガン玉 4～5号
アユエサバリ 1～2号
ハリス 0.4号 15～20cm

流し方

玉ウキが先行で、ガン玉は底スレスレをキープしながら流す

流れ

エサの付け方

バナメイエビなどの小エビは小粒に切ってチョン掛けに

シラスは千切った頭部を付ける

ウキ釣り

エサ釣りができる河川も限られますが清流釣りファンならハマるでしょう。

● 仕掛け　玉ウキ1個のシンプルな仕掛けです。ハリは専用のスレバリから1～2号の小バリを選んでください。

代表的な付けエサは釜揚げシラスとアミエビ、細かく刻んだ小エビの身など。シラスは頭部だけ、アミエビは1匹の通し刺し。寄せエサは付けエサの残りなどを細かくつぶして使います。

● 釣り方　上手から仕掛けを振り込み付けエサを底スレスレに流します。寄せエサも上手から小さじ1杯ずつ打ち込み、付けエサと同調するように匂いの煙幕でアユの食い気を立たせます。

● 釣期　友釣りに準ずる。

Point
・専用スレバリの1～2号がベスト。
・エサは釜揚げシラスとアミエビ。
・匂いの煙幕と同調させて釣る。

5章 川釣り仕掛け 魚種別マニュアル

イトウ
サケ科

北海道に息づく貴重な野性 キャッチ&リリースで楽しもう

生態

北海道の河川や湖沼のほか樺太、南千島に生息。降海性があるが、海での詳しい生態は解明されていない。サケの仲間には産卵後に死ぬ種類が多いが、イトウは何度も産卵活動を行なう。春3～5月が繁殖期。成長は緩やかで寿命が長く15～20年も生きるといわれ、最大150cmに達する大魚。過去には2mを超す個体も記録されている。

1mを超えるイトウは北海道の宝。その魚体は神々しいほどだ

イトウはハヤ（ウグイ）などの小魚を主食とする典型的なフィッシュイーター。魚偏に鬼と書いてイトウと読み、時にはヘビや鳥のヒナまで襲うといわれるどう猛さを備えています。

その反面、用心深く日中の時間帯は日の当たらない薄暗い個所に潜んでいるケースが多いので、活発にエサを追う朝夕2回のマヅメ時がチャンスタイムです。

警戒心が薄らぐマヅメ時には広く活動するとはいっても、ねらうポイントは倒木などの障害物周りや、川底の起伏や岸際のエグレといった変化が多い川のカーブ部分が目安になります。

釣り方は、現在ではフライフィッシングとルアーフィッシングが中心となっています。

なお、北海道のイトウは日本が世界に誇る貴重な野性であり、多くのファンは個体数を極力減らさないように、ていねいなキャッチ&リリースを提唱しています。

ルアー仕掛け

9〜10ft トラウト or シーバスロッド

ライン
PE 1.5号前後

ショックリーダー
ナイロン or
フロロカーボン
20〜30ポンド

スナップ

ルアー
ミノー 12〜17cm
スプーン 20〜30g

3000〜4000番
スピニングリール

道東の湿原河川にもイトウが生息する。なかでも、写真の別寒辺牛川（べかんべうし）は知られたフィールド

イトウに適したルアー。トラウト用だけでなくシーバス用の大型ミノー、バス用のビッグベイトなども面白い。ただし、フックはシングル＆バーブレスに替えて

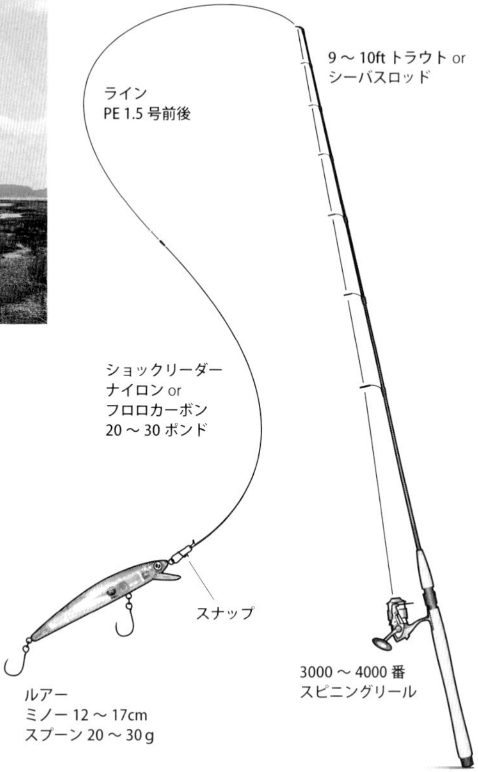

ルアーフィッシング

スピニングタックルでスプーン＆ミノーの釣りが主体です。

● 仕掛け　ロッドのアクションはミディアムライトかミディアムを選びます。ラインは強度に優れるPEラインを使います。障害物周りの根掛かりゾーンを中心にねらうため、ショックリーダーに傷があればすぐに交換しましょう。
ルアーは深度を変えて探れるようにスプーンなら重さと肉厚別に、ミノーはフローティングからシンキングまで各種取りそろえておきます。

● 釣り方　イトウは障害物周りの川底近くでエサを待ち構えているので、底層を中心にルアーでトレースするのを心掛けることが第一です。

● 釣期　早春〜秋。

Point
・慣れない人はナイロンラインから。
・スプーンは重さと肉厚別にそろえる。
・川底を中心にねらう。

5章 海釣り仕掛け 魚種別マニュアル

フライ仕掛け

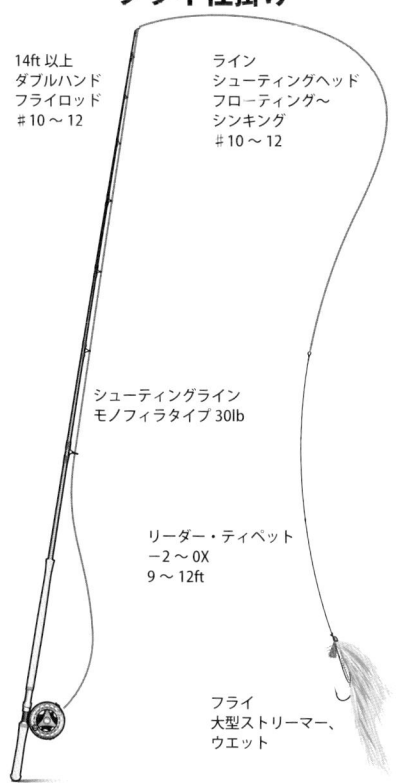

- 14ft以上 ダブルハンド フライロッド #10〜12
- ライン シューティングヘッド フローティング〜シンキング #10〜12
- シューティングライン モノフィラタイプ 30lb
- リーダー・ティペット −2〜0X 9〜12ft
- フライ 大型ストリーマー、ウエット

イトウの聖地、道北の猿払川。メインになるポイントは下流域

イトウねらいの定番フライはゾンカー。フックはバーブレスにして挑みたい

フライフィッシング

フライロッドは大型フライをキャストしやすいダブルハンドが人気です。

●**仕掛け** 湖沼と河川があり、ラインはフローティング、先端部だけ沈むシンクティップ、ライン全体が沈む深度別のシンキングを使い分けます。フライは#2〜8の大型ストリーマーが中心。ハヤ（ウグイ）やワカサギなど小魚のパターンとともに、カジカやハゼなど小型底生魚に似せたマドラーミノーなども効果的です。

●**釣り方** 河川は流速を読み底層へフライを送り込むことがキーポイント。湖沼ではカケアガリを意識しながらリトリーブすることを心掛けます。

●**釣期** ルアー釣りに準ずる。

Point
- 大型フライがキャストしやすいダブルハンドロッドのタックル。
- 小魚のイミテーションフライが主力。
- 湖底はカケアガリを意識する。

97

イワナ

サケ科

最上流域に棲む地域性豊かな魚
シンプルなミャク釣りが似合う

生態

イワナの代表的な亜種はニッコウイワナとヤマトイワナの2種だが、見た目で厳密に区分するのは難しい。ニッコウイワナは山梨県から東北南部にかけての太平洋側と、鳥取県から東北南部にかけての日本海側のそれぞれ流入河川に不連続的に分布。ヤマトイワナは相模川以西の太平洋側と琵琶湖の流入河川、紀伊半島に分布するとされる。体長は最大60cmほど。

独特の釣趣に魅せられるファンも多いイワナ

ヤマメやアマゴと混生している河川もありますが、より冷水域を好むイワナは、源流部などのさらに上流域に生息します。また、一部の山上湖でも魚影を見ることができます。

水量豊富な川幅が広い源流の場合、イワナは流速の強い流心を避け、流心脇や反転流といった流れが弱まる個所でエサが流れてくるのを待っています。「岩魚」と書くくらいで、岩のエグレや倒木など自然の障害物周りにもよく付きます。

一方、小規模の沢などでは、チョロチョロと流れ落ちる水溜まりの中で細々と生きていることもあります。

エサには川虫やミミズ、ブドウムシなどを使います。エサ釣りのほかフライ&ルアーフィッシングも盛んです。なお、イワナを含む渓流魚は管轄漁協によって遊漁規則が定められています。各規則や解禁期間（3〜9月など）を厳守して釣りを楽しみましょう。

5章 川釣り仕掛け　魚種別マニュアル

ミャク釣り仕掛け

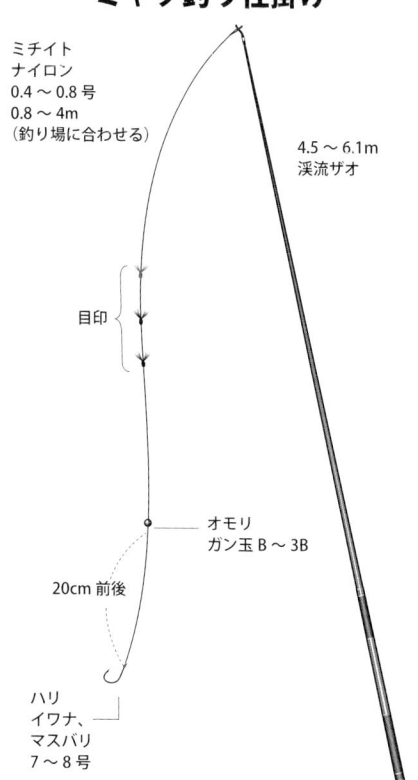

- ミチイト　ナイロン 0.4～0.8号　0.8～4m（釣り場に合わせる）
- 4.5～6.1m 渓流ザオ
- 目印
- オモリ　ガン玉B～3B
- 20cm前後
- ハリ　イワナ、マスバリ 7～8号

岩に付く魚・イワナは石のエグレや反転流などが主なポイント

ミャク釣り

渓流釣りスタイルのミャク釣り。流れの規模で仕掛けの長さを変えます。

●仕掛け

小規模な沢用のチョウチン仕掛けと、水量豊富な流れの長仕掛けに大別できます。前者は4.5～5.3mザオの出番が大半で、仕掛け全長は0.8～1mと極端に短く、ミチイト（ハリス通し）も0.8号と太め。目印なしでもOKです。後者は全長4・5mを基準に6.1mザオまでを多用します。ミチイト0.4～0.8号に化繊目印を3～4個付けておきます。ハリはマス、イワナ、ヤマメバリなど。大ものねらいには軸太タイプを選びます。

●釣り方

やや重めのガン玉オモリで底層をねらい、流速よりも少し遅らせて仕掛けを流すことが基本です。

●釣期

3～9月（解禁期間による）。

Point

- 規模と水量でサオと仕掛けを変える。
- 重めのガン玉で底層ねらい。

ウナギ

ウナギ科

近年は貴重な高級魚に
ブッコミ仕掛けの半夜釣り

生態

生まれ故郷の海で産卵を終えると孵化した個体はレプトケファルスと呼ぶ幼生に育つが、詳しい産卵場所などの生態は完全には解明されていない。北海道以南に分布し、河川の中下流域のほか湖沼にも生息。
肉食で水生昆虫や甲殻類など何でも食べるが、特に魚などの魚食性が強く、夜行性。繁殖期は秋から冬にかけて。体長1m。

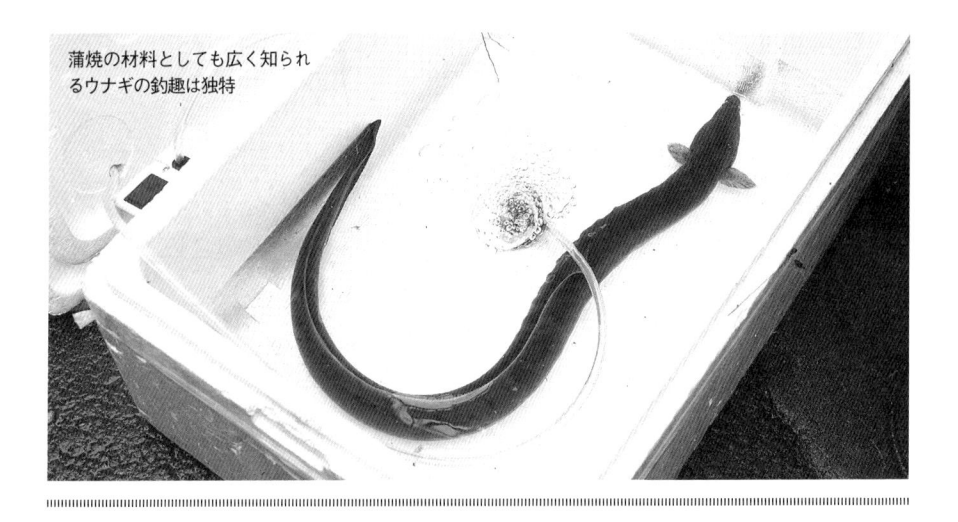

蒲焼の材料としても広く知られるウナギの釣趣は独特

釣り場は河川の下流部で、それも潮の干満の影響を受ける汽水域に集中しています。都内のど真ん中を流れる大河川にはウナギ釣り場が多く、フェンス付きのコンクリート護岸帯が続く親水エリアがほとんどです。

好ポイントは川のカーブ部分や水門付近、橋脚周りなどの水流の変化が生じる場所。また、海に面した漁師町などを流れる小さな川にも、ウナギの魚影が多い釣り場を見つけることができます。

ウナギは夜行性なので、主に辺りが暗くなり始める夕方から午後10時頃までの半夜釣りでねらいます。潮回りは午後5時以降に満潮を迎える大潮回りを選ぶのがキモです。また、梅雨時の小雨曇天時は、日中の時間帯から活性が高まることもあります。

エサはキヂ、ドバミミズのミミズ類やゴカイ、アオイソメといったイソメ類をよく使うほか、テナガエビやアユを特エサとして用いる地域もあります。

5章 川釣り仕掛け 魚種別マニュアル

リール釣り仕掛け

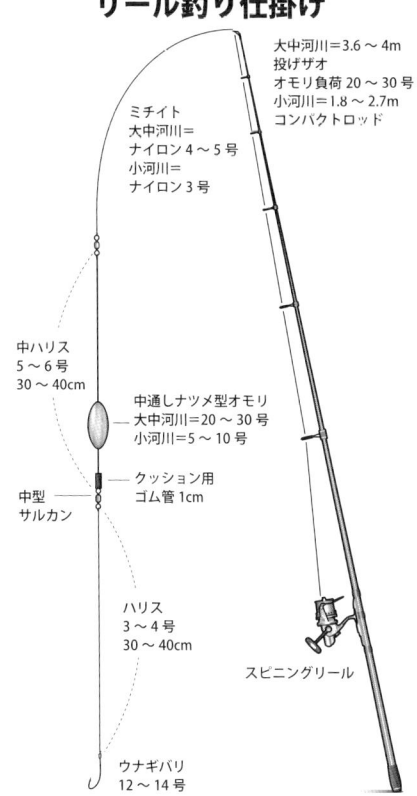

- 大中河川＝3.6～4m
- 投げザオ
- オモリ負荷20～30号
- 小河川＝1.8～2.7m
- コンパクトロッド

ミチイト
大中河川＝ナイロン4～5号
小河川＝ナイロン3号

中ハリス
5～6号
30～40cm

中通しナツメ型オモリ
大中河川＝20～30号
小河川＝5～10号

クッション用ゴム管1cm

中型サルカン

ハリス
3～4号
30～40cm

スピニングリール

ウナギバリ
12～14号

水門などの流れに変化のある場所がねらいめ

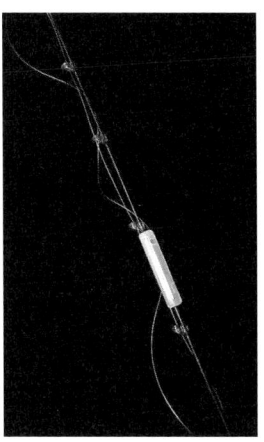

夜釣りではサオの穂先に化学発光体をセットするとアタリをとるのに便利

リール釣り

数本ザオの並べ釣りでねらいます。

●仕掛け 仕掛けの消耗が激しい場所をねらうので、安価に数を作れる中通しオモリ式のブッコミ仕掛けが好まれます。オモリはナツメ型を基準に、流れの速いところでは亀の子型やスパイク型も使われます。大中河川が20～30号、小河川は5～10号を用意します。予備仕掛けは中通しオモリ付きの遊動部分と、ウナギバリを結んだハリスの2パーツに分けて持参すると便利です。真っ暗な中で明確なアタリを伝えてくれるように、投げザオの先端部に固定する化学発光体も忘れずに。

●釣り方 数本の投げザオで方向と飛距離を変えて探ります。

●釣期 主に入梅から8月。

Point
- 釣り場は汽水域に集中。
- 午後5時以降に満潮になる大潮回り。
- 小雨曇天時は日中もチャンス。

101

カジカ

カジカ科

子どもにも大人にも大人気 ユニークな穴釣り仕掛け

生態

カジカは淡水域で生活する「大卵型」と、淡水域で産卵を行ない、ふ化した稚魚が海へ下った後、河口付近で成長して淡水域に戻る「小卵型」の2種に分かれるとされている。
北海道南部以南の各地に生息する日本固有種で、主に小卵型が中下流域、大卵型は上流域に棲む。水生昆虫や甲殻類などを捕食。体長15〜17cm。

カジカはほんの小さな石の隙間にも潜んでいる

小さいながらも見た目は武骨なカジカ。その主要釣り場は、ヤマメやアマゴ、イワナなどが棲む上流の渓流域から、アユやヤマベ、ハヤが泳ぐ清流域にかけてと広範囲です。

カジカは流速が速い瀬の岸寄りに続く石周りの浅い流れを好み、複雑に入り組んだ底石の中に身を潜めるようにして、近づいてくるエサをじっとねらっています。

エサはクロカワ虫などの川虫類、市販のブドウ虫やキヂ（シマミミズ）、イクラなど。釣期は初夏から冬までとロングランですが、禁漁期間が定められている河川もあるので注意しましょう。

釣りの対象魚としてはややマイナーなカジカですが、石川県の「ゴリ料理」に代表されるように、カジカは昔から美味しい川の小魚として定評があります。冬場の抱卵しているメスは珍重され、食べ方には唐揚げや塩焼き、甘露煮のほか、大型カジカは刺し身でもいただきます。

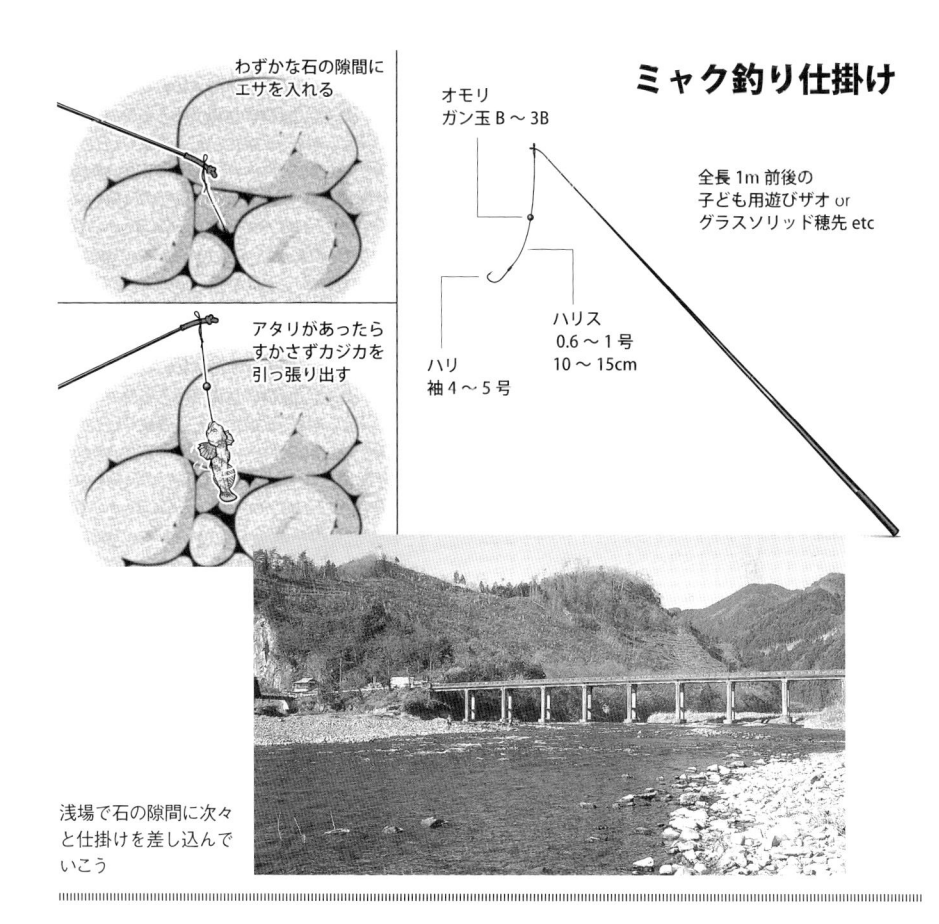

5章 川釣り仕掛け 魚種別マニュアル

ミャク釣り仕掛け

わずかな石の隙間にエサを入れる

オモリ ガン玉B～3B

全長1m前後の子ども用遊びザオ or グラスソリッド穂先 etc

ハリス 0.6～1号 10～15cm

ハリ 袖4～5号

アタリがあったらすかさずカジカを引っ張り出す

浅場で石の隙間に次々と仕掛けを差し込んでいこう

ミャク釣り

短いサオにチョウチン仕掛けと呼ぶ、これまた全長が極端に短いミャク釣り仕掛けを使います。

●**仕掛け** 全長10～15cmの仕掛けのため、ハリス付きの市販バリを利用します。ハリスの末端に大小チチワを作り、サオの先端部のリリアンに接続すればOKです。

●**釣り方** 底石と底石の隙間の奥深くをねらって、サオ先から仕掛けを突っ込み、エサをカジカの鼻先に送り込む穴釣りが基本です。仕掛けが入ればどんなに小さな隙間でも可能性があります。アタリを感じたら、隙間から速やかに仕掛けを引き抜きます。このほか、箱メガネで魚影を捜しながら釣る見釣りのテクニックもあります。

Point
- **釣期** 6～12月（解禁期間に注意）。
- 超短ザオ＆超短仕掛けの組み合わせ。
- 石の隙間の奥深くをねらう。

カラフトマス
サケ科

北海道のサーモンフィッシング 有効利用調査にエントリー

生態

日本国内でカラフトマスが遡上する河川はほぼ北海道に限られる。タイヘイヨウサケ属では小型の部類で、体長40～60cm。産卵期のオスは赤紫の婚姻色とともに背中が湾曲して張り出すことから別名セッパリ、アラスカではピンクサーモン。産卵のため河川に遡上するが、一生のほとんどを海で過ごす。また、サケ（シロザケ）よりも母川回帰性が薄い。

オホーツク海沿岸の夏の使者、カラフトマス。良型のオスはじつに強い

日本でサケマスといえば、古くはそのままサケ（シロザケ）とマス（サクラマス）を意味しました。しかし北海道の開拓期に別種のサケマスが加わり、呼び分けが必要なことからカラフトマスという名前が付けられた、とする説があります。現在はオホーツクサーモンという愛称でも呼ばれ、北海道では馴染み深い魚であることが分かります。

ちなみに、生物学的にはサケとマスの間に明確な区分はないそうです。

産卵のため河川に遡上してきたカラフトマスとサケは、長らく釣りが禁止されてきました。それが近年「サケ・マス有効利用調査」により、北海道の忠類川ではじめて釣り人に門戸がひらかれました。

現在は道内の一部河川で、それぞれ期間・区域を設定してカラフトマスとサケの釣りが可能になっています。釣り人は事前に必要な申請手続き等をませたうえで、釣りを行なうことができます。

5章 川釣り仕掛け 魚種別マニュアル

ルアー仕掛け

- 8～9ft トラウトロッド
- ライン 16lb前後
- スナップ
- ルアー スプーン 10～18g
- 3000～4000番 スピニングリール

背中が顕著に湾曲したまさに"セッパリマス"

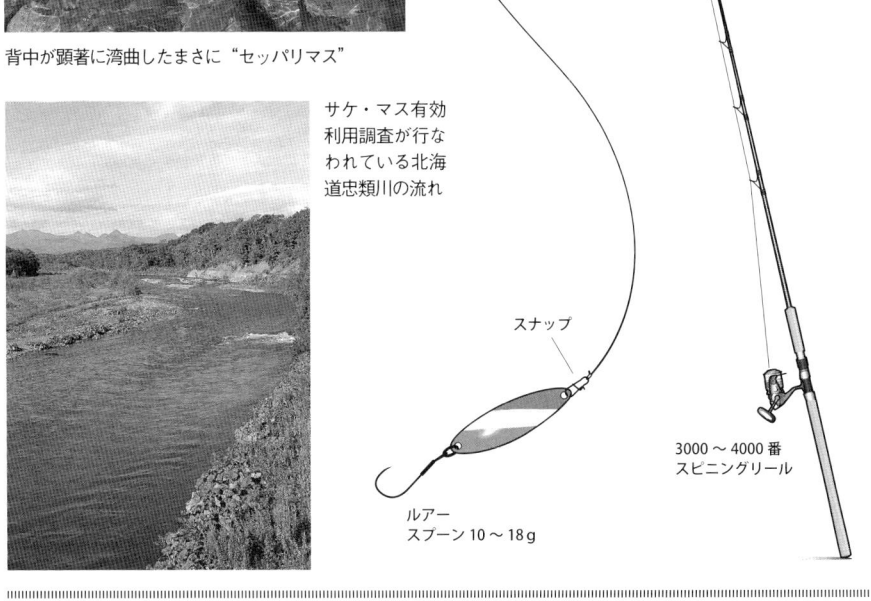

サケ・マス有効利用調査が行なわれている北海道忠類川の流れ

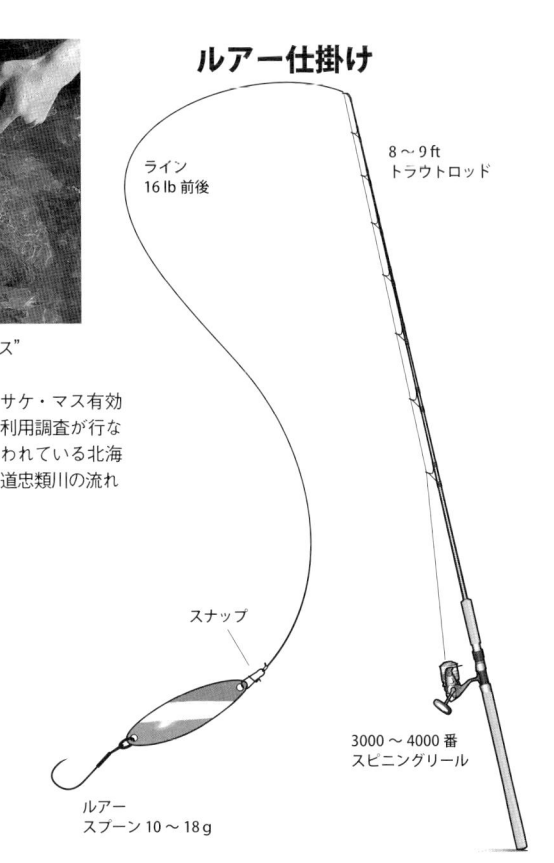

ルアーフィッシング

小型のサケマスといっても海の魚、パワーのあるタックルが必要です。

●仕掛け　ロッドは、特にバットがしっかりしたものを。河川ではシロザケと同じでもOKです。ルアーは赤系のスプーン10～18gを中心に使います。急な流れを釣る場合には、スリムなタイプを使うと沈めやすいでしょう。

●釣り方　流れが速い場所では扇状にルアーを引いてくるとスレが多発します。この場合は下流側にキャストしてルアーを沈め、ゆっくりとリトリーブするか、フライのように流し込む方法もあります。また細身のスプーンを使うのも手です。

●釣期　8～9月。

Point

- スプーンは赤系のスプーンでバリエーションを揃える。
- 強い流れには細身のスプーンも。
- ルアーはゆっくりリトリーブ。

105

フライ仕掛け

9〜13ft
フライロッド
#7〜10

ライン
シンクティップ
#7〜10

リーダー&ティペット
−1〜1X
7〜9ft

フライリール

フライ
大型ストリーマー、
ウェットフライ

カラフトマスに適した2本。左はウーリー・バガーのハックルをホワイトにしてクリオネを模したパターン。右はテールもボディーもゾンカーテープを使ったパターン

しっかりとしたタックルで引きの強さを思う存分堪能

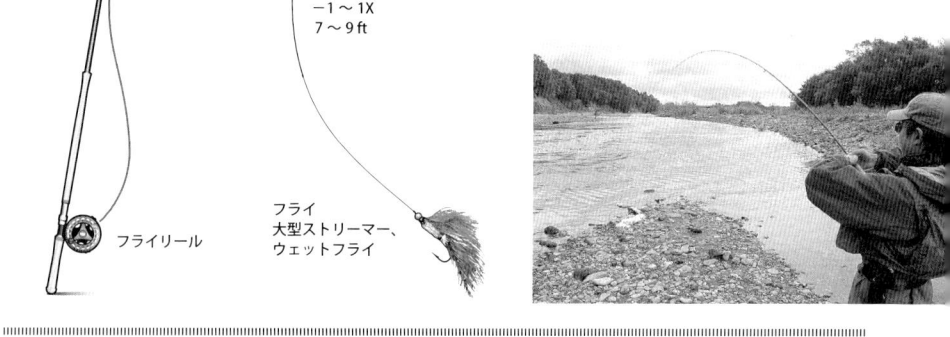

フライフィッシング

#7以上のタックルで臨みます。また、シーズン初期は河川で銀ピカの個体に出会えるチャンスもあります。

●仕掛け　ラインは先端部が沈むシンクティップが中心となります。流れが速く川幅の狭い釣り場ではロングキャストの必要はなく、それよりも速やかにフライを沈めることが重要です。

フライは大型のストリーマーやウエットが主力で、ゾンカーやウーリーバガーに安定した実績があります。

●釣り方　釣り場の規模や流速によりますが、基本的にダウンクロス気味にキャストし、川底近くをナチュラルに流します。扇状に流れを横切らせるとスレが多発する可能性があるので注意。

●釣期　ルアー釣りに準ずる。

Point
・シーズン初期はフレッシュな個体に出会えるチャンスも！
・ラインはシンクティップ。

5章 川釣り仕掛け 魚種別マニュアル

クチボソ・モロコ
コイ科

小もの釣りの名脇役 タナゴに近い繊細仕掛け

生態

両種ともそれぞれ和名は異なり、クチボソがモツゴ、モロコはタモロコ。また、同じコイ科でもクチボソはヒガイ亜科、モロコはモロコ亜科に属する。
繁殖期はともに春4月から夏7月にかけて。クチボソのオスは、産卵期に入ると鎧で着飾ったように体全体が濃い紫色に変化し、精悍な面構えになることが大きな特徴だ。

婚姻色をまとったクチボソのオス

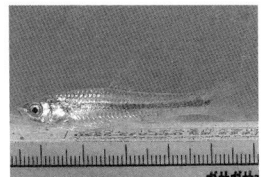

タモロコ

スゴモロコ

釣り場は多少の流れがある中小河川や水路とともに、分流している川幅1.5m前後のホソ群が中心。止水域の湖沼も好みます。

モロコやクチボソは悪水に強く、田畑を潤す里川の水域以外に、生活排水が流入しているような住宅地を流れる水路ホソ群でもよく釣れるケースがあります。小魚の習性として群れを作って生活しており、外敵からすぐに逃げ込める水生植物や小水門といった障害物周りや、排水溝下などの川底に変化がある個所を好みます。

釣り方は1カ所のポイントに釣り座を決め、集中的にねらうエンコ釣りが大半です。普段はジャミ、外道、エサ取りなどと呼ばれる嫌われ者ですが、専門にねらうと実はタナゴ釣りに匹敵するほど難しく、仲間と数釣り競技のミニトーナメントを開いても面白いと思います。

エサはグルテン練りや黄身練りの練りエサと、虫エサの赤虫です。

ウキ釣り仕掛け

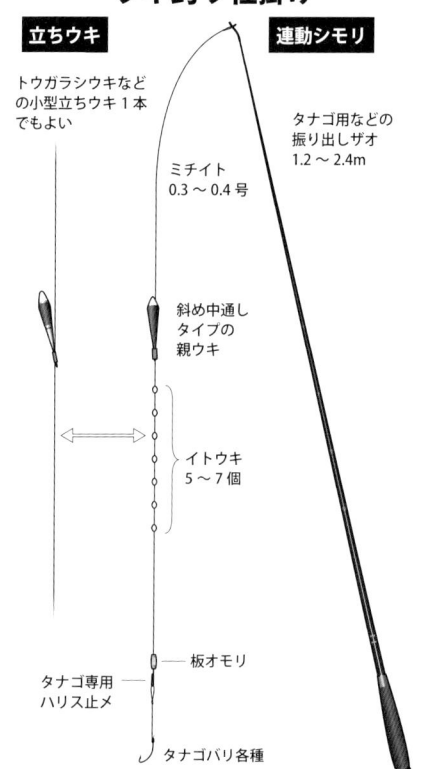

立ちウキ
- トウガラシウキなどの小型立ちウキ1本でもよい

連動シモリ
- タナゴ用などの振り出しザオ 1.2〜2.4m
- ミチイト 0.3〜0.4号
- 斜め中通しタイプの親ウキ
- イトウキ 5〜7個
- 板オモリ
- タナゴ専用ハリス止メ
- タナゴバリ各種

コイ科の小魚の釣りはファミリーで楽しむのにも最適

ウキ釣り

水温が低い時期はタナゴ仕掛けに類似した繊細なパターンが好適です。

●仕掛け　連動シモリウキ仕掛け（チビッコは絡みにくい立ちウキ仕掛けが無難）で、親ウキの頭が水面からわずかに出るトップバランスか水面下で定位するゼロバランスにしておきます。

ハリは各種のタナゴバリを使い分けることが秘訣です。活性が高い春秋は流線、半月など大きめのハリ型で充分。低活性時や小型には極小、半月などの小バリやミニタナゴ用の特選バリに替え、テトロンハリス付きがベストです。

●釣り方　ウキ下の調節が第一です。モロコやクチボソは宙層に広く群泳しているので、ウキ下は水深の3分の2〜4分の3を目安にします。

●釣期　特に4〜6月と9〜11月。

Point
- ウキの浮力バランスは要調節。
- 大小のタナゴバリを使い分ける。

5章 海釣り仕掛け 魚種別マニュアル

コイ
コイ科

淡水の王者といえばこの魚
伝統釣法から欧州スタイルまで

生態

日本各地の河川や湖沼に生息する。その水域は潮の干満の影響を受ける下流部の汽水域から、標高1000mを超える山上湖までと広範囲に及ぶ。繁殖期は地方や標高等で異なり、春4月から梅雨時の7月まで。
体型は同じ水域に棲むフナと似ているが、コイには口の横に1対のヒゲがある。また、移殖により全世界の温帯と熱帯にも分布している。

ボイリーフィッシング用のエサ（ボイリー）各種

マニアックなファンも多いコイ。現在はさまざまなスタイルで釣りを楽しめる

洗練されたボイリーフィッシングのタックルセッティング

中年以上の淡水釣りファンにとって、少年時代の大もの釣りといえば、近所の川や沼でも釣れる身近な存在のコイであったはずです。

現在はリールザオの吸い込み釣りをはじめ、ヘラブナスタイルでねらうウキ釣り、食パンをエサに使ったスピニングタックルのパン浮かせ釣り、さらにルアーフィッシングにフライフィッシング、そして近年はボイリーという特殊なエサと仕掛けを用いるヨーロッパスタイルのコイ釣りまで、バリエーションは豊富です。

本書では最もポピュラーな吸い込み釣りとボイリーフィッシング、パンコイ釣りを取り上げます。コイ釣りは一年中楽しめますが、好機は春の乗っ込みシーズンと、越冬を前にした晩秋～初冬の年2回あります。アベレージサイズは50～60㎝ですが、ねらいは80㎝クラスの大もの。でもカープ釣りファンは皆、あわよくば1mオーバーの巨ゴイと出会いたいと願っています。

リール釣り仕掛け（吸い込み式）

吸い込みエサの付け方
らせんを中心にして練りエサを鶏の卵大を目安に握り、上バリを埋め込む。また、下バリにはイモヨウカンなどの食わせエサを付ける

- ミチイト ナイロン 5〜8号
- 3.6〜5.3m 磯上ものザオ or 投げザオ
- 中型スイベル
- 幹イト 10〜14号 50〜100cm
- 中通しオモリ 10〜30号
- クッション用ゴム管
- 中型スナップスイベル
- 市販の吸い込み仕掛け
- 中型ベイトリール or 大型スピニングリール
- 食わせエサ イモヨウカン etc

吸い込み釣り（リール釣り）

●**仕掛け** リールザオの並べ釣りでねらいます。2〜5組のベイト＆スピニングタックルを用意します。5〜6本バリのラセン付き吸い込み仕掛けは市販品でよく、ハリの号数は伊勢尼10〜12号を目安に選びます。
練りエサは粉末状の吸い込み専用市販品を指定の水分量で練り合わせます。コイは雑食性なので食わせエサはイモヨウカンやサナギ、トウモロコシの粒、タニシ、ザリガニなどと多種多彩です。

●**釣り方** コイには一定の回遊路があり、ポイントは自ずから決まってきます。初めての場所では遠・中・近と距離を分けて探り、置きザオでアタリを待ちます。

●**釣期** 4〜7月と10〜11月。

Point
- 数本ザオの並べ釣りでねらう。
- 吸い込み仕掛けは市販品で充分。
- 飛距離を投げ分けポイントを探る。

5章 海釣り仕掛け 魚種別マニュアル

リール釣り仕掛け（ボイリースタイル）

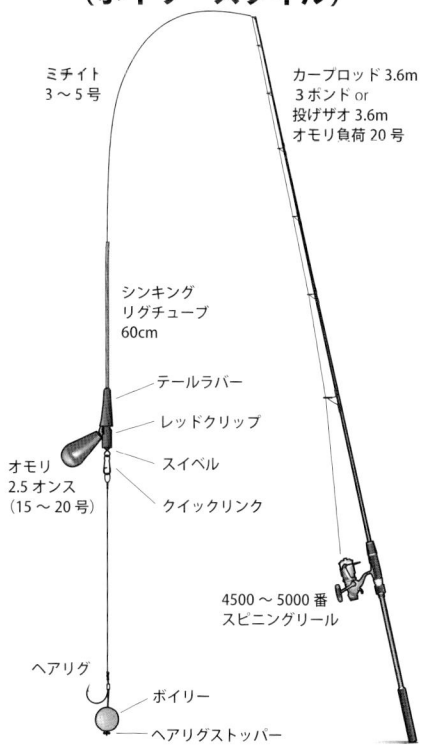

- ミチイト 3〜5号
- カープロッド 3.6m 3ポンド or 投げザオ 3.6m オモリ負荷20号
- シンキングリグチューブ 60cm
- テールラバー
- レッドクリップ
- スイベル
- クイックリンク
- オモリ 2.5オンス（15〜20号）
- 4500〜5000番スピニングリール
- ヘアリグ
- ボイリー
- ヘアリグストッパー

吸い込み釣り（右頁）は親子でも楽しむことができる

ボイリーフィッシング

一見難しそうで、実は最も手軽ともいえるコイ釣りです。

●仕掛け　ロッドは投げザオやシーバス用でも流用できます。仕掛けのパーツやアイテムだけは専用品が必要で、慣れないうちは市販のボイリー仕掛けを買い求めるとよいでしょう。

エサのボイリーは硬いボール状で小魚などのエサ取りに強く、集魚効果によい香りの添加物が配合されています。出番が多い16mmボトムタイプのほか、添加物別に数種類を用意しましょう。

●釣り方　寄せエサ用のボイリーを撒いてから釣り開始。置きザオはドラッグをフリーにして、ヒットしたらドラッグを締め直してファイトします。

●釣期　吸い込み釣りに準ずる。

Point
・まずは手持ちの流用タックルで入門。
・最初は市販仕掛けで試してみる。
・ボイリーは数種類用意しよう。

ウキ釣り仕掛け（パンコイスタイル）

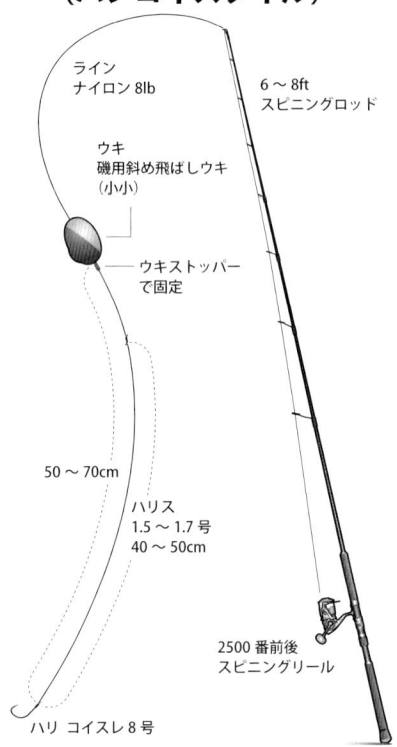

- ライン ナイロン8lb
- 6〜8ft スピニングロッド
- ウキ 磯用斜め飛ばしウキ（小小）
- ウキストッパーで固定
- 50〜70cm
- ハリス 1.5〜1.7号 40〜50cm
- 2500番前後 スピニングリール
- ハリ コイスレ8号

パンコイエサの付け方

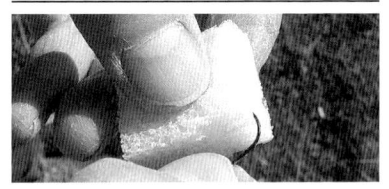

①8枚切りの食パンを用意。硬い耳をカットし、付けエサ用には柔らかい部分を1.5cm角に切る。まず角の部分からハリ先を入れる

②ハリを回す感じでパンの中に押し込んで隠し、最後にハリのチモトの部分を少し強くつまんで固定する

③残った耳は適当な大きさに切って寄せエサに使う。寄せエサは手で直接投げ、飛距離が出るように手の平で少しつぶすとよい

パンコイ釣り（リール釣り）

手軽なトラウト用タックルでねらえますが、食パンエサを自然に流す工夫など難易度は意外に高いと思います。

●仕掛け　ウルトラライト〜ライトアクションのスピニングロッドがよく、スピニングリールはドラグ性能がよいものを選びましょう。仕掛けは磯用の飛ばしウキを介したコイスレバリ8号の1本バリです。

●釣り方　食い気がありそうなコイを見つけたら、上流側からキャストしてパンエサを先行させて仕掛けを流し込むのが基本です。早アワセは禁物で、飛ばしウキが消し込まれるのを待って合わせてください。

●釣期　吸い込み釣りに準ずる。

Point
・タックルは手軽、難易度は少々高い。
・磯用飛ばしウキの1本バリ仕掛け。
・ドラグが掛からないようパンエサを先行して流し込むのが基本。

5章 川釣り仕掛け 魚種別マニュアル

サクラマス
サケ科

降海型のビッグワン
本流の女王には心・技・体で臨む

生態

陸封型ヤマメの降海型がサクラマス。北太平洋のアジア側に分布し、日本では主に北海道、東北の大中河川に生息。産卵期は秋で、ふ化後約1年間はヤマメと同じ淡水域にいるが、独特のパーマークが消えて銀毛化すると、春4月から6月にかけて海へ下る。その後、翌春の桜が咲く頃に遡上を開始するとされるが実際はもっと早くからも遡上が見られる。最大は約60cm。

一度はこの手でその重みを感じてみたい。まさに本流の女王

サクラマスを釣ることができる河川は管理する漁協がそれぞれ遊漁規則を定めています。解禁期間は他の渓流魚とは異なることが多いので注意してください。

降海後、遡上してきたサクラマスは、一般にあまりエサを捕らないといわれています。したがっていかに相手に口を使わせるかがカギになります。

春一番のシーズン初期は河口付近や下流部に点々と造られた堰堤の上下、トロ瀬や深トロといった緩やかな流れの中で、身を休めるようにして泳いでいます。

その後、水温が上昇してくると、また増水の度にサクラマスはより上流を目差して移動を繰り返します。

日中の時間帯は主に荒瀬の流心脇や大岩、消波ブロック帯などに身を隠していますが、光線量の落ちる朝夕2回のマヅメ時や曇天時、また雨後の増水時などは少し活性が上がるのか好機といえます。

113

ルアー仕掛け

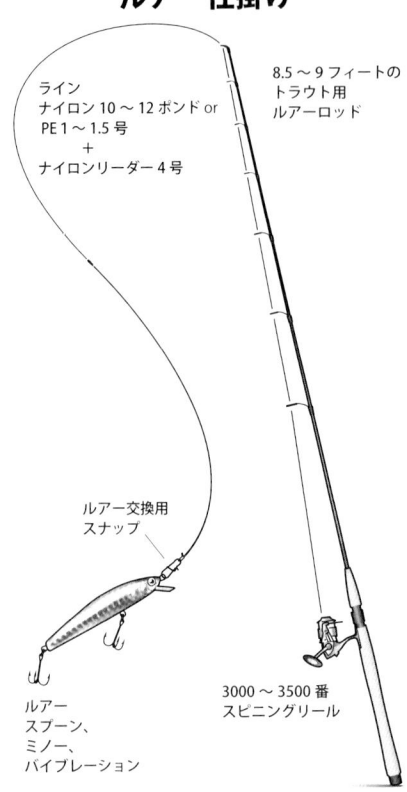

ライン
ナイロン10～12ポンド or
PE1～1.5号
＋
ナイロンリーダー4号

8.5～9フィートの
トラウト用
ルアーロッド

ルアー交換用
スナップ

ルアー
スプーン、
ミノー、
バイブレーション

3000～3500番
スピニングリール

大河の本流。どこから手をつければよいのか迷うが、よく観察すると瀬があり、深みがありとさまざまなヒントが見つかるはずだ

ルアーフィッシング

日本の淡水魚を代表する大型魚だけにしっかりとしたタックルで臨みます。

●仕掛け
ミディアムライト～ミディアムアクションのトラウト用ロングロッドがよく、サクラマス専用ロッドもあります。スピニングリールは高価でもドラグ性能が高いほうが安心です。
ルアーはスプーンとミノーが主力です。スプーンは流れに負けず底層を引ける15～24gを選びます。ミノーは深く潜るディープダイバー系の10cm前後のほか、サクラマス専用のバイブレーションも忍ばせておきましょう。

●釣り方
スプーンは川底をなめるように引くことが基本です。ミノーは不規則な動きで反射食いをねらいます。

●釣期
河川の解禁期間による。

Point
- 高性能ドラグのスピニングタックル。
- 流れに負けず底層に入るルアー。
- 不規則な動きで反射食いを誘う！

5章 海釣り仕掛け 魚種別マニュアル

フライ仕掛け

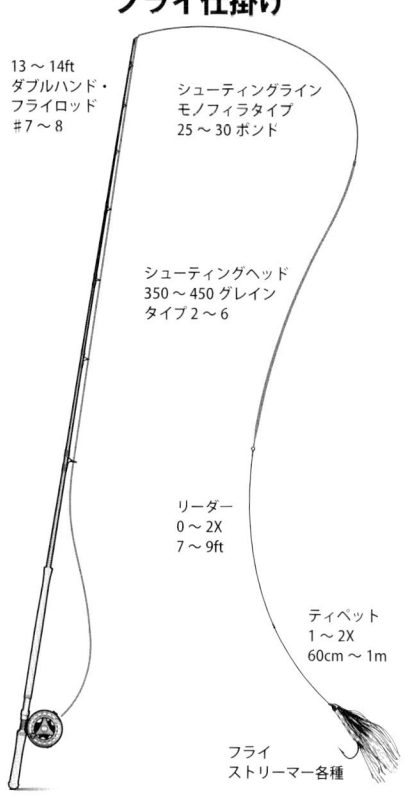

- 13〜14ft ダブルハンド・フライロッド #7〜8
- シューティングライン モノフィラタイプ 25〜30ポンド
- シューティングヘッド 350〜450グレイン タイプ2〜6
- リーダー 0〜2X 7〜9ft
- ティペット 1〜2X 60cm〜1m
- フライ ストリーマー各種

腰下までウエーディングして対岸側のカケアガリをねらう

フライフィッシング

ストリーマーフライを中心に、深度別のラインを駆使してねらいます。

●**仕掛け** ロッドはシングルハンドのほか、現在はよりラインを扱いやすいダブルハンドが人気。ラインはねらうポイントの流速にマッチさせるため、深度別のシンキングラインやシューティングヘッドをそろえておきます。
フライはストリーマーが中心です。フックにウエイトを巻き込むこともあり、グリーン、ブルー、レッド、ピンク、ホワイトなどの派手なファンシータイプも効果的です。

●**釣り方** 流れの強弱を見極め、アップクロスやダウンクロスでキャストしてフライをねらいの層に送り込みます。

●**釣期** 河川の解禁期間による。

Point
- ダブルハンドのロングロッドが活躍！
- フライはストリーマーが定番。
- フライをねらう層に送り込む。

115

サツキマス

サケ科

大型化する降海型アマゴ
ノベザオに一本バリで堂々挑む

生態

サツキマスはアマゴの降海型。幼魚の段階で体色が変化すると(スモルト化。パーマークが消えて魚体が銀白色になる)海に下って1年で成熟し、大型化した成魚は春4～5月を待って川へ戻り、秋に産卵期を迎える。神奈川県以西の本州太平洋側のほか四国、九州にも分布。体長は50cmクラスに達する。岐阜県長良川のサツキマスはダムのない川のシンボルでもあった。

サツキマス。特に岐阜県長良川では本流エサ釣りファンの憧れ

サツキマスは、渓流釣りファンの間では特に、本書で紹介する本流釣りと呼ばれる長ザオを駆使したエサ釣りが伝統とともに人気を博しています。また、ルアーフィッシングでも人気のターゲットです。

海から戻ってきたサツキマスはサクラマス(ヤマメの降海型)と同じように、全身をメタリックシルバーに輝かせています。河口から上流エリアを目差して遡上する途中、瀬の落ち込みや岩盤帯の淵などの大場所で、一休みするように一時居着くサツキマスをねらいます。

サツキマスは警戒心が強く、日中の時間帯は岩陰の深みなどに潜んでじっとしていることが多いので、時合は朝夕2回のマヅメ時と考えてください。エサには主に川虫とミミズを使います。ハリ掛かり後のファイトは強烈です。

また、遡上直後のサツキマスは美味な魚としても知られており、塩焼きやムニエルなどの料理でいただきます。

5章 川釣り仕掛け 魚種別マニュアル

ミャク釣り仕掛け

- 天井イト ナイロン 0.8号 4～5m
- 8～9m 本流ザオ
- 水中イト フロロカーボン 0.4～0.6号 4～5m
- 目印
- オモリ ガン玉B～5B
- 30～50cm
- サツキマス・サクラマス専用バリ

強靭なサツキマスの引きをしのぐ

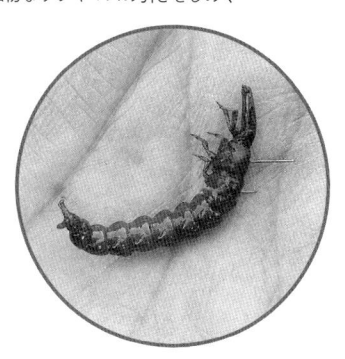

エサはクロカワムシやキヂ(ミミズ)など

ミャク釣り

川幅の広い流域をねらうことが多く、長ザオを駆使するミャク釣り(本流釣り)が主力です。

● 仕掛け 本流釣り、サツキマス用の硬調本流ザオが市販されています。全長はアユの友ザオに匹敵する8～9mクラスの長ザオです。

基本的な仕掛けは天井イトと水中イトを接続する目印付きのミャク釣りスタイルですが、0.6～0.8号の通し仕掛けを好む釣り人もいます。

● 釣り方 重めのガン玉オモリで、川底をトントンと叩く感じでじっくりと流します。ハリ掛かりしたサツキマスは強烈な引きを見せますが、ひるまずサオ全体の弾力を生かしてなします。

● 釣期 5～9月(解禁期間による)。

Point
- 強い引きに対抗できる本流ザオで。
- 天井イトと水中イトのセット仕掛け。
- 重めのガン玉で底層をじっくり流す。

117

シーバス(スズキ)
スズキ科

汽水域のビッグファイター
多彩なルアーゲームを堪能

生態

シーバスとは出世魚スズキの釣り人の愛称。スズキは成長するごとにセイゴ→フッコ→スズキと名を変える。ルアー釣りファンの間では主に、40～60cmクラスのフッコと70cmオーバーのスズキをシーバスと呼んでいる。北海道南部以南の沿岸部に広く分布し、潮の干満の影響を受ける汽水域の場合、河川の中下流部あたりまで遡上していくケースが多い。

シーバスの好シーズンは春と秋の2回。釣り場は大中河川の河口付近に集中しており、橋脚周りや水門周り、カーブ部分などの流れに変化ができる個所を好みます。

春はバチ抜けと呼ばれるゴカイやイソメなど多毛類の産卵に伴う荒食いでスタートし、その後はイワシやイナッコなどの小魚を中心に捕食するようになります。

秋は秋で、産卵が終わって海に下っていく落ちアユをねらうなど、周年フィッシュイーターぶりを発揮します。

そして、水温が下がる冬になると大半の群れは海水域の深場へ下ってしまいますが、温排水が流れ出す工業地帯の水路群などには冬場でも居残っているシーバスが多くいます。

シーバス釣りのチャンスタイムは潮の干満の差が大きな大潮回りで、朝夕のマズメ時と夜釣りが中心です。また、小魚が水面に飛び跳ねて逃げ惑うボイルがある時もその下にシーバスがいる可能性が高く見逃せません。

シーバスは海ルアー釣りの代表的なターゲット。そして汽水域や完全な淡水でも楽しめる

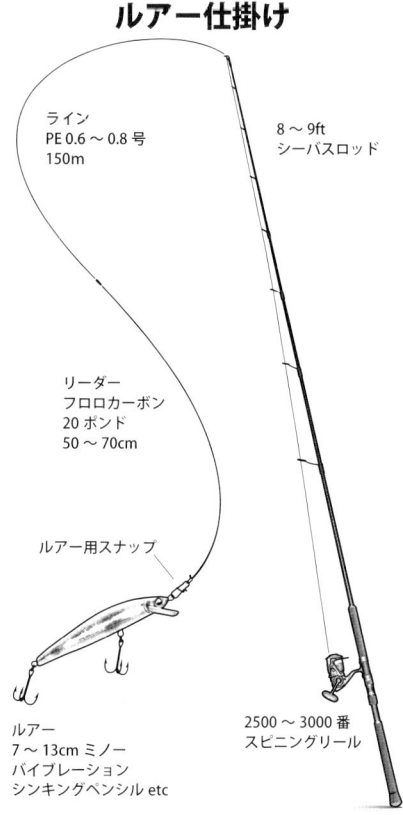

5章 川釣り仕掛け　魚種別マニュアル

ルアー仕掛け

- ライン　PE 0.6～0.8号　150m
- 8～9ft シーバスロッド
- リーダー　フロロカーボン　20ポンド　50～70cm
- ルアー用スナップ
- ルアー　7～13cm ミノー　バイブレーション　シンキングペンシル etc
- 2500～3000番 スピニングリール

小さなサイズでもプラグを飲み込みそうなアタックを見せる

橋周辺や岸壁は典型的なポイントの1つ

ルアーフィッシング

ベイトの小魚を模したハードルアーを中心に、ソフトルアーも使います。

● 仕掛け　ラインシステムはPEライントフロロカーボンリーダーを組み合わせます。ハードルアーは多種多彩ですが、シンキングミノーとバイブレーションが定番。サイズ、重さ、カラーバリエーションをそろえましょう。表層や浅場ねらいにはフローティングミノー、春のバチ抜けシーズンには専用ルアーがあります。ソフトルアーにも専用ルアーがあります。ソフトルアーはジグヘッドにセットして使います。

● 釣り方　季節に応じて表層から底層まで探ります。リールを一定スピードで巻く「ただ巻き」を基本に、時には変化をつけてやると効果的です。

● 釣期　4～6月と10～12月。

Point
- シンキングミノーが定番。
- ルアーはバリエーションをそろえる。
- ただ巻きリーリングが基本。

119

シロザケ（サケ）

サケ科

日本のサーモンフィッシング
強烈な引きに耐えるタックルを

生態

シロザケは通称で和名はサケ。アキアジなどとも呼ばれる。北海道、東北、北陸などで遡上が見られる。最大で80cm。降海後2〜6年で母川回帰し、産卵して一生を終える。海ではカイアシやオキアミ類を主に捕食しているといわれる。
産卵のため河川に入った個体はそれまでの銀色から「ブナ」と呼ばれる独特の婚姻色に変化する。

北海道の秋の風物詩、シロザケ。婚姻色の出たオスはライオンのようだ

国内で初めてサーモンフィッシングが可能になった北海道忠類川

シロザケはアキアジの呼び名でも親しまれる日本のサーモンです。年配の方や北国の方には、新巻鮭でもおなじみのあのサケです。河川のサケ釣りは長い間禁止されてきましたが、近年「サケ・マス有効利用調査」として区域や期間を限定し、釣りを楽しめる河川が各地にできました。

また、北海道では海岸からねらうサケ釣りも大変人気があります。そこで、本書は川釣りの本ですが、アメマスとの釣り（シロザケはウキルアー）も紹介します。なお、海岸線の釣りは河口規制等の制限を厳守してください。

食味の点でもご存じのようにシロザケはグルメな魚です。さまざまなシロザケを本稿に限って、ボーナストラック的に海介します。なお、海岸線の釣りは河口規制等の制限を厳守してください。

食味の点でもご存じのようにシロザケはグルメな魚です。さまざまなシロザケをランドザケ」とともに、北海道では「ブイベ（冷凍の刺し身）や石狩鍋、十勝鍋などの鍋物、ちゃんちゃん焼きが有名ですし、他の地方でも和洋中いろいろな料理で美味しく食べられており、歴史のある食文化を作りあげています。

5章 川釣り仕掛け 魚種別マニュアル

ウキルアー仕掛け

- ライン PE2号前後
- ロッド 12ftクラスのサケ専用モデル
- サルカン
- ビーズ
- ウキ止メ
- 専用フロート
- ショックリーダー ナイロン or フロロカーボン 25〜30ポンド
- 専用スプーン 30〜50g
- タコベイト
- スピニングリール 4000番
- ※エサも必要＝紅イカ、ソウダガツオ、サンマなど

サケ・マス有効利用調査河川の1つ、道央を流れる浜益川。シロザケが釣れる

浜益川はウキルアーシステムで実績が高い。同川ではスプーンにタコベイト、そしてエサを付けるのが基本

シロザケの引きはパワフルの一語。隣のアングラーがヒットしたら、ルアーを回収して見守ってあげたい

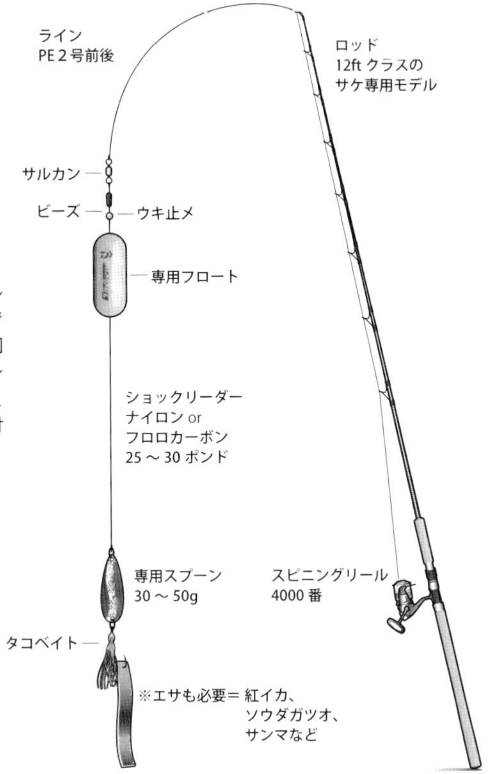

ウキルアー（リール釣り）

サーモンの強い引きに対抗するには専用タイプのロッドがおすすめです。

●仕掛け　北海道の海岸エリアではご当地ルアー釣りとして、専用フロートとタコベイトなどを装着したルアーを組み合わせたウキルアーが人気です。初めての方は、釣具店で完成品仕掛けを購入するのがよいでしょう。

●釣り方　仕掛けをキャストしたら、ゆっくりリールを巻いてきます。産卵を控え、食い気があまりないサケにルアーを速く引くのは禁物です。アタリは手元にも伝わりますが、早アワセをするとバレやすいので要注意。大きなアタリでしっかりと合わせます。

●釣期　8〜11月（有効利用調査河川はその期間内）。

Point
- 専用タックルでそろえよう。
- リールをゆっくり巻いて誘う。
- アワセはあせらずしっかりと。

フライ仕掛け

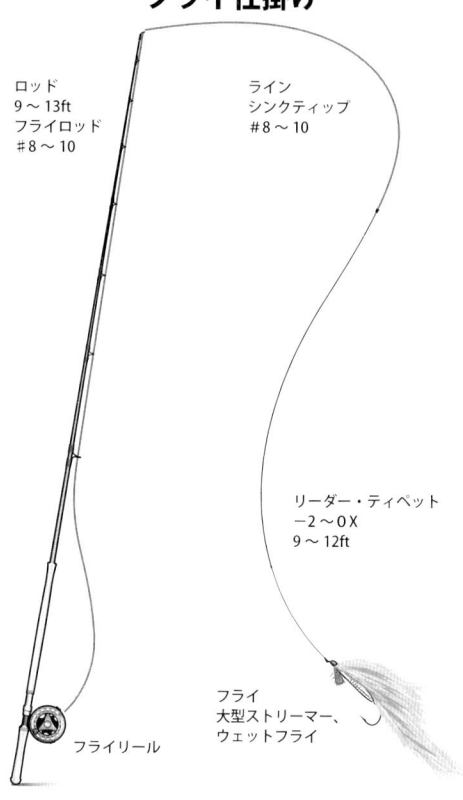

- ロッド 9～13ft フライロッド #8～10
- ライン シンクティップ #8～10
- リーダー・ティペット －2～0X 9～12ft
- フライ 大型ストリーマー、ウェットフライ
- フライリール

サケ・マス有効利用調査河川の元祖、北海道忠類川の流れ

シロザケ向けのフライ。左はゾンカーの改良パターンでレッドワイヤをたっぷり巻き込んだ河川用。右はフォーム材を乗せたパターンで漂わせるように使う海用

フライフィッシング

力負けしないタックルを。リールもブレーキ性能のよいものを選びたい。

●仕掛け　ラインは釣り場の規模や流速などに応じて、水面に浮くフローティングから先端部が沈むシンクティップ、全体が沈む深度別のシンキングまで種類をそろえておくと有利です。

フライは#2～8サイズのストリーマーが主力です。流れが強い場所では金属のビーズヘッドをセットするのも手です。場所によっては根掛かりも多いため、予備を充分に用意しましょう。

●釣り方　対岸やや斜め上流～やや下流にキャストし、フライを充分に沈めて張らず緩めずで流します。

●釣期　8～11月(各有効利用調査河川の期間内)。

Point
- 釣り場に応じたラインの使い分け。
- フライは充分な数を持参する。
- フライを流れにしっかり沈める。

5章 川釣り仕掛け 魚種別マニュアル

ソウギョ
コイ科

大陸原産の草食性大魚
エサが独特！ファイトは強烈

生態

中国原産の淡水魚。東アジアに広く分布するほか、日本を含む世界各地に移入されている。アオウオ、コクレン、ハクレンと併せて中国四大家魚と呼ばれる。ソウギョの名のとおり草食性で、ウキクサ類をはじめアシやマコモなどの水生植物を手当たり次第に摂食する大食い。本国では2mに達するそうだが、日本での最大魚は1.2m前後。

大陸の風格を身にまとうソウギョ

食性に則った草エサのハリ3本掛け

岸辺のポイントに仕掛けをそっと差し出す

日本各地の河川やダム湖などにも生息していますが、関東エリアのソウギョ釣り場としては利根川や江戸川、荒川の3大水系が知られています。

ソウギョ釣りの好シーズンは、水際を覆い隠すように水草が生い茂る春から秋にかけて。大好物の水生植物を目差して、ソウギョが接岸するように回遊してきます。

ソウギョが回遊してきた場所は、水中から伸びてきたアシなどの水生植物が食いちぎられ、周りには直径1cmくらいの緑色をした丸いフンを見つけることができます。

ソウギョの代表的な釣り方には「浮かせ釣り」と「ブッコミ釣り」があり、警戒心が薄れて岸寄りを回遊してくる夕方から未明にかけてのナイトフィッシング主体です。

日本はソウギョを食べる習慣がありませんが、中国などの本国では食用淡水魚として養殖されており、主に中国料理の食材に使われています。

リール釣り仕掛け

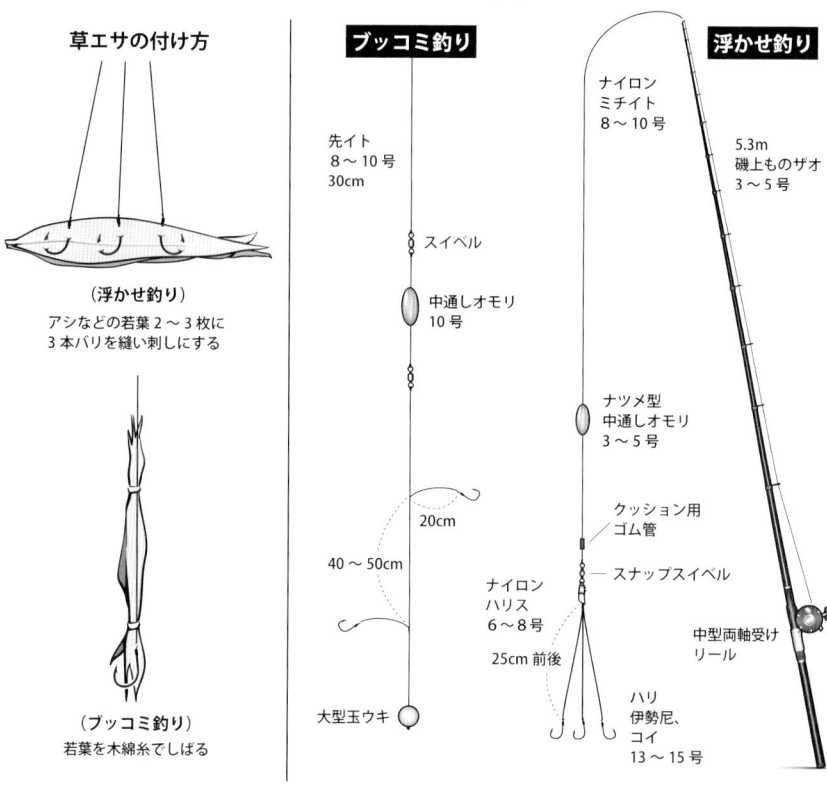

草エサの付け方

ブッコミ釣り
- 先イト 8〜10号 30cm
- スイベル
- 中通しオモリ 10号
- 20cm
- 40〜50cm
- 大型玉ウキ

浮かせ釣り
- ナイロンミチイト 8〜10号
- 5.3m 磯上ものザオ 3〜5号
- ナツメ型中通しオモリ 3〜5号
- クッション用ゴム管
- スナップスイベル
- ナイロンハリス 6〜8号
- 25cm前後
- ハリ 伊勢尼、コイ 13〜15号
- 中型両軸受けリール

（浮かせ釣り）
アシなどの若葉2〜3枚に3本バリを縫い刺しにする

（ブッコミ釣り）
若葉を木綿糸でしばる

リール釣り

1〜2組のリールタックルを置きザオにしてアタリを待つ釣り方です。

●**仕掛け** 磯上もの用のほか、コイのブッコミ釣りタックルも流用できます。下バリ式の浮かせ仕掛け、ドウヅキ式のブッコミ仕掛けともハリ数は2〜3本で、伊勢尼やコイ専用を選びます。夜釣りは鈴を付けると便利です。

●**釣り方** 浮かせ釣りは食いちぎられた水生植物の水面付近に仕掛けを垂らし、草エサを浮かせてねらう独特の釣り方です。一方のブッコミ釣りはそっと投げ入れ、玉ウキの浮力で仕掛けを水中に漂わせてアタリを待ちます。どちらの釣り方もアシなどの若葉をエサに使います。

Point
●**釣期** 初夏〜夏。
・食性に合わせた独特の草エサ。
・釣り方は浮かせ釣りとブッコミ釣り。
・夏の夜釣りも面白い。

5章 川釣り仕掛け　魚種別マニュアル

タナゴ
コイ科

**世界一の極小ターゲット
繊細を極める仕掛け&釣り**

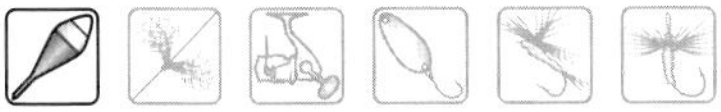

生態

国外外来種を含めると、日本全国に生息するタナゴ類は18種を数える。これらのタナゴの仲間には地方や水域で限定される種類も多く、天然記念物のミヤコタナゴを筆頭に3種の捕獲・飼育が禁止されている。

繁殖期は種類によって春型と秋型があり、産卵床にはどのタナゴも二枚貝を利用する。産卵期のオスは美しい婚姻色に染まる。

オカメタナゴの愛称で親しまれるタイリクバラタナゴ

川タナゴの代表格、ヤリタナゴ

うららかな春のタナゴ釣り

霞ヶ浦の寒タナゴといえばドック内の釣り

本書では、種類や釣り方など3つのタイプに大別して紹介します。1つめは比較的流れを好むヤリタナゴ、アカヒレタビラといったスマートな体型の通称「マタナゴ」に的を絞った流水域の釣りです。流水域の釣り場はなだらかな勾配がある丘陵地から平野部まで、田園地帯の中を流れる河川や水路ホソ群をねらいます。

2つめは止水域の釣りです。江戸前の寒タナゴ釣りの主役として人気が高いオカメタナゴ（タイリクバラタナゴ）釣りは、広大な湖に点在する船だまりや川幅の狭いホソ群がメインポイントになります。近年は冬季ばかりでなく、周年楽しむファンも増えました。

3つめは現在国内で見られる最も大型のオオタナゴ釣りです。湖沼とその流入河川をねらいますが、釣れる魚種はオオタナゴばかりでなく、他のタナゴ類やクチボソ、タモロコ、ヤマベ、ヒガイ、ブルーギルなど小ものの五目釣りを堪能できます。

ウキ釣り仕掛け 連動シモリ(流水)

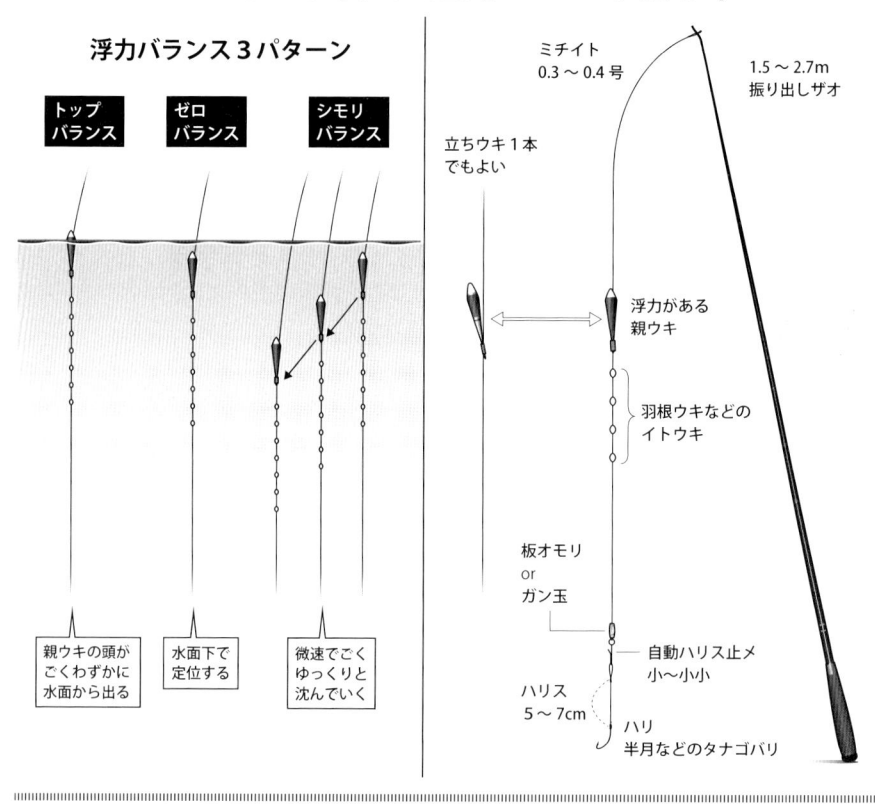

浮力バランス3パターン

- トップバランス: 親ウキの頭がごくわずかに水面から出る
- ゼロバランス: 水面下で定位する
- シモリバランス: 微速でごくゆっくりと沈んでいく

図中ラベル:
- ミチイト 0.3～0.4号
- 1.5～2.7m 振り出しザオ
- 立ちウキ1本でもよい
- 浮力がある親ウキ
- 羽根ウキなどのイトウキ
- 板オモリ or ガン玉
- 自動ハリス止メ 小～小小
- ハリス 5～7cm
- ハリ 半月などのタナゴバリ

流水域の釣り(ウキ釣り)

小ブナの探り釣りやヤマベの流し釣りのように点々と釣り歩きます。

●仕掛け　流水域の釣りでは浮力に乏しい親ウキや立ちウキを選ぶと、流れの勢いで水中に引き込まれてアタリが出にくいので注意してください。また、仕掛けの浮力バランスはトップバランス、またはゼロバランスになるように板オモリで調節しておきます。
タナゴバリは流線や半月など大きなタイプでよく、エサは流速の中で落ちにくい赤虫と黄身練りの2種類です。

●釣り方　流水域とはいっても、タナゴは一番流れが速い流心は嫌います。流速が弱まる流心脇や反転流、カケアガリにねらいを定めます。

●釣期　4～6月、9～11月。

Point
- 浮力の乏しい親ウキは×。
- 浮力バランスはトップかゼロ。
- エサは赤虫と黄身練りの2種類。

5章 川釣り仕掛け　魚種別マニュアル

ウキ釣り仕掛け　連動シモリ（止水）

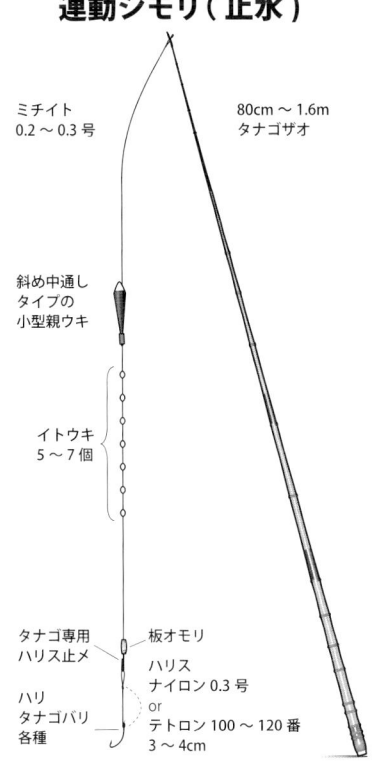

- ミチイト　0.2～0.3号
- 80cm～1.6m　タナゴザオ
- 斜め中通しタイプの小型親ウキ
- イトウキ　5～7個
- タナゴ専用ハリス止メ
- ハリ　タナゴバリ各種
- 板オモリ
- ハリス　ナイロン0.3号 or テトロン100～120番　3～4cm

グルテンエサの付け方

基本のエサ付け

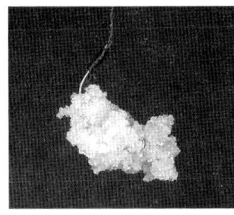

釣り開始時は大きめに付けてバラケの集魚効果をねらう

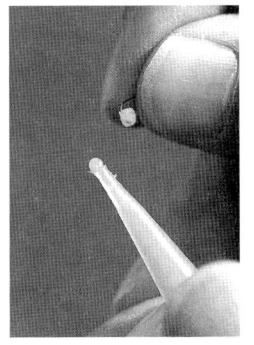

黄身練りは専用のミニポンプ等から少量をハリ先に付ける

止水域の釣り（ウキ釣り）

タナゴ釣りの基本的なノウハウが詰まった釣り方です。

● **仕掛け**　冬場の寒タナゴは特別繊細な釣りが要求されるので、サオの全長は80cm、100cm、120cmといったように20cm刻みで使い分けます。

仕掛けに関しても最も繊細な連動シモリ式を選びます。シモリバランスを中心にして活性の高い春秋や浅場、浅ダナにはゼロバランスに調節します。

タナゴバリは極タナゴなどハリ先が小さく鋭利なタイプが好適で、手研ぎバリもおすすめします。

● **釣り方**　ピンポイントに絞って座りサオをだすエンコ釣りでねらいます。

● **釣期**　7～8月の夏季以外。

Point
- サオの全長は20cm刻みでチョイス！
- 繊細な連動シモリ式にはシモリバランス。
- ピンポイントで集中してエンコ釣り。

127

オオタナゴのウキ釣り仕掛け

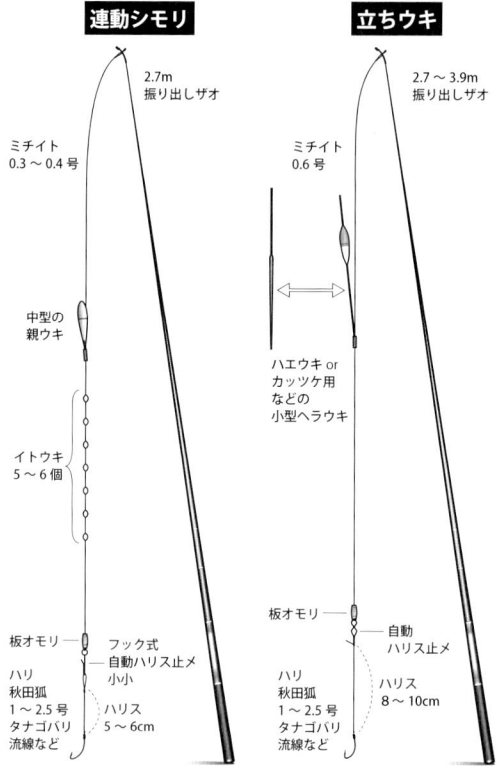

連動シモリ

- 2.7m 振り出しザオ
- ミチイト 0.3〜0.4号
- 中型の親ウキ
- イトウキ 5〜6個
- 板オモリ
- フック式自動ハリス止メ 小小
- ハリ 秋田狐 1〜2.5号 タナゴバリ 流線など
- ハリス 5〜6cm

立ちウキ

- 2.7〜3.9m 振り出しザオ
- ミチイト 0.6号
- ハエウキ or カッツケ用などの小型ヘラウキ
- 板オモリ
- 自動ハリス止メ
- ハリ 秋田狐 1〜2.5号 タナゴバリ 流線など
- ハリス 8〜10cm

オオタナゴは名前のとおり、体長10cm以上になる大型のタナゴだ

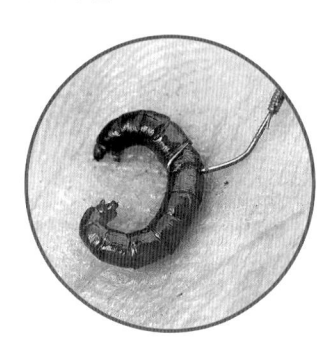

オオタナゴ五目には赤虫が万能エサ。2、3匹のチョン掛けにして、赤い体液が出て色が薄くなったらすぐに交換すること

オオタナゴ釣り（ウキ釣り）

タナゴ釣りの中では一番簡単なファミリー向けターゲットです。

● **仕掛け** タナゴ釣りでは唯一長ザオの出番が多く、トップバランスに調節したハエウキや小型ヘラウキの立ちウキ仕掛けです。近場は流水域のように浮力がある連動シモリ仕掛けです。魚体が大きいぶんハリも大きく、秋田狐1〜2.5号を中心とします。エサは赤虫が一番よく、チョン掛けでケチらず2〜3匹の房掛けにします。

● **釣り方** オオタナゴは一定のエリアを泳ぎ回る習性があるので、1尾でも釣れた場所ではある程度粘って次の回遊を待つ釣り方が基本です。

● **釣期** 4〜6月、9〜11月。

Point

- タナゴでは一番簡単なターゲット。
- ハエウキや小型ヘラウキの立ちウキ仕掛けが主体。
- 赤虫はケチらず2〜3匹の房掛け。

5章 川釣り仕掛け 魚種別マニュアル

テナガエビ
テナガエビ科

汽水域の人気者
ウキ釣り仕掛けで障害物周りを攻略

生態

日本のテナガエビの仲間は数種類。本種は本州から九州にかけて広く分布し、淡水から汽水域まで河川や湖沼に生息している。何でも食べる雑食性。オスのハサミ（第一胸脚）が長いことが名前の由来にもなっている。繁殖期は5〜9月。大型のオスはハサミの先端から尾羽根までの長さが25cmを超える。縄張り意識が強く夜行性だが曇天時は日中でも活動する

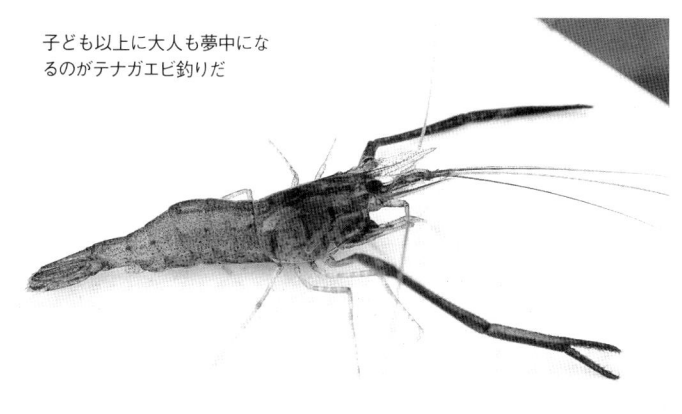

子ども以上に大人も夢中になるのがテナガエビ釣りだ

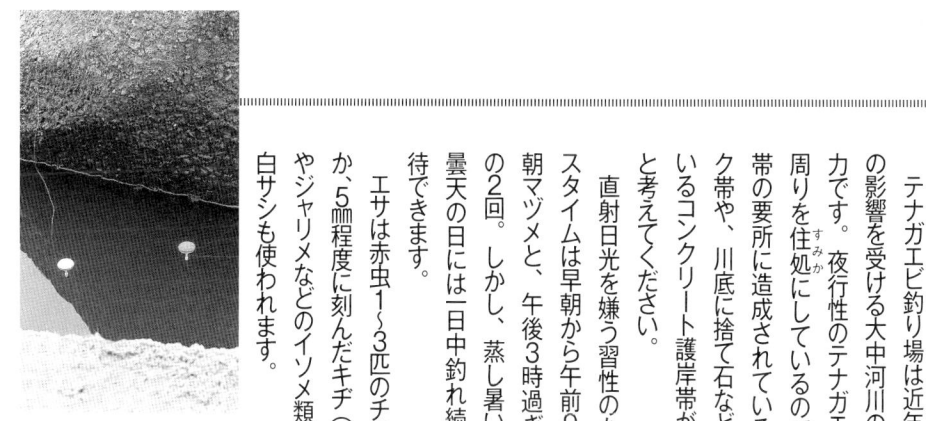

テトラポッドやコンクリートブロック帯の隙間がメインポイント！

　テナガエビ釣り場は近年、潮の干満の影響を受ける大中河川の汽水域が主力です。夜行性のテナガエビは障害物周りを住処（すみか）にしているので、下流域一帯の要所に造成されている消波ブロック帯や、川底に捨て石などが散乱しているコンクリート護岸帯が好ポイントと考えてください。

　直射日光を嫌う習性のため、チャンスタイムは早朝から午前9時頃までの朝マヅメと、午後3時過ぎのタマヅメの2回。しかし、蒸し暑い小雨模様や曇天の日には一日中釣れ続くことが期待できます。

　エサは赤虫1〜3匹のチョン掛けのほか、5cm程度に刻んだキヂ（養殖ミミズ）やジャリメなどのイソメ類の通し刺し、白サシも使われます。

十字テンビン式

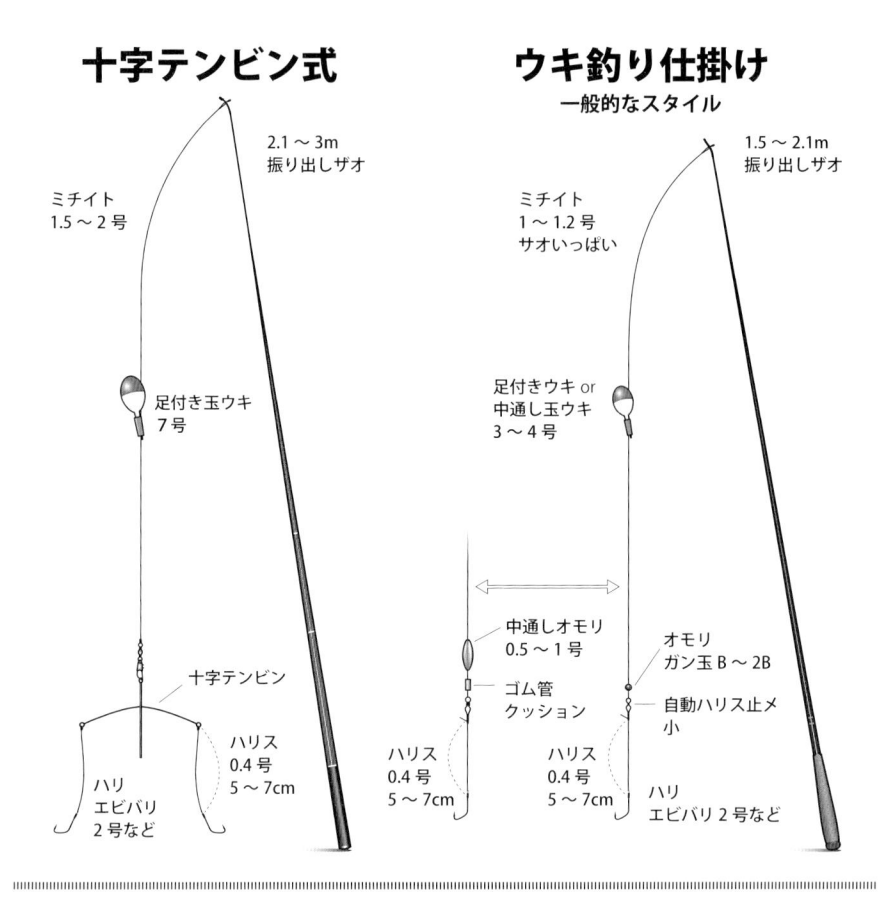

- 2.1〜3m 振り出しザオ
- ミチイト 1.5〜2号
- 足付き玉ウキ 7号
- 十字テンビン
- ハリス 0.4号 5〜7cm
- ハリ エビバリ2号など

ウキ釣り仕掛け
一般的なスタイル

- 1.5〜2.1m 振り出しザオ
- ミチイト 1〜1.2号 サオいっぱい
- 足付きウキ or 中通しウキ 3〜4号
- 中通しオモリ 0.5〜1号
- ゴム管クッション
- ハリス 0.4号 5〜7cm
- オモリ ガン玉B〜2B
- 自動ハリス止メ 小
- ハリス 0.4号 5〜7cm
- ハリ エビバリ2号など

ウキ釣り

根掛かりが比較的多いポイントをねらうので基本は簡素なウキ仕掛けです。

●仕掛け　根掛かり対策にミチイトは1〜1.2号、ハリスは0.4号前後の細イトの組み合わせ。根掛かりした時はハリスから切れるようにします。

ハリはエビバリ2〜3号を基準に、小型用にはタナゴバリの流線や半月が好適。予備仕掛けとハリは十二分に用意します。ゴロタ石など根掛かり多発地帯をねらう特殊仕掛けで、2本バリ式の両テンビンも市販されています。

●釣り方　消波ブロック帯ではブロックの隙間を次々と探ります。アタリですぐ合わせず、ウキが大きく動いて止まった時点からが勝負どころ。サオ先の聞きアワセでハリ掛かりさせます。

●釣期　5〜9月。盛期は6、7月。

Point
- 予備の仕掛けとハリは十二分に。
- アタリがあってもすぐに合わせない。

130

ナマズ
ナマズ科

ひょうきん顔の夜行性
近年はルアーで脚光を浴びる

生態

ほぼ日本全国の川や湖沼など淡水域に生息し、最大は60cm。繁殖期は5～6月で、この時期になると群れを作って浅場に集まり、オスがメスの体に巻き付くような産卵行動の後、水草や水底に卵を産む。オスは2年、メスは約3年で成熟。夜行性の魚で、発達した口ヒゲを使って小魚やカエルなどを嗅ぎつけて捕食する。

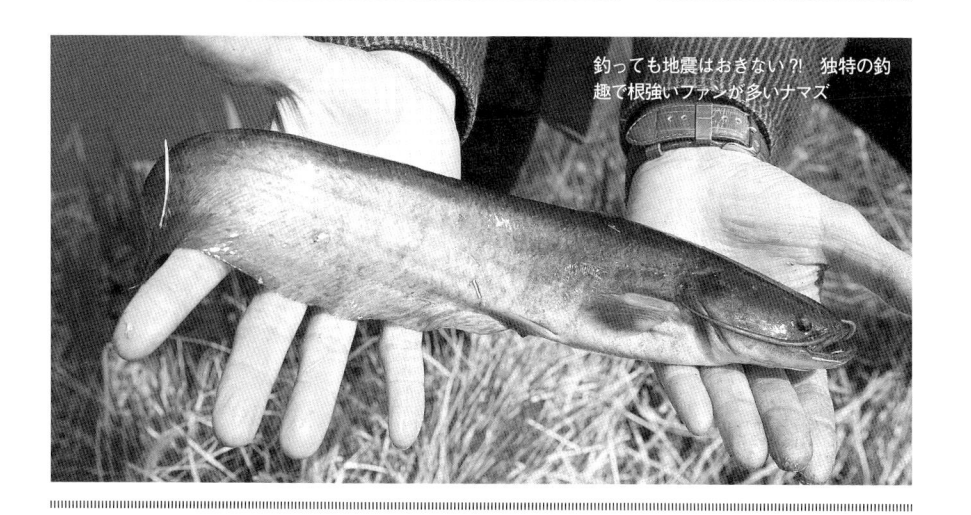

釣っても地震はおきない?! 独特の釣趣で根強いファンが多いナマズ

もう何十年も前に廃れましたが、伝統的なナマズ釣法にはカエルをエサにした「ポカン釣り」がありました。ノベザオにミチイトとハリの簡単な仕掛けをセットして、アマガエルなどのカエルを尻から殺さないようにハリ付けし、水面で動かしながらポイントを探り歩く釣り方です。

現代のナマズ釣りは生きたカエルの代わりに、それらの小動物や小魚の動きを似せて操作するルアーフィッシングに人気が集中しています。

ナマズは昼間は主に水底の障害物周りや水草の奥深くに隠れています。そのため、それらの隠れ家から出てきて捕食活動を行なう朝夕のマヅメ時など薄暗い時間帯が好機になります。

主なナマズ釣り場は河川の中下流域や湖沼とつながる水路群です。特に水生植物が生い茂る泥底を好みます。

地方によってはナマズの名物料理もありますが、釣り人の大半はキャッチ＆リリースで楽しんでいます。

ポイント例

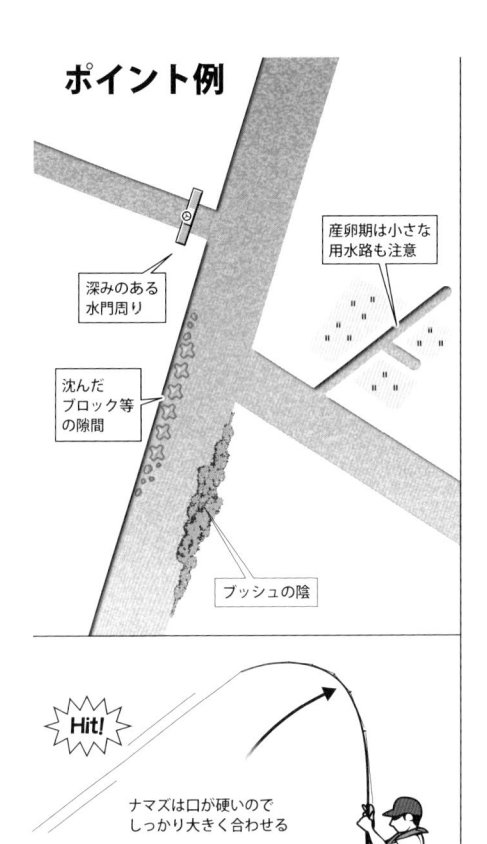

- 深みのある水門周り
- 産卵期は小さな用水路も注意
- 沈んだブロック等の隙間
- ブッシュの陰

ルアー仕掛け

- 6.5～7ft ナマズ or バスロッド
- ライン ナイロン 16～25ポンド
- スナップ
- ベイトリール
- トップウォータープラグ

Hit!
ナマズは口が硬いのでしっかり大きく合わせる

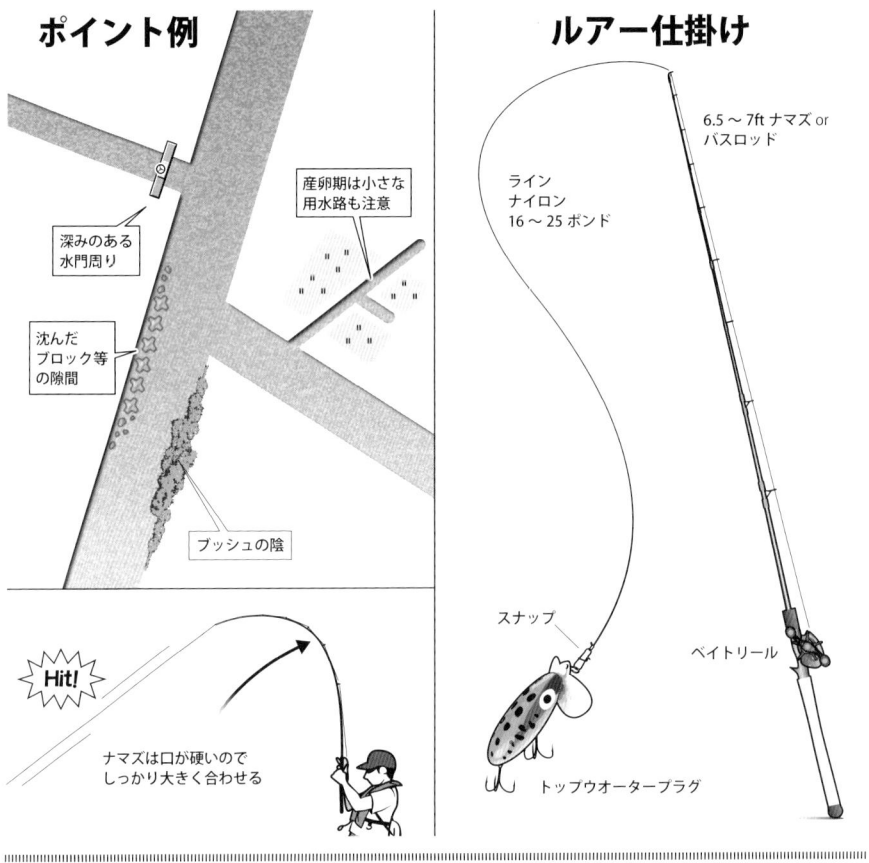

ルアーフィッシング

主に水面でルアーを動かすトップウオーターの釣りでねらいます。

●仕掛け 障害物周りに潜むナマズをピンポイントでねらうため、太めの16～25ポンドラインで無駄なトラブルを防ぎます。ルアーは水面で操作するスイッシャー、ポッパー、ノイジー、フロッグ、ペンシルなどのトップウオーター系プラグ。障害物が少ない場所ではフローティングミノーもよく、根掛かりゾーンを果敢にねらうにはスピナーベイトも忍ばせておきましょう。

●釣り方 正確なキャスト＆スローリーリングでルアーを動かすのが基本。早アワセは禁物で、ロッドティップに重みを感じてからしっかり合わせます。

●釣期 5～10月。

Point
- 太めのラインでトラブル回避。
- トップウオーター系プラグが活躍。
- スローリトリーブが基本。

5章 川釣り仕掛け 魚種別マニュアル

ニゴイ
コイ科

**コイ科でも気性の荒いファイター
アユにも襲いかかる食性を利用**

生態

日本固有種で、本州と四国のほぼ全域と九州北部に生息している。大中河川を好み、中下流域から汽水域までと広範囲に棲み、湖でも姿を見ることができる。繁殖期は4〜7月に迎え2年魚で20cm、4年魚になると35cm以上に成長し、最大で60cmに達する。水生昆虫や藻類、時には小魚を捕食する雑食性。大型はハリ掛かりすると強烈なファイトを見せる。

写真の個体はまだ小型だが、成長すると素晴らしいゲームフィッシュになる

ニゴイを専門にねらう釣り人は少ないと思いますが、エサ釣りのジャンルではフナやハゼ釣りと同じような中下流域や汽水域の川幅が広い河川をフィールドに、ミミズやイソメエサの流し釣りでニゴイ独特のパワフルな引き味を楽しむことができます。

本書ではニゴイのルアーフィッシングを紹介しますが、ニンフやストリーマーを使ったフライフィッシングも可能です。

また、ニゴイはコイやフナの外道として釣れるほかに、アユ釣りのオトリに襲いかかってハリ掛かりしてしまうこともあり、友釣りファンにとって厄介な外道でもあります。

アユが泳ぐ清流でも釣れるように、ニゴイのルアー釣り場にはトロ瀬やトロ場のような緩やかな流れが伴い、水深がやや深いポイントを選ぶとよいでしょう。

なお、小骨が多い魚なので好んで食べる人は少ないと思います。

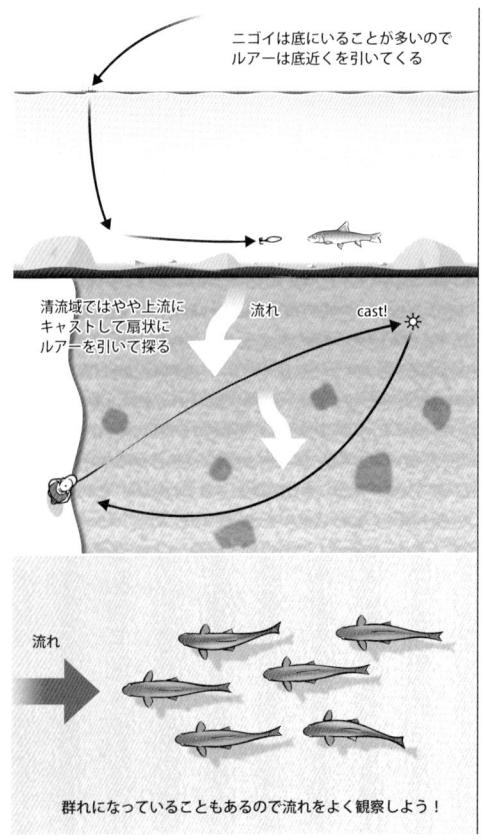

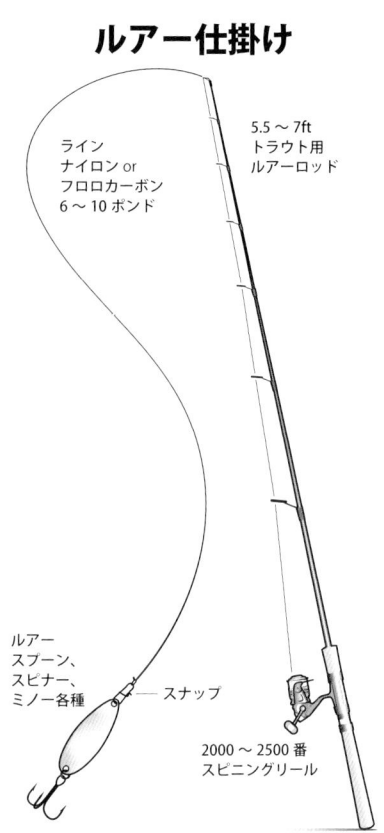

ルアーフィッシング

清流を含む川の中流域がメインステージです。

●仕掛け ロッドは渓流用ウルトラライト〜湖用ライトアクションでよく、ラインはナイロンかフロロカーボンの6〜10ポンド（約1.5〜2.5号）。途中で少しヨレてきたら、トラブルが起きる前にその部分をカットします。
ルアーは3〜7gの小型スプーンが中心です。このほか、2〜5gのスピナーや5〜7cmの小型ミノーを用意しておくと万全です。

●釣り方 対岸正面か少し上手にキャストして、ニゴイがいる底層を意識しながら流れを斜めに横切らせるようにスローリトリーブするのが基本です。

●釣期 4〜10月。

Point
- 渓流＆湖用スピニングタックル。
- 3〜7gの小型スプーンが中心。
- 流れを横切るスローリトリーブ。

ルアー仕掛け

- 5.5〜7ft トラウト用ルアーロッド
- ライン ナイロン or フロロカーボン 6〜10ポンド
- ルアー スプーン、スピナー、ミノー各種
- スナップ
- 2000〜2500番 スピニングリール

ニゴイは底にいることが多いのでルアーは底近くを引いてくる

清流域ではやや上流にキャストして扇状にルアーを引いて探る

流れ cast!

群れになっていることもあるので流れをよく観察しよう！

5章 川釣り仕掛け 魚種別マニュアル

ニジマス
サケ科

トラウト入門の大人気魚種 管理釣り場の釣りは独特の世界

生態

原産は太平洋東岸とカムチャツカ半島。日本への移入は1877年とされ、北海道の一部には定着しているが、他の地域のニジマスは放流魚が大半。管理釣り場で最もポピュラーな魚種でもある。繁殖期は春〜初夏型と秋〜冬型の2タイプがある。エラから尾ビレにかけて朱色の縦帯が通る体色から、英名はレインボートラウト。湖水では80cm以上に達する個体もいる。

マス釣り場といえばこの魚。好奇心が旺盛でありながら臆病な面もあり、理想的なゲームフィッシュといえる

ポンド（池）のルアーフィッシングが人気

管理釣り場用に特化したフライパターン

ニジマスは冷水性の魚ですから、主に水温が低い河川上流部の渓流域や山上湖などの湖沼に放流されています。河川によっては漁協が釣り大会などで成魚放流を行なったり、冬期釣り場を設定してオフシーズンにニジマスを釣らせているところもあります。

このような自然環境下の釣り場とは別に、大人気なのが川を区切った渓流相の流水域や、止水にニジマスを大量放流して釣らせる管理釣り場です。ファンの間では略して「管釣り」や、「エリア」などと呼ばれています。

管理釣り場は、従来は流水域のエサ釣り場がポピュラーでしたが、近年は人工ポンド（池）タイプの釣り場も増えました。ポンドにはニジマスを中心に多種多彩なマス類が放流され、誰もが手軽にトラウトフィッシングを楽しめます。ブラウントラウトの項では自然環境下の釣りを紹介しているので、ニジマス釣りは管理釣り場の釣りに絞ることにします。

135

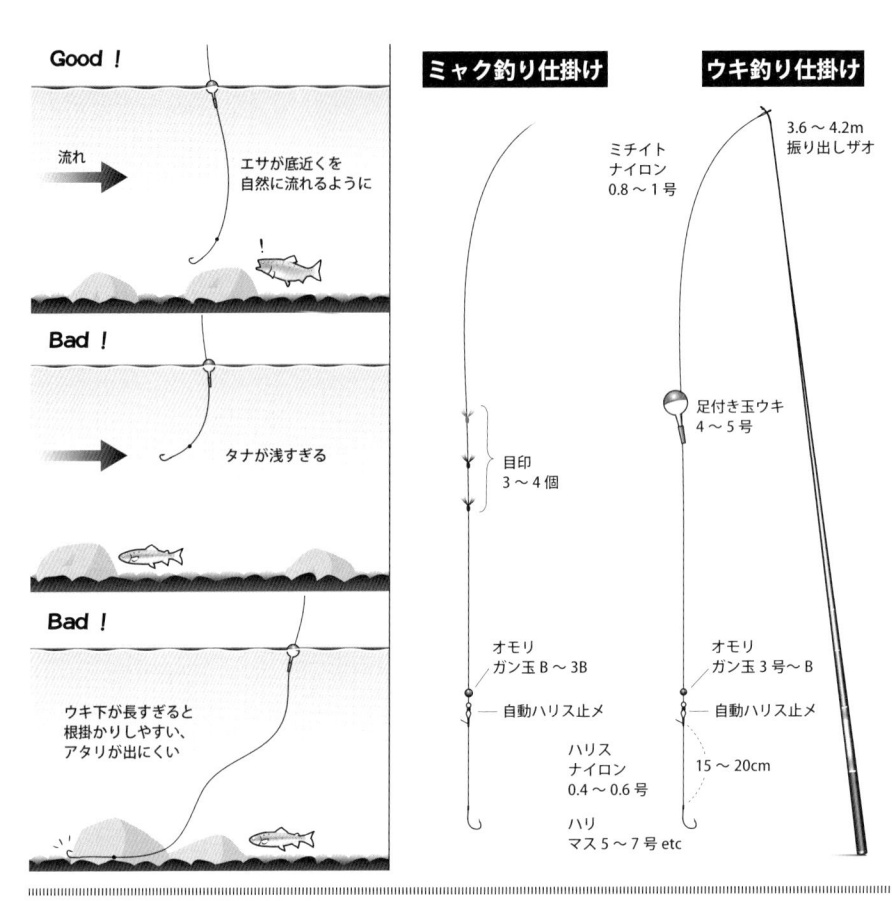

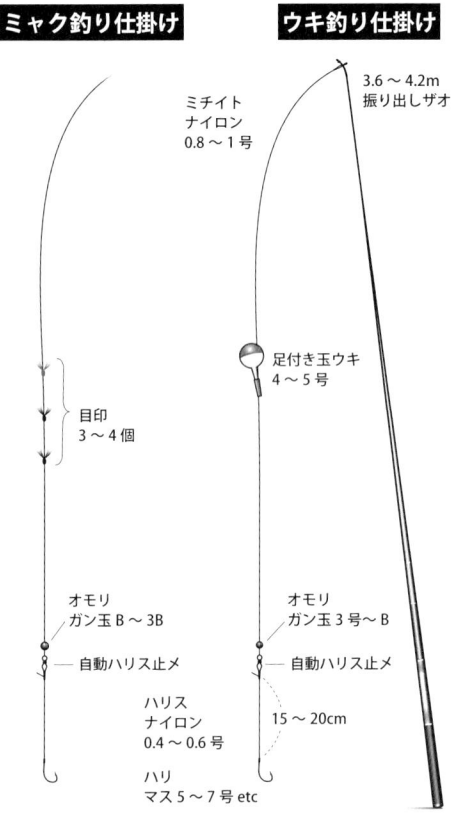

ウキ釣り・ミャク釣り

主に流水域で玉ウキ仕掛けとミャク仕掛けを使ったノベザオの釣りです。

仕掛け
アタリが分かりやすい玉ウキ仕掛けは、チビッコや女性などビギナーに最適です。ミャク釣りはベテラン向きです。ハリはマス型のほかイワナ型など軸太タイプを選びます。管理釣り場の常備エサはイクラが定番。制限がなければブドウムシやミミズ、マグロの赤身なども使われます。

釣り方
ビギナーファンはうぶなマスがエサに飛び付いてくれる放流直後がチャンスタイムです。一方、ベテランはハリの痛さを知っている（？）残りマスねらいで、あれこれ手を尽くして釣る楽しみもあります。

釣期
通年が多いが地域による。

Point
- ビギナーは玉ウキ仕掛けがお勧め。
- 制限がなければマグロエサも。
- 初心者は放流直後をねらえ！

Good！
流れ
エサが底近くを自然に流れるように

Bad！
タナが浅すぎる

Bad！
ウキ下が長すぎると根掛かりしやすい、アタリが出にくい

ミャク釣り仕掛け

ミチイト ナイロン 0.8～1号

目印 3～4個

オモリ ガン玉B～3B

自動ハリス止メ

ハリス ナイロン 0.4～0.6号

ハリ マス5～7号 etc

ウキ釣り仕掛け

3.6～4.2m 振り出しザオ

足付き玉ウキ 4～5号

オモリ ガン玉3号～B

自動ハリス止メ

15～20cm

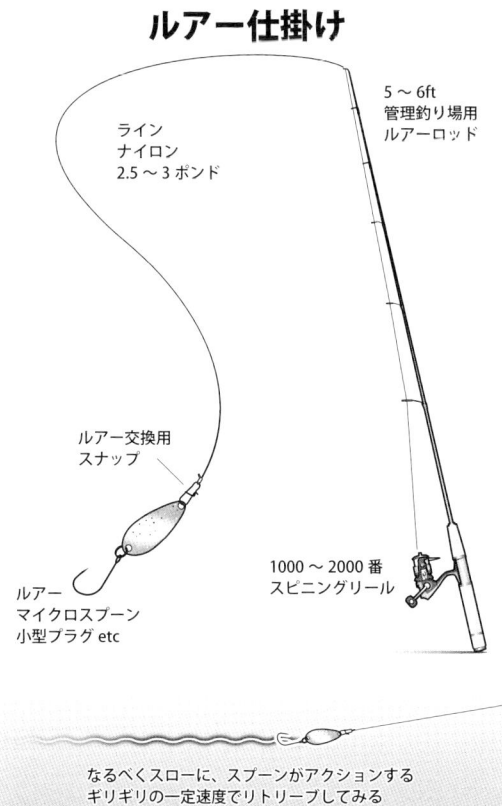

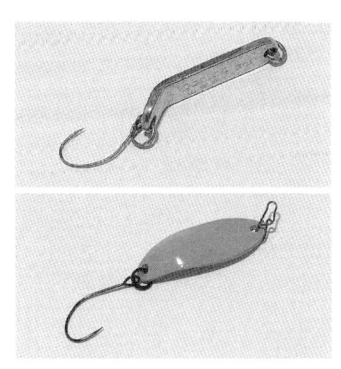

5章 海釣り仕掛け 魚種別マニュアル

ルアー仕掛け

- ライン ナイロン 2.5～3ポンド
- 5～6ft 管理釣り場用ルアーロッド
- ルアー交換用スナップ
- 1000～2000番スピニングリール
- ルアー マイクロスプーン 小型プラグetc

なるべくスローに、スプーンがアクションするギリギリの一定速度でリトリーブしてみる

ルアーは軽量小型中心の管理釣り場専用タイプがおススメだ

管理釣り場のルアー釣りは、ゲームフィッシングのエントリーとしても好適

ルアーフィッシング

タックルは一般渓流用のほか、管理釣り場専用タイプが好適です。

● 仕掛け　ロッドは極細ラインが使えるUL（ウルトラライト）、XUL（エクストラウルトラライト）アクションなどの管理釣り場専用がおすすめです。ルアーも専用タイプのバーブレス＆シングルフック付き極小サイズを。1．5～3gのスプーンを主体に3～5cmのプラグも加え、各色を揃えます。

● 釣り方　ルアーはごくゆっくりと引いてきます。途中でハンドルの回転が重くなるアタリを感じたら、そのまま早巻き1～2回転でフッキング。ヒットレンジは刻々と変わるので、表層から底層までカウントダウンで探ります。

● 釣期　通年が多いが地域による。

Point
- 専用スピニングロッドが有利。
- ルアーも専用タイプを。
- スローリトリーブでレンジを探る！

137

フライ仕掛け

リーダー、ティペットがきれいに伸びた状態で着水させる

アタリ
バク！

Bad!!
シーン
スイ〜ッ
バク！

リーダーやティペットがたるんだ状態で着水＆沈むとアタリが分からない

- ライン フローティング #3〜5
- 8〜9ft フライロッド #3〜5
- リーダー 5〜6X 9ft
- ティペット 5〜6X 5ft前後
- インジケーター（必ずティペットにセットする）
- スプリットショット（ガン玉）
- フライ 管理釣り場用 パターン各種
- フライリール

フライフィッシング

ニンフを使ったインジケーター（目印）フィッシングが定番。簡単にいえばフライのウキ釣りです。

●仕掛け 渓流用タックルが流用できます。ラインはフローティング。リトリーブで水中をねらう場合はタイプ1〜2のシンキングも必要です。

フライは、インジケーターの釣りではマラブーなどの軟らかい素材の中小型ニンフ（ウエイト入り）が定番。サイズやカラーをそろえておくほか、ご当地フライも要チェックです。

●釣り方 ニジマスが遊泳していそうなタナにインジケーターの位置を調節し、水面に浮かぶインジケーターの変化で合わせるのが基本テクニックです。

●釣期 通年が多いが地域による。

Point
・手軽なインジケーターの釣り。
・ご当地フライにも注目。
・魚の反応はフライカラーでも確認！

5章 川釣り仕掛け 魚種別マニュアル

ハス
コイ科

**「へ」の字の口で小魚を襲う
大型はゲームフィッシングの対象**

生態

日本固有種。本州、四国、九州の各河川や池、湖の他、汽水域にも生息する。繁殖期は6～7月。ヤマメに似ているが、成長すると口が「へ」の字型に変形して魚食性が強まる。最大30cm。
琵琶湖では昔から塩焼きやなれずしなどでハスを食べているが、他の地方では特に食用の習慣はない。

文字どおり「へ」の字の口が印象的なハス

河川ではアユやハヤ（ウグイ）、ヤマベ（オイカワ）が泳ぐ透明度のよい清流から、フナやクチボソ（モツゴ）、タモロコが棲む里川や湖沼まで、中下流域にまんべんなく生息しています。

水温の低い冬場は水深が深い淵やトロ場などに群れて、あまり活性がありません。しかし、適水温に上昇する春夏秋の3シーズンになるとハスは浅場に出てきて活発にエサを追います。流勢が強い瀬の中でも自由自在に泳ぎ回ることができます。

10cm前後の小型サイズは主に水生昆虫や流れてきた陸生昆虫を食べていますが、口がへの字に曲がる成魚になると小アユはもちろん、ハヤやヤマベの稚魚やクチボソなどを捕食するフィッシュイーターに変身します。

エサ釣りではファミリーで楽しめるハス五目釣りの様相ですが、ルアーフィッシングでねらうと良型のハスがそろう確率が高く、小気味よい引き味が期待できます。

ルアー仕掛け

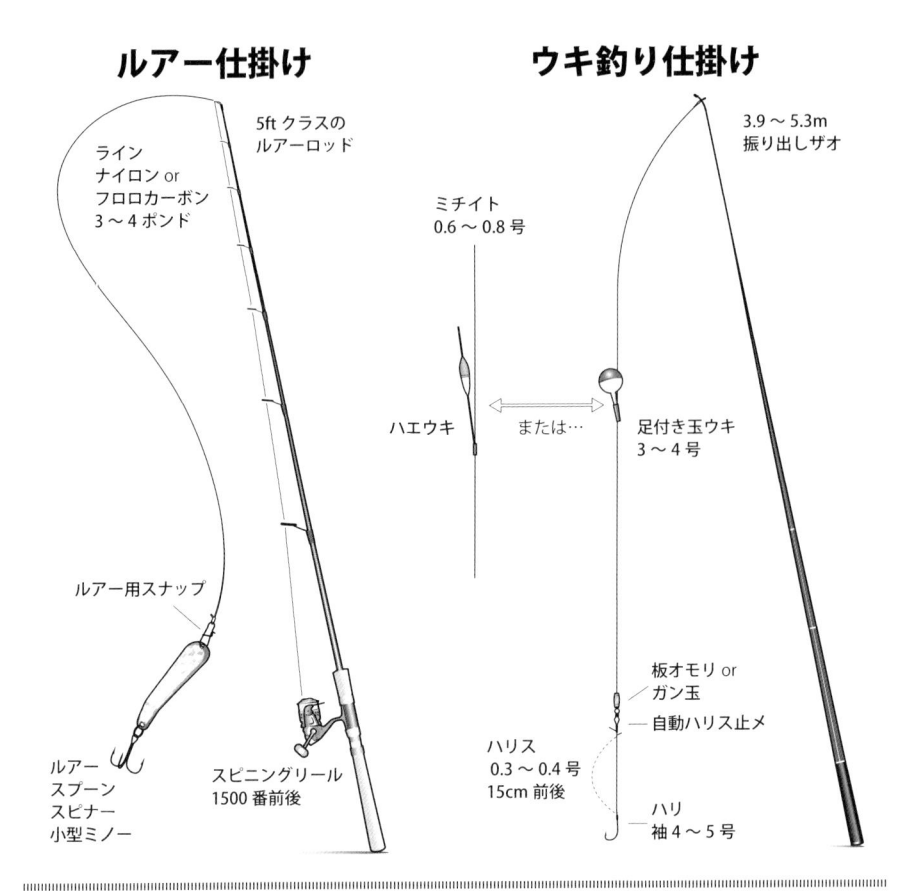

- 5ftクラスの ルアーロッド
- ライン ナイロンorフロロカーボン 3～4ポンド
- ルアー用スナップ
- ルアー スプーン スピナー 小型ミノー
- スピニングリール 1500番前後

ウキ釣り仕掛け

- 3.9～5.3m 振り出しザオ
- ミチイト 0.6～0.8号
- ハエウキ
- または…
- 足付き玉ウキ 3～4号
- 板オモリorガン玉
- 自動ハリス止メ
- ハリス 0.3～0.4号 15cm前後
- ハリ 袖4～5号

ウキ釣り

● **仕掛け** 玉ウキ＝清流、立ちウキ＝止水域に好適。ハリは小型が多い時は3号に落とします。エサは川虫のほか里川や湖沼ではミミズも食います。

● **釣り方** エサは底すれすれを流れるように。止水域はウキ下を底から10～20cm切ることが基本です。

● **釣期** ルアーとも、4～10月。

Point 清流は玉ウキ、止水は立ちウキ仕掛け／消し込みアタリで即アワセ！

ルアーフィッシング

● **仕掛け** ルアーはスプーン3～7g、スピナー2～3gを目安にします。大ものには小型ミノーも有効です。

● **釣り方** 正面～上手に投げてスローリトリーブ。ハスは日中は底層、朝タマヅメ時は宙層に上がってきます。

Point 管理釣り場のマスタックルを流用／ビッグワンねらいには小型ミノー。

5章 川釣り仕掛け　魚種別マニュアル

ハゼ

ハゼ科

汽水域の数釣りターゲット
工夫次第で釣果に大差が出る

生態

北は北海道から南は九州・鹿児島県の種子島まで広く生息している。河川の下流部や内湾など、砂泥底の汽水域を好む。産卵期は1～5月。オスはY字型の巣穴を掘ってメスを誘い入れて卵を産ませ、孵化するまでオスが卵を守る。梅雨時を迎えると4～5cmに成長して釣りの対象になる。秋以降は深場へ移動する。通常は1年魚で、最大25cmくらい。

足場のよい汽水域の釣り場はファミリーに大人気

老若男女、誰もが気軽に楽しめて釣りの奥が深いハゼ

本書ではハゼの岸釣り＝オカッパリ釣りに絞って紹介します。ハゼには季節に応じた釣り暦があり、入梅のシーズン開幕時はデキハゼ、夏はそのまま夏ハゼ、秋は9月の彼岸にちなんで彼岸ハゼとそれぞれ言い表わします。

ノベザオの釣りは主に水深1m以内の浅場をねらうので9月いっぱいが最盛期。主な釣り場は遠浅のカケアガリがある河川の河口付近や水路群です。

晩秋の10月、水温低下で深みに移り始める時期は落ちハゼと呼びます。岸から離れていくため今度はリール釣りの好機を迎えます。ねらう釣り場は漁港につながる船道、大河川に造られた親水公園のコンクリート護岸など、水深が深い場所に移動します。

最終段階として、1年魚のハゼは年末の12月になると産卵期が近づいて深場に下ります。これをケタハゼと呼びます。通常は年内いっぱいでシーズン終了ですが、2月頃まで釣れる地域もあります。

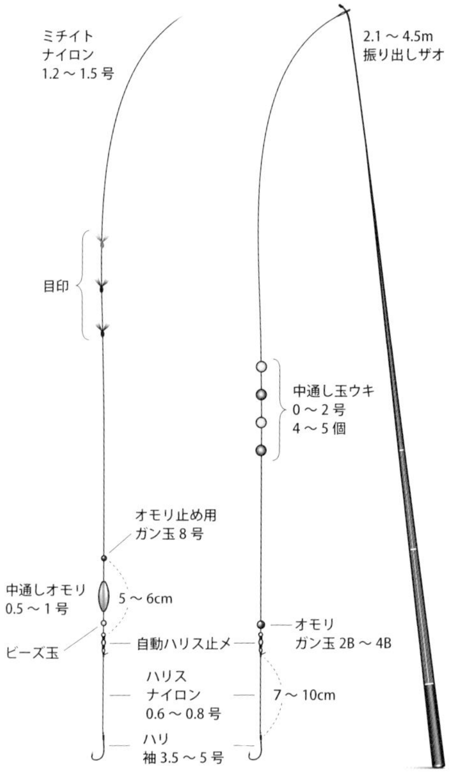

ミャク釣り仕掛けの目印の付け方

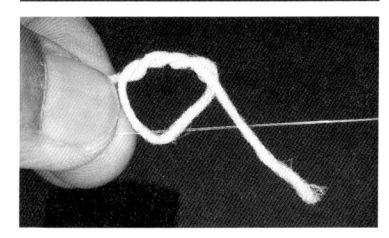

ミャク釣り仕掛け
- ミチイト ナイロン 1.2～1.5号
- 目印
- オモリ止め用 ガン玉8号
- 中通しオモリ 0.5～1号 5～6cm
- ビーズ玉
- 自動ハリス止メ
- ハリス ナイロン 0.6～0.8号
- ハリ 袖3.5～5号

ウキ釣り仕掛け（シモリ）
- 2.1～4.5m 振り出しザオ
- 中通し玉ウキ 0～2号 4～5個
- オモリ ガン玉2B～4B
- 7～10cm

①目印でミチイトに3回片結びを行なう

②両端をつまんでカット

3、4個付けると見やすい。色は好みで

ウキ釣り・ミャク釣り

シモリ仕掛けのウキ釣りと、目印仕掛けのミャク釣りに分かれます。

●**仕掛け** ウキ釣りは玉ウキの動きでアタリが分かるのでチビッコやビギナーに好適。ミャク釣りは束釣りをねらう数釣り向きです。ミャク釣りは目印で仕掛けの位置や水深が把握でき、ウキの代わりにアタリを伝えてくれるのが利点です。

ハリの号数は釣れるハゼの大小に合わせます。10cm以下には袖3.5～4号、それ以上なら5号が目安です。

●**釣り方** 好奇心旺盛なハゼは上から落ちてくるエサによく反応します。アタリがない時は仕掛けを頻繁に振り込み直してエサをアピールします。エサはアオイソメ、キヂ（ミミズ）。

●**釣期** 6～9月。

Point
・ウキ釣りはチビッコやビギナー向き。
・ハゼの大小にマッチしたハリ合わせ。
・上から落ちてくるエサに興味津々！

5章 海釣り仕掛け 魚種別マニュアル

リール釣り

並べ釣り

- 2.7～3.6m 投げザオ オモリ負荷 10～20号
- ミチイト ナイロン3～4号 PEライン1号＋ナイロン3～4号
- 片テンビン 2L～3L
- オモリ 8～20号
- 幹イト・ハリス 1～1.5号
- 3～4cm
- 30～50cm
- 15～20cm
- 2500～3000番スピニングリール
- ハリ 袖5～7号 流線7～8号

チョイ投げ

- 1.5～2.1m 堤防万能リールザオ
- ミチイト ナイロン 1.5～2号
- オモリ止め用 ガン玉8号
- 中通しオモリ 3～5号
- ビーズ玉
- 自動ハリス止メ
- 10cm前後
- ハリス 0.6～0.8号
- 2000番前後のスピニングリール
- ハリ 袖4～6号

アオイソメのエサ付け例

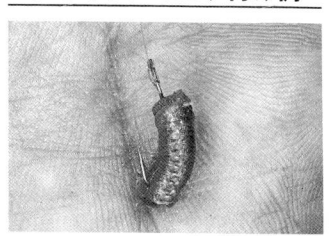

夏の小型ハゼねらいはタラシなし

彼岸ハゼにはタラシを数cmに

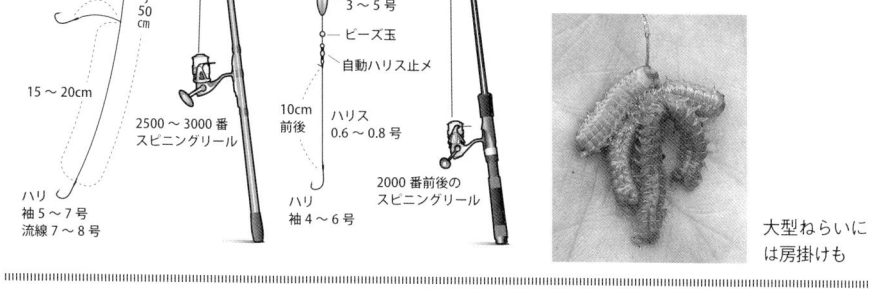

大型ねらいには房掛けも

リール釣り

近距離のチョイ投げと深場をねらう数本ザオの並べ釣りがあります。

●仕掛け
チョイ投げスピニングタックルは軽快に1本ザオがよく、彼岸～落ちハゼ向き。中通しオモリのほか、M～Lサイズの片テンビンもOKです。並べ釣りはオモリ負荷8～20号を目安に。水深2～3m以上に下った落ち＆ケタハゼを数本ザオでねらいます。根掛かりで仕掛けを失うことが多く、スペアのテンビンと仕掛けは十二分に用意します。エサはアオイソメ一本食い渋り時はたっぷり房掛けにします。

●釣り方
チョイ投げはそこかしこを投げ歩きます。並べ釣りは20、30、40mと距離を投げ分けて探ります。

●釣期
9～12月。

Point
- 1本ザオで軽快に探り歩く。
- 深場の良型ねらいには並べ釣り。
- スペア仕掛けは十二分に用意！

143

ハヤ

コイ科

ヤマベと並ぶ清流の好敵手
シンプルに清流釣りを楽しむ

生態

ハヤは釣り人の通称で和名はウグイ。北海道から九州にかけて広く分布し、生息する河川の流域も上流から河口付近までと広範囲。湖沼にも棲み、火山湖の酸性水にもある程度耐えられる。繁殖期は春から初夏にかけてで、オス・メスとも独特の婚姻色と呼ばれる3本の朱色の条線が出る。雑食性、全長30cm。「ハヤのひと伸し」の言葉どおり、最初の引きは強い。

ハヤは清流の代表的な魚の一つ

源流部を除く河川のほぼ全域で魚影を見ることのできるハヤですが、釣り場の流域としてはヤマベやアユと共存している清流エリアの人気が高いです。

清流でもハヤが好む川相は、どちらかというとトロ瀬や早瀬といった水深がある瀬です。全長10cm前後の小バヤのうちはヤマベと同じような浅い瀬に群れていますが、18cm前後の中型サイズに成長するあたりから、水深のある瀬に出ていく傾向が強いようです。

一年中ねらって釣れる魚ですが、紅葉バヤとか寒バヤといった呼び名があるように、晩秋から冬にかけて釣りの旬を迎えます。また、その引き味は「ハヤのひと伸し」といわれ、ハリ掛かり直後の強い引きが楽しめます。

エサは現地の川で採取するクロカワ虫などの川虫類のほか、ブドウ虫、白サシ、キヂ（ミミズ）といった市販の虫エサにイクラなど。雑食性のため、変わったものでは魚肉ソーセージ、食パンの耳も使われます。

5章 川釣り仕掛け 魚種別マニュアル

ウキ釣り仕掛け

- ミチイト 0.4〜0.6号
- 中通し玉ウキ 2〜3号
- ハリス 0.3〜0.4号 30〜40cm
- オモリ ガン玉 8〜5号
- 20〜25cm
- ハリ 袖・ヤマメ 3〜5号

ミャク釣り仕掛け

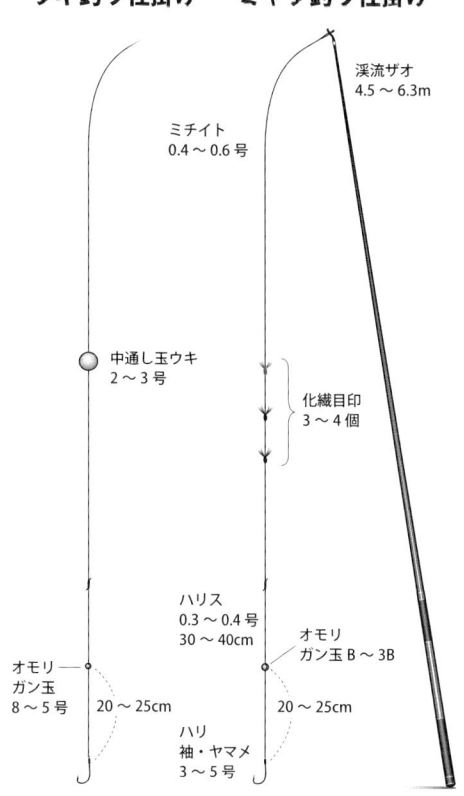

- 渓流ザオ 4.5〜6.3m
- 化繊目印 3〜4個
- オモリ ガン玉B〜3B
- 20〜25cm

ハヤのポイントは流れの強い流心よりもその脇で少し水深のある場所などがおススメ

ミャク釣り・ウキ釣り

ミャク釣りのほか、小バヤねらいは玉ウキ仕掛けの流し釣りが好まれます。

●仕掛け ミャク釣りは流速に応じてガン玉オモリB〜3Bと使い分け、しっかり底をトレース。玉ウキ仕掛けは清流のヤマベ釣りと似ていますが、オモリなしのフカシ釣りとは違い、軽めのガン玉で底近くにエサを誘導します。ハリは袖でよく、小バヤ用に3号、中型以上には4〜5号を選びます。ヤマメなど渓流バリでもOKです。

●釣り方 水深がある瀬に居着くハヤは川底近くでエサを待ち構えていることが多く、ミャク釣りではガン玉を底石に当てながら流速よりも遅く仕掛けを流すことがキーポイントです。

●釣期 ほぼ周年（禁漁期などに注意）。

Point
・重めのガン玉で底層をトレース！
・玉ウキ仕掛けも底にエサを流す。
・ハリは万能タイプの袖でOK。

ヒガイ
コイ科

霞ヶ浦名物の湖岸の釣り
ウキ・リール釣りの二刀流

生態

日本に棲むヒガイの仲間は数種類いる中で、釣り人の間でヒガイと呼んでいるのはビワヒガイがほとんど。琵琶湖の固有種だが、本州、四国など各地へ移入された。関東の生息地としては霞ヶ浦と北浦が有名。
ヒガイは底層をあさる雑食性の小魚で、産卵にはタナゴ類と同じく二枚貝を利用する。産卵期は4～7月。全長20cm。

食味もよいとされるヒガイ。霞ヶ浦では秋～初冬の風物詩

ヒガイは泥気がない砂底や砂礫底を好み、下向きの口を伸ばしながら、水生昆虫や甲殻類、藻類を吸い上げるように捕食するといわれています。

霞ヶ浦などの湖沼の場合、ヒガイ釣り場は水通しがよい場所を選ぶことが肝心です。コンクリート護岸帯が続く湖岸沿いでは、少しでも湖面に張り出した個所を目標にするとよいでしょう。また、水濁りを嫌うため風の弱いナギ日和に釣行することです。

ヒガイの外道には多種多彩な小魚が交じって釣れますが、「ダボハゼ」と総称されるヌマチチブなどの底生魚が掛かる場所は泥底のケースが多いので、この場合はポイントを移動したほうが良策です。

虫エサは赤虫が最良で2～3匹のチョン掛けにします。このほか、キヂ（シマミミズ）や白サシなども食います。

ちなみに、ヒガイは明治天皇が好んで賞味されたことから、漢字では魚偏に皇を添えて「鰉」と書きます。

5章 川釣り仕掛け 魚種別マニュアル

リール釣り仕掛け

- ミチイト ナイロン 1.5〜2号
- コンパクトロッド（リールザオ）
- 小型スイベル
- 20〜25cm
- 幹イト 1〜1.2号
- ハリ 袖2.5〜4号
- 枝ス 0.4〜0.6号 5〜6cm
- 20〜25cm
- 小型スナップスイベル
- オモリ 5〜8号
- 1000番スピニングリール

ウキ釣り仕掛け

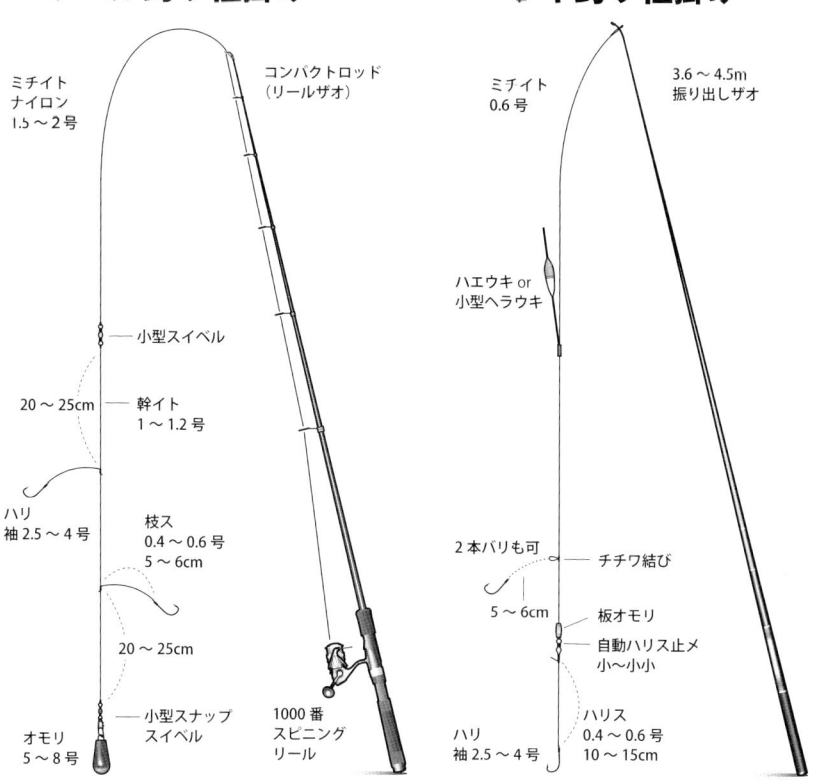

- ミチイト 0.6号
- 3.6〜4.5m 振り出しザオ
- ハエウキ or 小型ヘラウキ
- 2本バリも可
- 5〜6cm
- チチワ結び
- 板オモリ
- 自動ハリス止メ 小〜小小
- ハリ 袖2.5〜4号
- ハリス 0.4〜0.6号 10〜15cm

ウキ釣り・リール釣り

ウキ釣りのほか、ドウヅキ仕掛けのチョイ投げも好まれます。

●仕掛け　ウキ釣りは感度がよいハエウキ、小型ヘラウキが好適です。浮力バランスはハエウキ＝トップが水面に出るくらい、ヘラウキ＝トップ目盛りの半分から3分の1が目安。ウキ下はハリスが底を引きずるハリスベタか、オモリが底に付くオモリベタ。上下の2本バリ式にすると底層をカバーできます。チョイ投げ仕掛けにはドウヅキ2本バリを使います。ハリはどちらも袖2.5〜4号で間に合います。

●釣り方　ウキ釣りは沖いっぱいから数十秒ごとに仕掛けを引いて食いを誘います。チョイ投げは小型三脚式サオ掛けを利用する並べ釣りが有利です。

●釣り期　主に9〜11月。

Point
- 感度抜群のハエウキかヘラウキで！
- チョイ投げは並べ釣りが有利

ヒメマス

サケ科

冷水を好む山上湖の風物詩的魚
ドウヅキ仕掛けで遊泳層を探り当てる

生態

北アメリカ北部のベニザケと同じ種で、ヒメマスはその陸封型。日本におけるヒメマスの原産地は北海道の阿寒湖とチミケップ湖といわれ、現在では移殖放流によって道内のほか、栃木県の中禅寺湖、富士五湖の西湖や本栖湖などの山上湖に生息。
食性は甲殻類などの動物性プランクトンを好み、産卵期は9〜11月。最大で約50cm。

姫鱒の字にふさわしい繊細さを感じさせる魚体

ヒメマス釣りは山上湖の風物詩です。冷水温を好む習性から、1年を通じて湖水の深い遊泳層で群れを形成していることが大半です。

このため、オカッパリ釣りではヒメマスのポイントエリアまで届かないことが多く、手漕ぎボートでねらうエサ釣りが定番です。

ヒメマスが釣りの対象魚として認可されている湖沼では、解禁と禁漁の両期間が定められ、入漁料を設定して釣りを楽しめる遊漁システムが整っています。エサにはイクラや紅＆白サシなどが使われます。

ヒメマス釣りの魅力は、群れに当たると鈴なりに掛かってくる釣趣とともに、食味の点でも美味しいマス類として定評が高く、塩焼きやムニエルが代表的な料理です。

なお、擬似餌釣りのジャンルには「ヒメトロ」と呼ぶレイクトロウリングもありますが、本書では特殊な釣り方なので省略します。

148

5章 川釣り仕掛け　魚種別マニュアル

リール釣り仕掛け

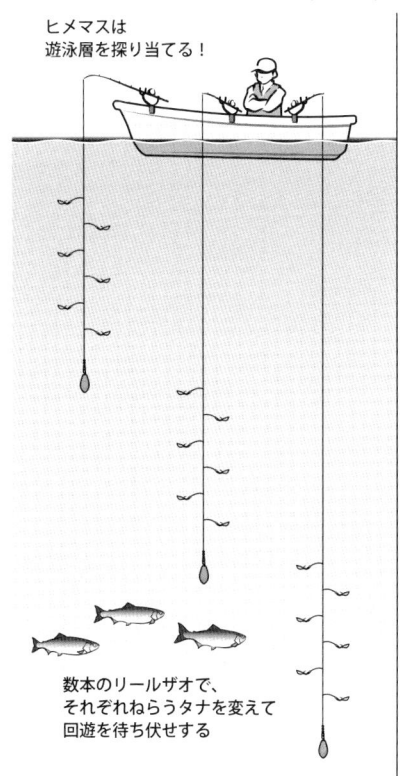

ヒメマスは遊泳層を探り当てる！

数本のリールザオで、それぞれねらうタナを変えて回遊を待ち伏せする

ライン
PE 0.8〜1号
100m

集魚用のブレード
（なくてもよい）

1.8〜2.7m
リールザオ

ヒメマス専用
ドウヅキ
5〜10本バリ
仕掛け

オモリ 10〜20号

小型スピニング or
両軸受けリール

リール釣り

リールタックルと多点バリ式のドウヅキ仕掛けを用いたエサ釣りです。ボートのほぼ真下を釣ります。

●仕掛け　ヒメマス釣りに使うドウヅキ仕掛けのハリ数は5〜10本と多く、専用品としてカラバリ式のほか、ウイリーやスキンの擬似餌がセットされたサビキ仕掛けもあります。
使用するオモリが重いのは、ハリ掛かりしたヒメマスが暴れて仕掛けが絡まないための防止策です。エサはイクラやサシ、アミエビなどを付けます。

●釣り方　数本のリールザオの並べ釣りです。ヒメマスの遊泳層を探るため、魚の反応をみてタナを変えながら仕掛けを下ろすことが基本になります。

●釣期　春〜秋（各地の解禁期間による）。

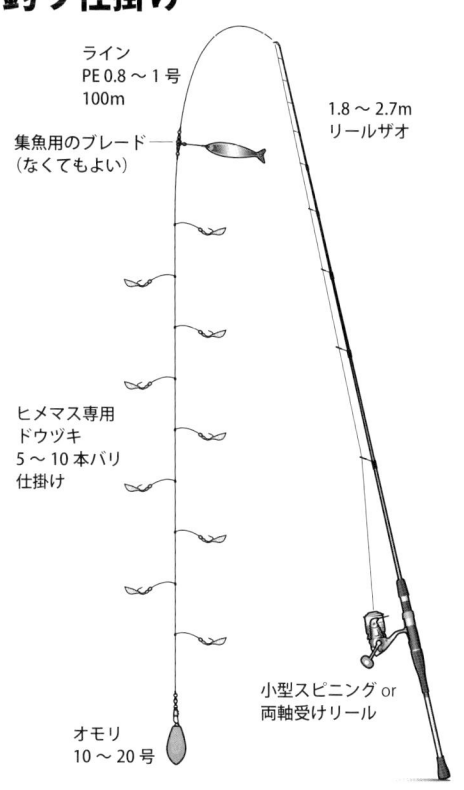

Point
- 多点バリのドウヅキ仕掛け。
- ヒメマスの遊泳層を探り当てる！

フナ

コイ科

里川で遊ぶ小もの釣りの原点 ウキ釣りの醍醐味を堪能

生態

キンブナは関東から東北にかけて、一方のギンブナは全国に分布しているが、その判別は難しい。いずれも河川の中下流域や湖沼に広く生息しており、繁殖期は4〜6月。ギンブナは最大で40cm近くの大型になるが、キンブナは大きくても20cm以内の小型種。底生動物や動物プランクトン、藻類など何でも食べる雑食性。

川釣りの基本中の基本ともいえるフナ

春の水路に遊ぶ

春生まれの当歳魚と戯れる秋の小ブナ釣り

フナは里川に棲んでいる馴染み深い魚で、昔から四季折々の釣り暦が語られてきました。

早春は越冬場所から目覚める「巣離れブナ」にはじまって、春本番には産卵期の「乗っ込みブナ」を迎えます。これら春ブナ釣りシーズンは良型がよく釣れ、尺ブナと呼ぶ30cmを超える大型もヒットします。

その後、梅雨時から盛夏はひと休み。秋になると、今度は10cm以内の中小ブナの数釣りが楽しめるようになります。9月から再スタートを切って、それ以降、初冬にかけて「落ちブナ」を楽しみ、年末の「寒ブナ」で1年の幕を閉じます。

本書では、春の乗っ込みブナ釣りと、秋〜初冬の落ちブナ釣りを紹介します。釣り方はポイントを点々と釣り歩く探り釣りが中心なので、エサは赤虫とキヂ(ミミズ)の2種類です。このほか、小ブナねらいにはグルテンの練りエサも使います。

5章 川釣り仕掛け 魚種別マニュアル

ウキ釣り仕掛け(春の乗っ込み)

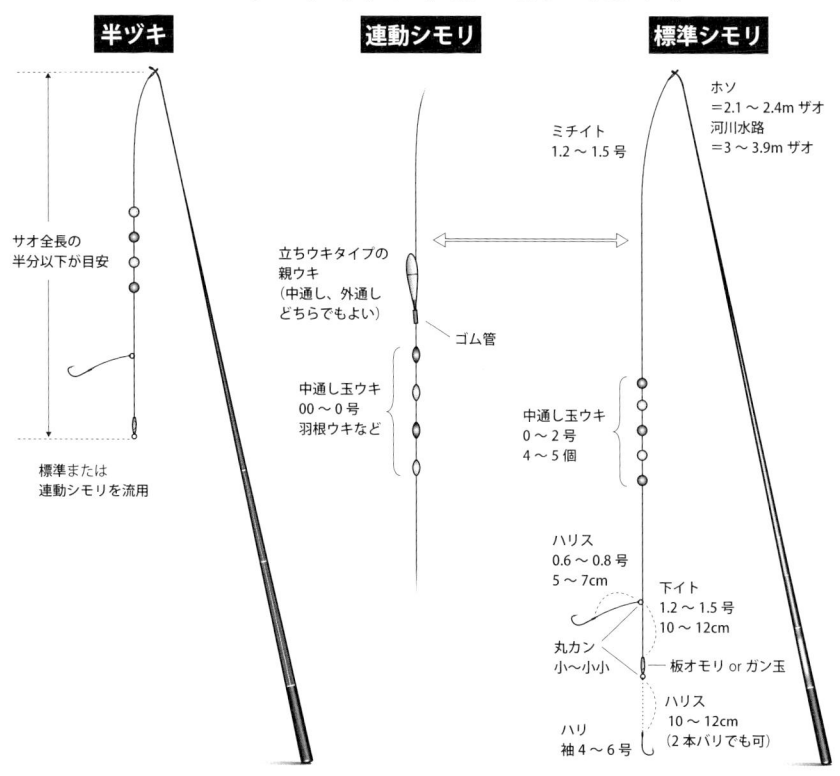

半ヅキ

サオ全長の半分以下が目安

標準または連動シモリを流用

連動シモリ

ミチイト
1.2〜1.5号

立ちウキタイプの親ウキ
(中通し、外通しどちらでもよい)

ゴム管

中通し玉ウキ
00〜0号
羽根ウキなど

標準シモリ

ホソ
=2.1〜2.4m ザオ
河川水路
=3〜3.9m ザオ

中通し玉ウキ
0〜2号
4〜5個

ハリス
0.6〜0.8号
5〜7cm

下イト
1.2〜1.5号
10〜12cm

丸カン
小〜小小

板オモリ or ガン玉

ハリス
10〜12cm
(2本バリでも可)

ハリ
袖4〜6号

春の乗っ込みブナ釣り(ウキ釣り)

良型が釣れる確率が高いので、少し丈夫なシモリ仕掛けで対応します。

●仕掛け 探り釣りには中通し玉ウキ4〜5個の標準シモリ仕掛けか、親ウキと玉ウキ、羽根ウキを組み合わせた連動シモリ仕掛けで。アシ林など根掛かり多発地帯は全長が極端に短い半ヅキ仕掛けでねらいます。オモリ調節はごくゆっくりと落ちて最後は仕掛け全体が沈む遅ジモリがベストです。

●釣り方 産卵前のフナは食欲旺盛。水生植物やコンクリート壁の側面沿いに移動するので、このようなポイントに正確に仕掛けを入れます。アタリは玉ウキの千差万別な変化を読み、軽く合わせると十中八九ハリ掛かりします。

●釣期 3〜5月。

Point
・基本はシモリ仕掛け。
・ゆらゆらと沈む遅ジモリがベスト。
・障害物周りに仕掛けを入れる。

151

ウキ釣り仕掛け（秋〜初冬の落ちブナ）

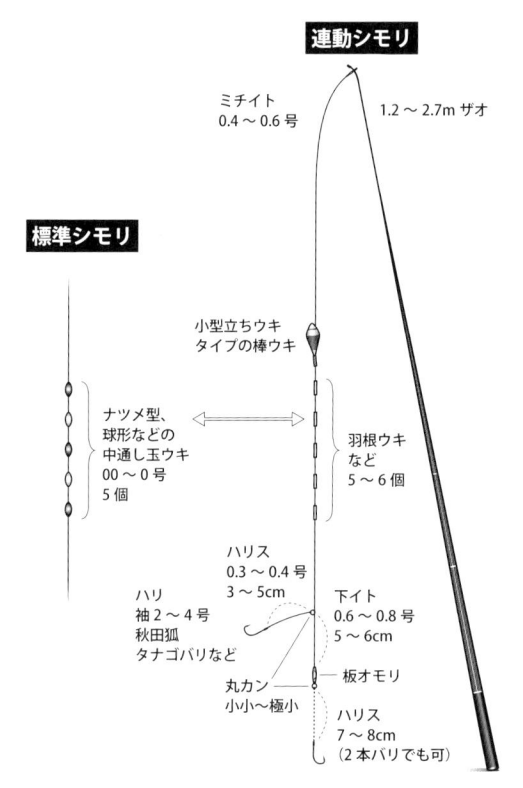

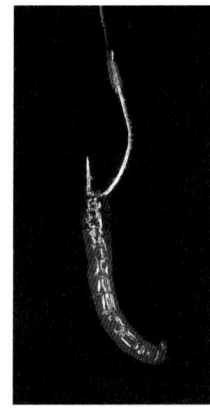

連動シモリ

ミチイト 0.4〜0.6号
1.2〜2.7m ザオ

標準シモリ

ナツメ型、球形などの中通し玉ウキ 00〜0号 5個

小型立ちウキタイプの棒ウキ

羽根ウキなど 5〜6個

ハリス 0.3〜0.4号 3〜5cm

ハリ 袖2〜4号 秋田狐 タナゴバリなど

下イト 0.6〜0.8号 5〜6cm

丸カン 小小〜極小

板オモリ

ハリス 7〜8cm（2本バリでも可）

赤虫は写真のように小ブナ用の1匹掛けのほか、季節や型によっては数匹のチョン掛けにする

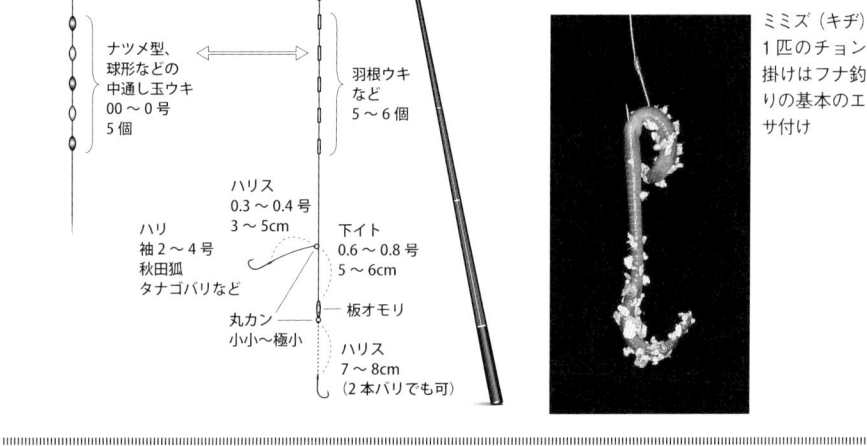

ミミズ（キヂ）1匹のチョン掛けはフナ釣りの基本のエサ付け

秋〜初冬の中小ブナ釣り（ウキ釣り）

3〜4cmから10cmまでのフナ相手に軟らかい調子のサオで楽しみます。

●**仕掛け** 主に川幅3〜4m以内の水路ホソ群をねらうので、2.7m以内の短ザオが主力。小ブナ&タナゴ併用の小ものザオを選ぶとよいでしょう。

仕掛けは春のそれを2サイズほど繊細に。特に、晩秋から初冬のミニブナには流線や半月のタナゴバリを用意します。水温が下がり始めると練りエサのグルテンが有効で赤虫と併用します。

●**釣り方** 秋9月は探り釣り主体。水温が下がる晩秋以降、小ブナは少し掘れた障害物周りに群れるので100尾超えの束釣りも可能です。1ヵ所に座ってのエンコ釣りが良策です。

●**釣期** 9〜11月。

Point
・軟らかい調子の短ザオで楽しむ。
・ミニブナねらいにはタナゴバリも。
・エンコ釣りで数を伸ばす。

5章 川釣り仕掛け 魚種別マニュアル

ブラウントラウト
サケ科

ヨーロッパ原産の人気トラウト ゲームフィッシングで攻略

生態

シューベルト作の歌曲「鱒」の題材はヨーロッパ原産の本種といわれる。日本における自然環境下では富山県・長野県以東に生息し、水温が低く酸素量が豊富な山上湖や河川を好む。
体型はニジマスに似ているが、ブラウントラウトには白で囲まれた黒と朱色の斑点が体全体に見られる。全長は50cm以上に達する。降海型はシートラウトと呼ばれる。

2003年、北海道内水面漁業調整規則により、ブラウントラウトの移植放流は禁止されている。現在、道内に生息するブラウントラウトは自然繁殖により世代を受け継いでいる

北海道・新千歳空港から15分で行ける千歳川はブラウントラウトの魚影が多い。アプローチが容易な街中でも釣れる

ブラウントラウトは近年はポンド（池）エリアを中心とした管理釣り場での人気が高く、ニジマスとともに人気魚種です。

一方、自然環境下でブラウントラウトが釣れる湖沼は限られています。現在は栃木県の中禅寺湖と神奈川県の芦ノ湖という2つの山上湖のほか、北海道の支笏湖などにも見られます。他のマス類同様、遊漁規則や漁業調整規則を守って楽しみます。

回遊性が強いニジマスと異なり、ブラウントラウトは定着性が強いといわれており、遊泳層も底層が中心です。大小の石がゴロゴロと転がっているような砂礫底のカケアガリを好み、通りかかる小魚などのエサを待ちぶせて捕食します。

ブラウントラウトは、ニジマスが派手なジャンプで抵抗したりするのとは対照的に、底に向かって引き込むような重量感あふれるファイトを楽しませてくれます。

ルアー仕掛け

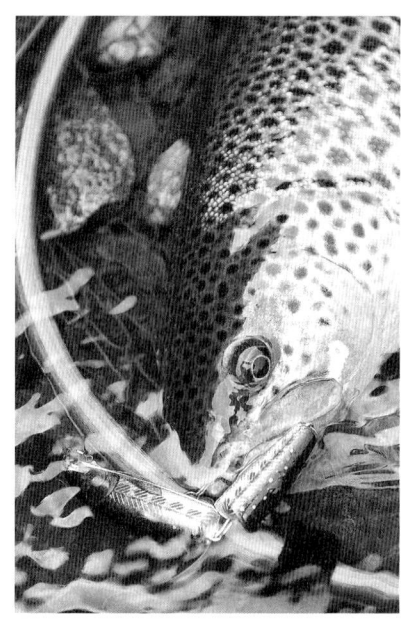

- ライン ナイロン 8〜12ポンド
- 6〜9ft トラウト用ルアーロッド
- 2500〜3000番 スピニングリール
- スナップ
- ルアー スプーン 5〜18g ミノー 5〜12cm

ブラウントラウトにはドジョウを意識したジョイントタイプのミノーが効果的だ

ルアーフィッシング

重めのルアーもキャストできるスピニングタックルでねらいます。

●**仕掛け** ロッドはライトアクションよりも一段硬めのミディアムライトが好適です。底層ねらいのブラウントラウト用ルアーにはスプーンの出番が多く、5〜18gが中心です。このほか、産卵後のワカサギが岸寄りのカケアガリに近づいてきた時には、5〜12cmのフローティングミノーが利きます。

●**釣り方** スプーンの釣りは急なカケアガリのポイントに沿ってトレースします。この際、ロッドは立て気味にしてアクションを加えながらスローリトリーブするとよいでしょう。

●**釣期** 釣り場の解禁期間等による。

Point
- ミディアムライトアクション。
- 重めのスプーンで底層ねらい。
- フローティングミノーは産卵後のワカサギ攻略用。

5章 海釣り仕掛け 魚種別マニュアル

フライ仕掛け

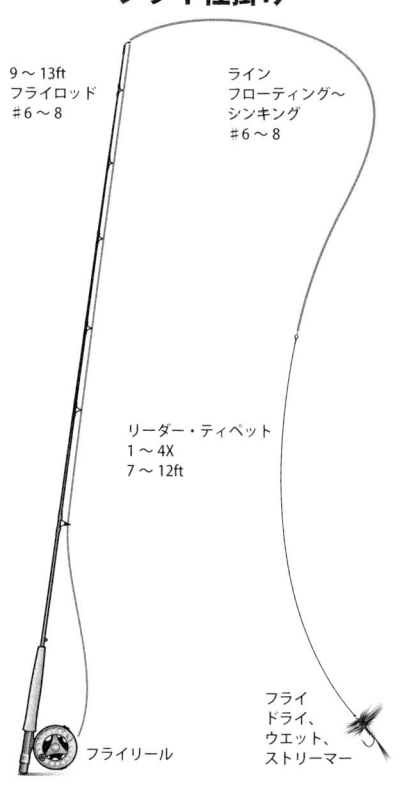

- 9〜13ft フライロッド #6〜8
- ライン フローティング〜シンキング #6〜8
- リーダー・ティペット 1〜4X 7〜12ft
- フライリール
- フライ ドライ、ウエット、ストリーマー

左からホッパー、シケーダ、ヒゲナガカワトビケララーバを模したニンフ。活性の高いブラウントラウトには大型パターンが有効だ

変化に富んだ流れが続く、北海道・道南の鳥崎川もブラウントラウトの好フィールド。鳥崎川砂防ダムから下流は、釣りあげたブラウントラウトをリリースしないというローカルルールがある

フライフィッシング

シングルハンドのほか、湖では9〜13フィートのダブルハンドも使います。

●**仕掛け** 河川はフローティングライン、湖では沈めてリトリーブするフライを多用するのでシンキングラインが中心。タイプ1〜3程度をそろえておくと万全です。

フライはコアユやワカサギ、ヤマベやヨシノボリといった小魚を模した全長4〜7cmに巻いたストリーマーが主力です。季節や状況によってはセミなどを模した大型のドライフライも出番があります。

●**釣り方** 岸のバックスペースが狭い場合には、ウエーダー着用の立ち込み釣りも必要です。

●**釣期** 釣り場の解禁期間等による。

Point
- 深度別のシンキングラインを用意。
- 河川はドライフライ、湖沼は小魚を模したストリーマーが主力。

ブラックバス
サンフィッシュ科

突出するゲーム性の高さ
多種多彩なルアーやリグを駆使

生態
北米原産の国外外来種。1925年、実業家の赤星鉄馬氏によって芦ノ湖に移入されたのを機に、現在では日本各地で生息が確認されている。湖沼などの止水域が中心だが、近年では河川の中下流部や汽水域にも魚影を見ることができる。繁殖期は4～7月。主に魚類や甲殻類を食べる肉食性で、最大は60cmに達する。近年、琵琶湖で世界記録も出た。

ブラックバスことラージマウスバス。多彩なリグやルアーからそのゲーム性の高さがうかがえる

●バスルアーの一例
クランクベイト
バズベイト
ソフトベイト

ブラックバスは平坦な底で隠れ場所がない水域を避け、ストラクチャーと呼ぶ障害物周りを中心にして行動し、小魚やエビなどのエサを待ちぶせています。

漁港内の船周りや杭周りをはじめ、水門、消波ブロック帯、崩れ護岸帯などの人工的な障害物は、マンメイドストラクチャーともいい、水生植物の密集地などの自然な障害物と区別しています。川底や湖底の凹凸や落差があるカケアガリも好ポイントです。

ブラックバス釣りは基本的に一年中楽しめますが、活性が高いのは春夏秋の3シーズン（特に春と秋）と考えてください。オカッパリ（岸）の釣りでは、バスの食事タイムに当たる朝夕2回のマヅメ時は見逃せません。足音などで警戒されないように水際から少し離れて探り歩くことはもちろん、釣果を伸ばすには、ねらったピンポイントへ正確に打ち込めるキャスティング技術を磨きましょう。

5章 川釣り仕掛け 魚種別マニュアル

ルアー仕掛け

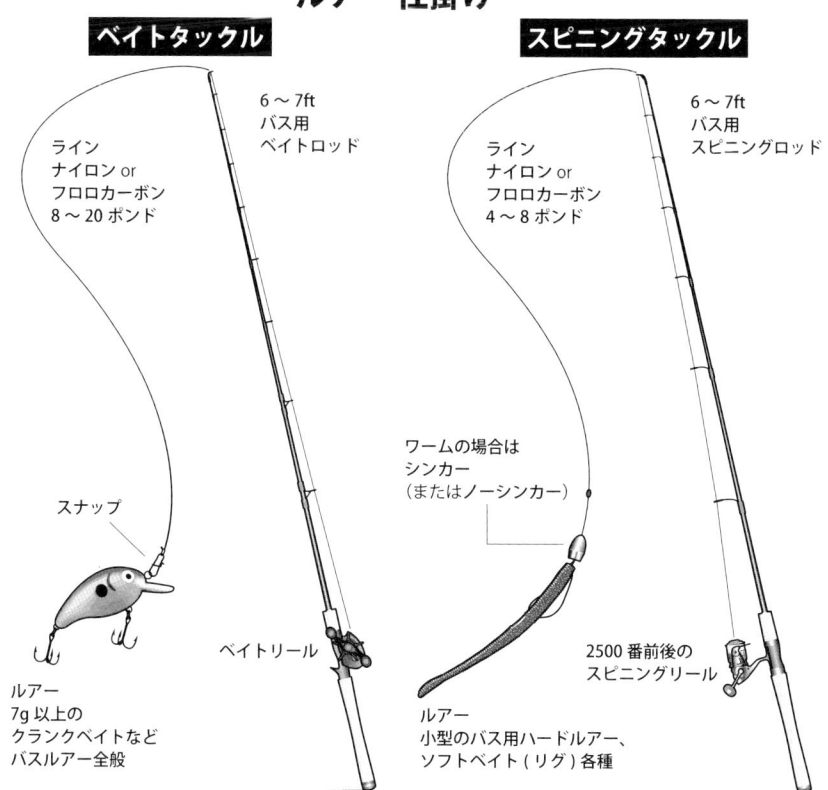

ベイトタックル

- 6〜7ft バス用ベイトロッド
- ライン ナイロン or フロロカーボン 8〜20ポンド
- スナップ
- ベイトリール
- ルアー 7g以上のクランクベイトなど バスルアー全般

スピニングタックル

- 6〜7ft バス用スピニングロッド
- ライン ナイロン or フロロカーボン 4〜8ポンド
- ワームの場合はシンカー（またはノーシンカー）
- 2500番前後のスピニングリール
- ルアー 小型のバス用ハードルアー、ソフトベイト（リグ）各種

ルアーフィッシング

スピニングとベイトの両タックルで多種多彩なルアー、リグを操ります。

●**仕掛け** 細いラインを巻いた スピニングタックルは小型ミノーなど軽量プラグやスプリットショット、ノーシンカーなどワームのライトリグ用。ベイトタックルはクランクベイトやバイブレーションなど水抵抗が大きいプラグ、スピナーベイトなどのワイヤーベイトに。ラバージグにも好適です。

●**釣り方** ブラックバスの活性の高さをうかがいつつ、ねらうレンジは上層から底層へ徐々に下げ、ルアーチェンジをしながら探ることが基本です。

●**釣期** 特に春と秋。

Point
- ライトリグや小型プラグはスピニングタックル。
- ハードルアーやヘビーな障害物周りはベイトタックル。
- 状況でルアーをローテーション。

157

フライ仕掛け

ポッパー
ハスの切れ目などを引く
カップの部分で水を受ける（しぶきとポップ音効果）

バスバグ
バスバグをアシの凹みにキャストして、そっと揺らしてみる
cast!

ストリーマー
ストリーマーはストラクチャー周りやカケアガリを引いてみる

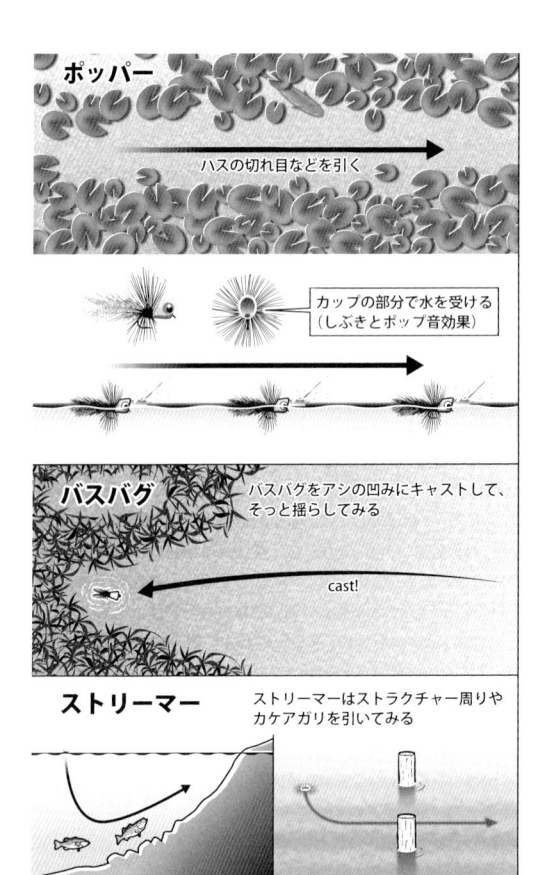

8.6～9ft フライロッド #6～8
ライン フローティング～シンキング各種 #6～8
リーダー・ティペット 0～3X 12ft
フライリール
フライ ポッパー、バスバグ、ストリーマー各種

フライフィッシング

大きなフライを使うので湖用のタックルが必要です。

●**仕掛け** ロッドはバットにトルクがあるものを選びます。リーダーは大型フライ用に0～3X。ラインは、水面でアクションさせるポッパーなどのトップウオーターフライはフローティング。一方、水中を泳ぐ小魚を演出するストリーマー系のフライにはシンキングラインを用います。

●**釣り方** 水面を割ってガボッと出てくるポッパーは夏のエキサイティングな釣りです。ストリーマーは大きなストロークでゆっくり引いてみたり、小刻みなリトリーブ変化を加えるのも効果的です。

●**釣期** 主に初夏～秋。

Point
・大きなフライも苦にならないロッド。
・夏はポッパーが楽しい！
・小魚を演出するストリーマー。

158

5章 川釣り仕掛け 魚種別マニュアル

ヘラブナ
コイ科

**日本が誇るゲームフィッシング
高度に洗練・発達したウキ釣り**

生態

琵琶湖が原産。ゲンゴロウブナの品種改良タイプで、体高が高く平たいことからヘラブナの名が付いた。現在では放流によって全国各地の湖沼や河川に生息している。
繁殖期は春4月から初夏6月にかけて、浅場に生い茂る水生植物の根際に卵を産み付ける。他のフナ類と比べて成長は早く、約3年で30cm、数十年生きると60cmに達する。

和のゲームフィッシュ、ヘラブナ。その釣りは高度に洗練されたウキ釣りの世界だ

ヘラブナ釣りは季節を問わず、周年楽しめることが大きな特徴です。
釣り場は河川や水路群をはじめダム湖や山上湖、準山上湖、野池といった湖沼で構成される野釣りから、街中の釣り堀を含む管理釣り場まで、多種多彩なシチュエーションがあります。
また、岸釣りのほかにボート釣り、桟橋釣りも選べるので、これらの中から好みに合った釣り場を絞り込んで楽しむこともできます。近年の傾向としては大量放流で好釣が期待できる管理釣り場に人気が集中しています。
このような釣り場のバリエーションとともに春夏秋冬に応じた釣り方がいろいろと工夫されていることから、競技志向の強いゲームフィッシュとして定評が高いターゲットでもあります。
ヘラブナは植物性プランクトンを常食にしているためミミズなどの虫エサを使わず、釣り方に関してはグルテンやバラケなどと呼ぶ練りエサを用いたウキ釣りが基本です。

ウキ釣り

軟調子の専用ヘラブナザオを用い、練りエサのウキ釣りでねらいます。

ウキ釣り仕掛け

- ミチイト 0.6〜1号
- 8〜15尺 ヘラブナザオ
- ヘラウキ
- ウキゴム
- ウキ止メゴム
- 板オモリ
- 小型軽量ヨリモドシ
- ハリス 0.4〜0.5号
- 40〜50cm
- 50〜60cm
- ハリ ヘラバリ各種 4〜8号

ヘラブナ釣りは自然の野池や湖のほか、管理釣り場も非常に盛ん

●**仕掛け** ヘラブナ釣り仕掛けは、目盛り付きトップと細長いボディーを組み合わせたヘラウキと、2本バリが基本スタイルとして定着しています。釣り場や釣り方によって、サオの長短と仕掛け、そして練りエサをさまざまに使い分けます。

●**釣り方** 釣り場や釣り方にマッチした的確なウキ下のタナ合わせを行ない、練りエサを打ち込んでヘラブナを寄せることが第一歩です。

●**釣期** 周年。

Point

- 専用ザオと細長いヘラウキの2本バリ仕掛けが基本。
- 釣り場や釣り方に応じて練りエサを使い分ける。
- 的確なタナ合わせを行ない練りエサで寄せる。

160

5章 川釣り仕掛け 魚種別マニュアル

ヤマベ
コイ科

数釣りが面白い清流の人気者
経験すればどの釣りも楽しさ発見

生態

ヤマベは関東を中心とした呼び名で、西日本方面にもハエなどの愛称が多い。和名はオイカワ。本来の分布は北陸と関東以西の本州、四国、九州だが、アユなどの稚魚放流の影響で東北や南西諸島にも移入。繁殖期は5～8月で、流れが緩やかな浅場の砂礫底で卵を産み、成魚は15～16cmになる。オスの婚姻色は口周りの突起とともに極彩色に染まる。

多彩な釣りのスタイルで楽しめるヤマベ

白サシは頭部をチョン掛けに

子どもと一緒に楽しみたいピストン釣りはこんな感じ

蚊バリ釣り仕掛け。右の瀬ウキが特徴的

ヤマベはオールシーズン楽しむことができるため、四季折々に適した釣り方を覚えておくとヤマベ釣りの奥深さを満喫できます。

ヤマベの釣期を確かめていきましょう。スタートは春です。水温が上昇すると川の中では水生昆虫の活動が活発になり、陸生昆虫も動き出します。ヤマベにとってはこれらの豊富なエサをねらって、活発にエサを追う季節の到来です。春から初夏、梅雨時を過ぎて盛夏から秋にかけての3シーズンが最盛期です。

暖かい季節のヤマベは瀬に付きます。瀬のポイントをねらうには、フカシ釣り、ミャク釣り、ピストン釣り、蚊バリ釣りと4つの釣り方があります。これに対して水温が下がる晩秋から年末にかけてと、まだ寒い春先は、ヤマベの動きも鈍く、流れの緩やかな場所に集まってくるので、集魚効果で活性を高める寄せエサ釣りという手があります。また、湖沼でも楽しめます。

ウキ釣り仕掛け

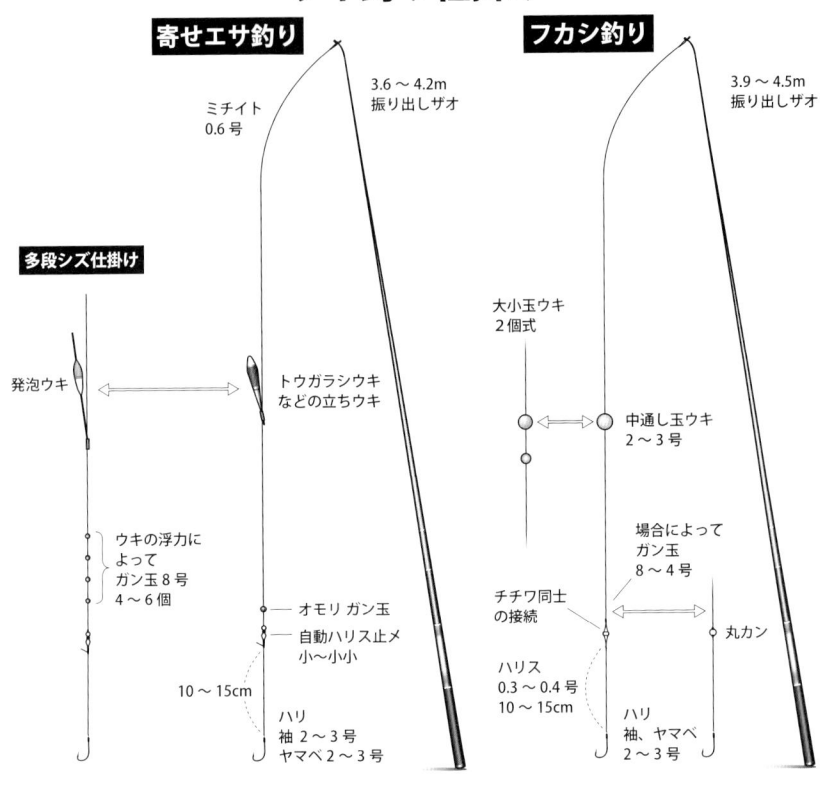

寄せエサ釣り

- 3.6〜4.2m 振り出しザオ
- ミチイト 0.6号
- トウガラシウキなどの立ちウキ
- オモリ ガン玉
- 自動ハリス止メ 小〜小小
- 10〜15cm
- ハリ 袖2〜3号 ヤマベ2〜3号

多段シズ仕掛け

- 発泡ウキ
- ウキの浮力によって ガン玉8号 4〜6個

フカシ釣り

- 3.9〜4.5m 振り出しザオ
- 大小玉ウキ 2個式
- 中通し玉ウキ 2〜3号
- 場合によってガン玉 8〜4号
- チチワ同士の接続
- 丸カン
- ハリス 0.3〜0.4号 10〜15cm
- ハリ 袖、ヤマベ 2〜3号

フカシ釣りと寄せエサ釣り（ウキ釣り）

清流ウキ釣りの2大釣法です。

●**仕掛け** フカシ釣りはエサが自然に流れるように、玉ウキ1個のオモリなしが基本です。エサは川虫が一番。市販の白サシ（養殖バエの幼虫）やクリ虫を常用しても問題ありません。

流れの緩やかなトロ瀬などがポイントの寄せエサ釣りは立ちウキ仕掛けが定番。感度抜群のハエウキがよく、付けエサは白サシか赤練り、寄せエサにはヤマベ専用の市販品があります。

●**釣り方** 瀬をねらうフカシ釣りは、流れが弱まる流心脇や岸寄りなどの筋ねらい。寄せエサ釣りは寄せエサで匂いの筋を作ってヤマベを集め、効率よく釣るのが数釣りのキーポイントです。

●**釣期** 周年（フカシ釣り4〜10月）。

Point
- フカシ釣りはオモリなしが基本。
- エサは市販の白サシやクリ虫で充分。
- 寄せエサ釣りは感度抜群のハエウキ。

5章 海釣り仕掛け 魚種別マニュアル

ピストン仕掛け

- ミチイト ナイロン 0.6〜0.8号 2.5〜3m
- 2mくらいのノベザオ
- ハリ 袖、ヤマベ 2〜3号

ミャク釣り仕掛け

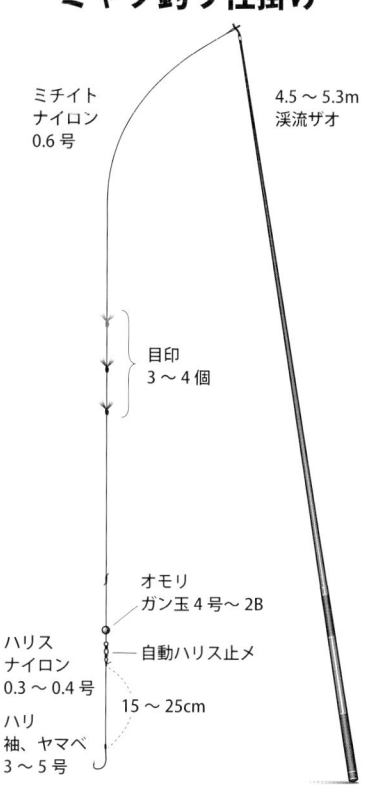

- ミチイト ナイロン 0.6号
- 4.5〜5.3m 渓流ザオ
- 目印 3〜4個
- オモリ ガン玉4号〜2B
- 自動ハリス止メ
- ハリス ナイロン 0.3〜0.4号
- 15〜25cm
- ハリ 袖、ヤマベ 3〜5号

ピストン釣り（ミャク釣り）

ピストン釣りは夏の川遊び的な釣りでチビッコが大喜びします。

●**仕掛け** 比較的流速が強い瀬の中にいる良型をねらうミャク釣りは、渓流のヤマメ釣りスタイルです。エサは川虫とクリ虫が好まれます。一方のピストン仕掛けは、短ザオにハリ1本仕掛けをセットするだけ。エサは川虫のほか白サシでもOKです。

●**釣り方** ピストン釣りはひざ下20cmくらいの浅瀬に立ち込み、下流向きにサオ先を水中に突っ込み、20〜30cm幅でピストン状に動かします。アタリは手元に伝わり向こうアワセで釣れます。川底を足でこすると、川虫などが流れて寄せエサ効果があります。

●**釣期** 周年（ピストン釣りは夏）。

Point
- 良型ねらいはミャク釣りが好適。
- ピストン釣りは子供が喜ぶ夏遊び。
- 底を足でこすると寄せエサ効果大！

蚊バリの基本的な流し方

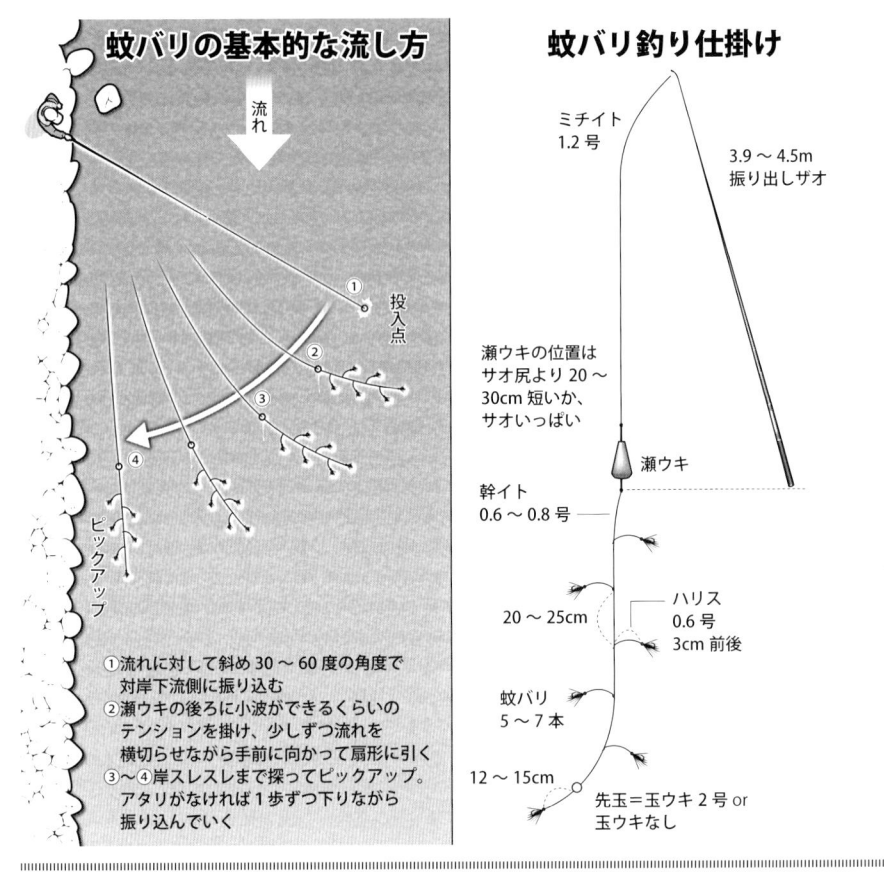

流れ

① 投入点
②
③
④ ピックアップ

① 流れに対して斜め30〜60度の角度で対岸下流側に振り込む
② 瀬ウキの後ろに小波ができるくらいのテンションを掛け、少しずつ流れを横切らせながら手前に向かって扇形に引く
③〜④ 岸スレスレまで探ってピックアップ。アタリがなければ1歩ずつ下りながら振り込んでいく

蚊バリ釣り仕掛け

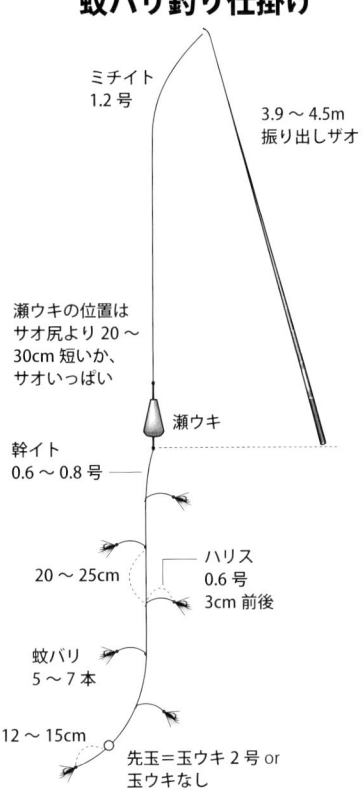

- ミチイト 1.2号
- 3.9〜4.5m 振り出しザオ
- 瀬ウキの位置はサオ尻より20〜30cm短いか、サオいっぱい
- 瀬ウキ
- 幹イト 0.6〜0.8号
- 20〜25cm
- ハリス 0.6号 3cm前後
- 蚊バリ 5〜7本
- 12〜15cm
- 先玉=玉ウキ2号 or 玉ウキなし

蚊バリ釣り（毛バリ釣り）

小型毛バリの多点仕掛けを使って水面をねらう流し釣りです。

●仕掛け　空中イト、瀬ウキ、蚊バリの3パーツ構成です。最初は市販の完成仕掛けで始め、好きになったら単体の蚊バリから仕掛けを組み上げてみましょう。ハリ数は5本バリから、慣れてきたら7〜8本バリ仕掛けに。

●釣り方　仕掛けが流れを横切るように操作して、水抵抗を受けた蚊バリを本物の虫らしく踊らせるのが基本。アタリは小さなしぶきが上がったり、手元にコンコンッと伝わります。バラシも多いですが向こうアワセで掛かることが多いのも蚊バリ釣りの妙味です。同じ色合いや種類のハリに当たる

●釣期　4〜10月。

Point
- 小型毛バリの流し釣り。
- 最初は市販仕掛けでチャレンジ。
- 釣れる蚊バリが偏るのも妙味。

5章 川釣り仕掛け 魚種別マニュアル

ライギョ
タイワンドジョウ科

表層を支配する肉食性の大魚 "水草のジャングル"を攻略

生態

ライギョにはタイワンドジョウ、カムルチーの2種があり、一般的にこれらを総称してライギョと呼んでいる。日本を含む東アジアに広く分布し、1m近くに成長する肉食性の大型淡水魚。池や湖沼、流れが緩やかな中下流域の河川や水路群に棲んでいる。また、空気呼吸をする魚としても知られ、溶存酸素量が少ない悪水にも強い。繁殖期は夏。

密生するハスなどの隙間を見つけてねらってみよう

まだ小型のライギョ。大きくなるとすごい迫力

ライギョは、スイレンやウキクサなどの水草が水面全体を覆い隠すほど豊富に見られる池や湖沼の止水域を好みます。このような釣り場を「リリーパッド」と呼んでいます。

複雑に入り組んだリリーパッドの陰に潜み、カエルなどの小動物や小魚、落ちてくる昆虫類を待ち伏せています。時には水鳥のヒナやネズミも襲うほどの肉食性です。

釣り場の特徴から、普通のルアー＆タックルではキャストのたびに根掛かり必至。また、せっかくライギョをヒットさせても水草に絡まれて十中八九取り込めないでしょう。

ここで登場するのがウイードレス効果の高い専用ルアーと、ヘビーアクションのライギョロッドの名コンビです。

チャンスタイムは1日2回の朝夕マヅメ時ですが、日中の時間帯でも日陰の水面にポカンと浮かんでいるライギョの姿をよく見かけるので、絶対に油断しないでください。

ポイント例

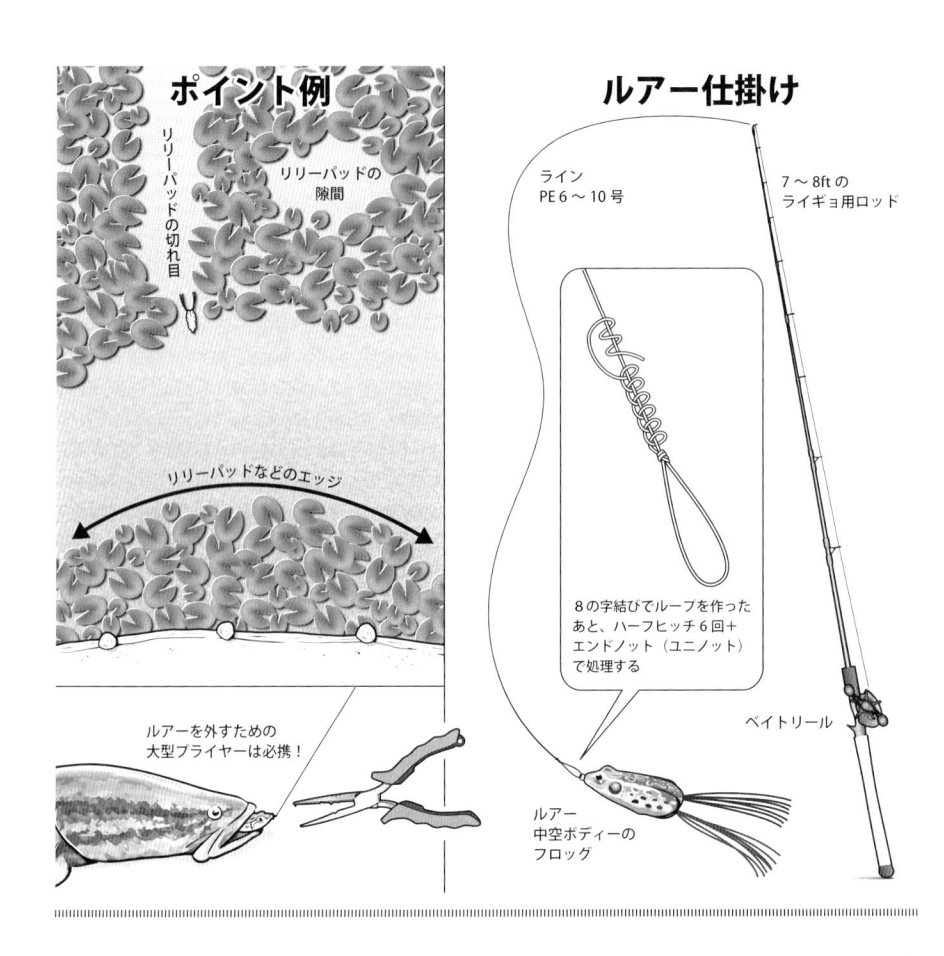

- リリーパッドの切れ目
- リリーパッドの隙間
- リリーパッドなどのエッジ
- ルアーを外すための大型プライヤーは必携！

ルアー仕掛け

- ライン PE 6～10号
- 7～8ftのライギョ用ロッド
- ベイトリール
- 8の字結びでループを作ったあと、ハーフヒッチ6回＋エンドノット（ユニノット）で処理する
- ルアー 中空ボディーのフロッグ

ルアーフィッシング

パワフルな専用ロッドと強靭（きょうじん）なPEライン、ベイトリールの組み合わせがベストです。

●仕掛け　ルアーは、リリーパッド攻略に特化しているライギョ専用タイプを選びます。根掛かりしにくいウイードレス機能を備えた中空ボディーのフロッグ（バーブレスフック付き）が主力のほか、水草が少ないポイントではスピナーベイトなどの一般的なルアーも使います。

●釣り方　水草のわずかな隙間などにルアーを落として探っていきます。アタリは捕食音とともにルアーが吸い込まれるので、一呼吸待って大アワセ。その後は力と力の勝負です。

●釣期　晩春～秋

Point
- パワフルなライギョロッド。
- PEラインは迷わず極太タイプ。
- リリーパッドにはフロッグルアー。

5章 川釣り仕掛け 魚種別マニュアル

ワカサギ
キュウリウオ科

可憐な姿で食味も素晴らしい 手軽でマニアックな数釣り仕掛け

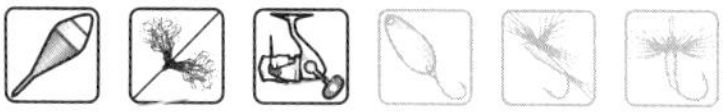

生態

自然繁殖では北海道、本州の利根川と島根県以北に分布するほか、漁協の活発な卵放流により、全国的に生息する。河川の下流部～河口のほか湖沼、ダム湖にも見られ、一生を淡水域で過ごすタイプ、一定期間を汽水域で過ごすタイプ、海に下って川に戻ってくるタイプがいる。繁殖期は1～5月。産卵後にはほとんどが死に絶える年魚。

食味も満点、アフターフィッシングが楽しみ

ワカサギは誘いで繊細なアタリを楽しもう

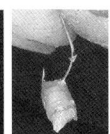

サシエサの付け方はチョン掛け（左）や、食いが悪い時は半分に切って（右）体液で誘うのも効果的

　ワカサギ釣りといえば、いの一番に白銀の世界でイトを垂れる氷上の穴釣りを思い浮かべますが、その寒さは想像以上⁉ 最近は真冬でも長袖シャツ1枚でワカサギ釣りを楽しめるドーム船に人気が集まっています。暖房にトイレ、レンタルタックルはもちろんのこと、電子レンジや湯沸かしポットまで完備され、まるでワカサギ釣り専用の豪華客船といった雰囲気です。

　一方、秋口から初冬にかけてのシーズン開幕戦はボート釣りも盛んです。釣り場は標高の高い準山上湖や山上湖なので、美しい紅葉を愛でながらワカサギと戯れるのも乙なものです。また、千葉県と茨城県をまたぐ霞ヶ浦水系などでは、ワカサギのオカッパリ釣りという手もあります。

　ワカサギは100尾を超える束釣りの釣趣ばかりではなく、非常に美味しい魚ですから、空揚げや天ぷらといった料理も楽しみです。

167

叩き釣りの基本動作

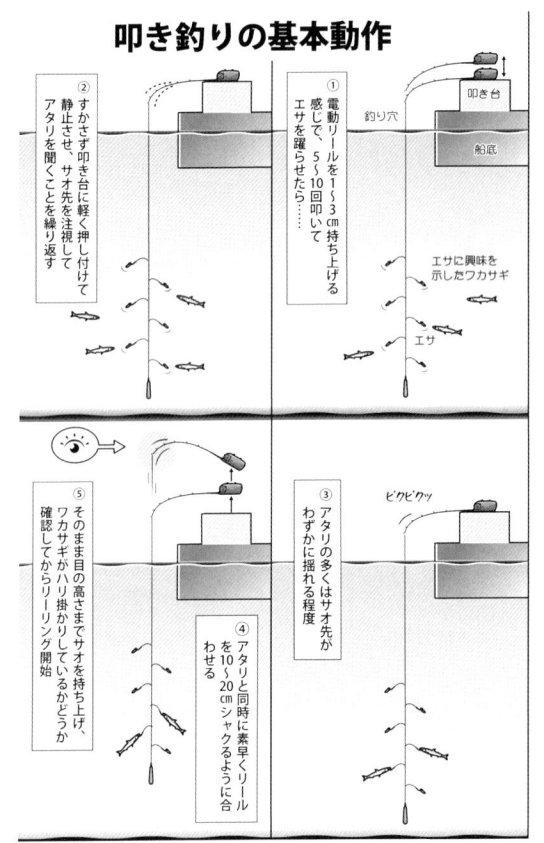

① 電動リールを1〜3cm持ち上げる感じで、5〜10回叩いてエサを躍らせたら……

② すかさず叩き台に軽く押し付けて静止させ、サオ先を注視してアタリを聞くことを繰り返す

③ アタリの多くはサオ先がわずかに揺れる程度

④ アタリと同時に素早くリールを10〜20cmシャクるように合わせる

⑤ そのまま目の高さまでサオを持ち上げ、ワカサギがハリ掛かりしているかどうか確認してからリーリング開始

リール釣り仕掛け（ドーム船）

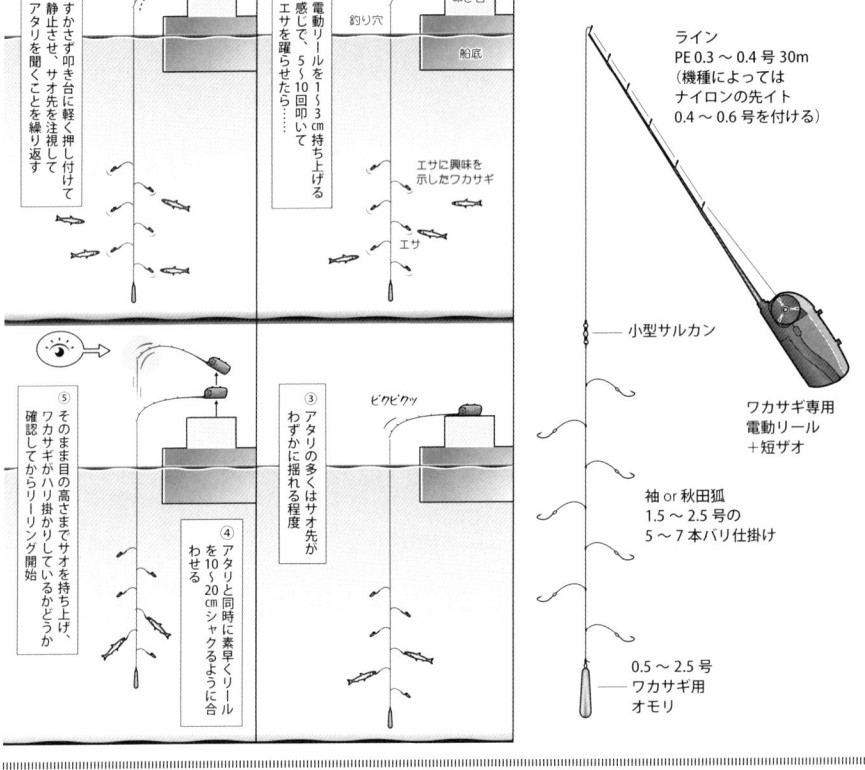

ライン
PE 0.3〜0.4号 30m
（機種によってはナイロンの先イト0.4〜0.6号を付ける）

小型サルカン

ワカサギ専用電動リール＋短ザオ

袖 or 秋田狐
1.5〜2.5号の
5〜7本バリ仕掛け

0.5〜2.5号
ワカサギ用オモリ

ドーム船（リール釣り）

手軽なレンタルタックルのほか、自前のミニ電動リールザオが大活躍。

●仕掛け　手返しのよさを考慮し、ハリ数が少なく全長も短いドーム専用と明記された市販仕掛けが定番です。ハリの号数は1.5号、2号、2.5号の3サイズを使い分けます。釣れているワカサギの大小で使い分けます。ビギナーは現地で釣り宿オリジナル仕掛けを買い求めるのが賢明です。エサは白・紅のサシ主体で、エサ切り用のハサミと手ふき用のタオルは忘れずに。

●釣り方　「叩き釣り」と呼ぶ誘い釣りが基本です。サオ先をピクッ、ピクピクッと震わせるアタリ方が多く、素早く軽く合わせてください。

●釣期　9〜3月。

Point
- ミニ電動リールザオで楽チン釣り！
- 市販のドーム専用仕掛けを選ぶ。
- ハサミとタオルは忘れずに。

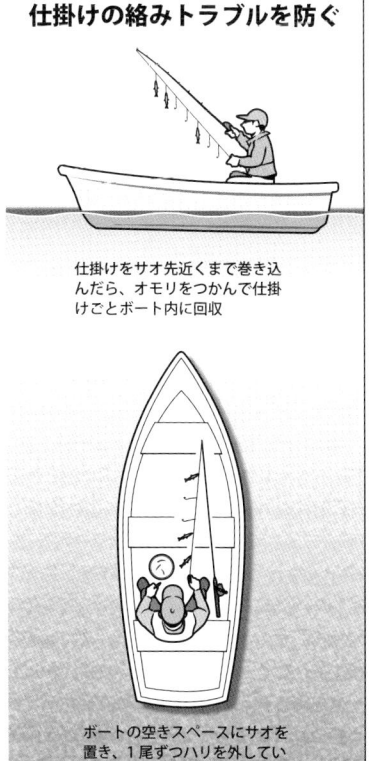

5章 海釣り仕掛け 魚種別マニュアル

仕掛けの絡みトラブルを防ぐ

仕掛けをサオ先近くまで巻き込んだら、オモリをつかんで仕掛けごとボート内に回収

ボートの空きスペースにサオを置き、1尾ずつハリを外していくと失敗が少ない

リール釣り仕掛け(ボート)

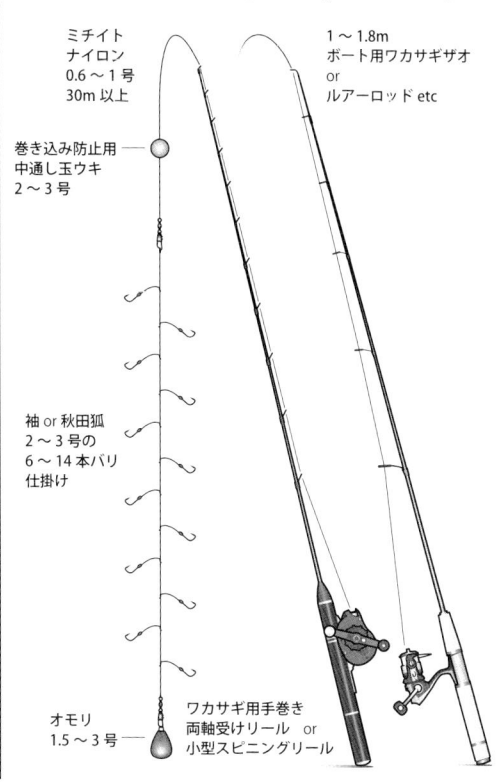

- ミチイト ナイロン 0.6〜1号 30m以上
- 1〜1.8m ボート用ワカサギザオ or ルアーロッド etc
- 巻き込み防止用 中通し玉ウキ 2〜3号
- 袖or秋田狐 2〜3号の 6〜14本バリ仕掛け
- オモリ 1.5〜3号
- ワカサギ用手巻き両軸受けリール or 小型スピニングリール

ボート釣り(リール釣り)

釣り場まで遠い場合には引き船サービスをしている釣り宿もあります。

●仕掛け　専用ザオ以外にウルトラライト〜ライトアクションのルアーロッド&小型スピニングリールもOKです。ビギナーは6〜8本のハリ数がよく、湖沼や時期によって虫エサなしのカラバリ&擬餌バリ仕掛けで釣れることもあります。船が安定しないボート釣りでは重めの2〜3号オモリを使います。

●釣り方　ボート釣りシーズンは水温がまだ温かく、ワカサギの群泳層が不安定。基本的には底層ねらいが良策で、ドーム船と同じく叩き釣りで誘います。アタリは明確で叩きに当たると鈴なりのヒットも期待できます。

●釣期　8〜11月。

Point
- ビギナーはスピニングタックル。
- 欲張らず6〜8本バリでスタート。
- 鈴なりのヒットで束釣り期待充分。

169

リール釣り仕掛け（オカッパリ）

- 2.7〜3.9m 万能リールザオ 1〜5号
- ミチイト PRライン 0.8〜1号 100m
- スナップ付きサルカン
- チョイ投げワカサギ専用仕掛け
- ハリ 袖or秋田狐 2.5〜3号
- オモリ 2〜5号
- 小型スピニングリール

ミャク・ウキ釣り仕掛け（オカッパリ）

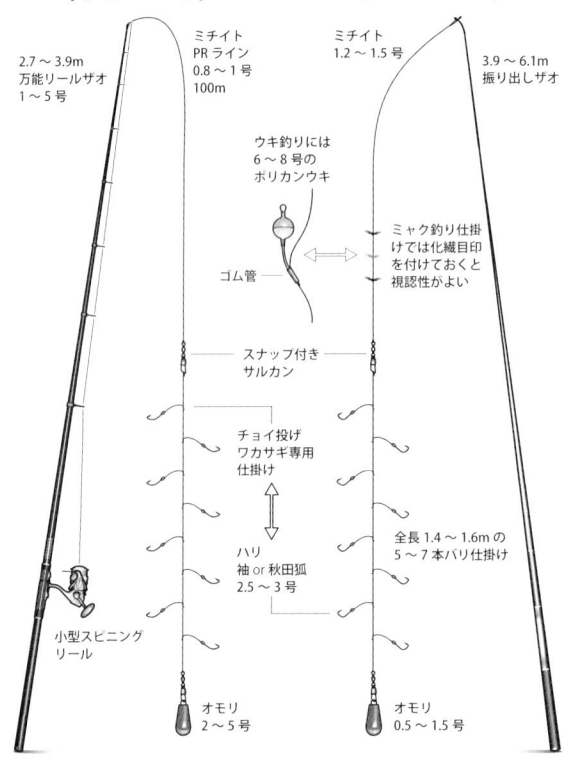

- ミチイト 1.2〜1.5号
- 3.9〜6.1m 振り出しザオ
- ウキ釣りには6〜8号のポリカンウキ
- ゴム管
- ミャク釣り仕掛けでは化繊目印を付けておくと視認性がよい
- 全長1.4〜1.6mの5〜7本バリ仕掛け
- オモリ 0.5〜1.5号

霞ヶ浦水系ではオカッパリ釣りも楽しめる

オカッパリ釣り（ミャク・ウキ釣り）

ノベザオのミャク＆ウキ釣りのほか、ポイントが遠い時はリールザオの登場です。

●仕掛け　ノベザオ用には袖か秋田狐2.5号中心の一般的な5〜7本バリ仕掛けを流用します。重いオモリを使うリールザオ用には幹イトが太いチョイ投げワカサギ専用仕掛けが好適です。サシエサのほか、冬季は赤虫のほうがよく食う場合もあります。

●釣り方　ミャク釣りはサオ下の誘い釣り。浅いポイントに適するウキ釣りは沖めいっぱいに振り込み、少しずつ引き戻します。また、リール釣りは軽くキャストして群れを捜します。

●釣期　8〜12月。

Point
- ノベザオのミャク釣りはサオ下の誘い釣り。
- 遠いポイントはリール釣りで対応。
- 冬季のエサはサシと赤虫の2種類。

川釣り（仕掛け）用語集

●ア行

【上げ潮】干潮から満潮に向かって潮位が高くなっていくこと。

【朝マヅメ】日の出前後の時間帯。一般に魚の就餌が高まるチャンスタイム。

【アタリ】ウキ釣りではウキに変化があった時。ミャク釣りや投げ釣りではサオを通して魚の引きが手元に伝わることが大半。

【アワセ】アタリを感じ取った際にサオを適度には上げて魚の口元にハリを掛ける動作。

【アワセ切れ】アワセが強すぎてミチイトやハリスが切れてしまうこと。

【居食い　いぐい】魚がエサを食ってハリに掛かっているのに明らかな反応がないこと。

【板オモリ】薄い板状のオモリ。主に微妙な浮力調節を行なうウキ釣り仕掛けで用いる。

【1年魚】アユやハゼのように1年で一生を終える魚。「年魚」とも呼ぶ。その年に生まれた当歳魚を指す場合もある。

【イトフケ】ミチイトが余分に出てたるんだ状態。無意識のうちにたるむ場合と、意識的にたるませるテクニックもある。

【入れアタリ】振り込むたびにアタリはあるが、

頻繁には魚がハリに掛からない状態。

【入れ食い】仕掛けを振り込むたびに魚が釣れ続く状態。「入れ掛かり」ともいう。

【インジケーター】フライフィッシングで使用する目印。

【ウエーダー】丈の長い長靴。ヒップ、ウエストハイ、チェストハイウエーダーがある。

【ウエーディング】水中に立ち込むこと。

【ウエットフライ】水中で使うフライの総称。

【ウキ下】ウキ釣り仕掛けでねらう水深やタナを整えること。通常はウキからハリ先までの長さに絞って釣ること。

【エンコ釣り】幼児用語の「エンコ（お座り）しなさい」をもじったもので、釣り座を構えて1ヵ所に絞って釣ること。

【落ち込み】段差を伴って流れ落ちる個所。

【オカッパリ】岸からサオをだす陸釣りの意味。当て字で陸っぱりとも書く。

【オカメ（タナゴ）】タイリクバラタナゴの愛称。平べったい体型をして婚姻色が出たオスの頬（エラ蓋下）が赤いことが名の由来。

【置きザオ】サオを手で支えずにサオ掛けやフェンスに立ててアタリを待つ釣り方。

【落ち】水温低下とともに深みに下って（落ち）いく秋以降の釣期を示す。落ちブナが有名。アユ（落ちアユ）の場合は産卵期に入った状

態を差す。

【オンドマリ】水路やホソの流れがせき止められた個所で、フナやタナゴの好ポイントの1つ。川底で流れが通じているケースもある。

●か行

【カエシ】魚が外れないように釣りバリの先端部近くを内側に曲げた突起部分。「アゴ」。

【柿の種】新潟名物の米菓・柿の種が姿形がそっくりなことから、3〜4㎝級の小ブナに付けられた愛称。

【カケアガリ】傾斜が付いて少しずつ深くなっていく川底や海底の状態。ちなみにその反対のカケサガリという釣り用語はない。

【片テンビン】投げ釣り、沖釣りなど海釣り全般で多用される接続具の一種。

【蚊バリ】毛バリの一種で、ヤマベ＆ハヤ用に作られた小型タイプ。

【空アワセ】アタリがない時に軽く合わせてみるサオ操作。ワカサギ釣りではエサを動かして就餌を誘うテクニックを兼ねる。

【川虫】主に清流や渓流に生息する水生昆虫の幼虫の総称。

【ガン玉】散弾銃の弾丸を加工したのが名前の由来で、切れ込みが入った球形の小型オモリ。大小サイズは6B〜10号。

171

【聞きアワセ】微妙なアタリを察知した時、サオをそっと上げて確かめると同時に完全なハリ掛かりを誘う独特のアワセ方。

【キヂ】シマミミズの通称。淡水域から汽水域まで川釣りの万能エサという。

【キャスト】仕掛けやルアー、フライなどを投げる動作の総称。

【食い(渋り)】魚の活性と就餌の善し悪しを表わす。食いが悪い時は食い渋りともいう。

【食い上げ】ウキ釣りではウキを持ち上げるような動きを差し、ミャク釣りの場合は手元が瞬軽くなるアタリ方を示す。

【グルテン練り】植物性の繊維質を多く含んだ練りエサ。フナやタナゴ釣りに使うが、現在はヘラブナ用の製品を流用している。

【消し込み】ウキ仕掛けが一瞬にして水中に引き込まれる派手なアタリ。

【婚姻色】産卵期を迎えた魚に独特の体色や特徴が表われること。タナゴやヤマベなど、オスの婚姻色は顕著。

●さ行

【雑魚】「ざこ」または「ざつぎょ」。エサ取りがうまい本命魚以外の小魚の通称。

【下げ潮】満潮から干潮に向かって潮位が低くなっていくこと。

【サシ】釣りエサ用として養殖したハエの幼虫。白サシと食紅で染めた紅サシがあり、近種の大小サイズも市販されている。

【誘い】仕掛けを動かすことで連動するエサに興味を引かせるサオ操作。

【時合　じあい】気象条件や時間帯、潮の干満などの好条件がそろい、魚の活性が上がったチャンスタイムのこと。

【自動ハリス止メ】イトを引っ掛けるだけでハリスを留められる便利な小型接続具。

【シモリウキ】中通しタイプの玉ウキの通称。球形とナツメ型の2種類に大別できる。

【白サシ】養殖した釣りエサ用のハエの幼虫で、着色なしのタイプ。

【シンカー】オモリ。

【ストリーマー】水中で使用するフライのうち、主に小魚などをイメージしたもの。

【スナップ】ルアー交換を簡単に行なうための接続具。

【巣離れ】水温や天候など自然の変化を察知した魚が越冬場所（巣）を離れ、春を迎える第1段階の行動。巣離れブナが有名。

【スプール】リールのイトが巻いてある部分。

【スプリットリング】ルアーにフックやラインを接続するためのリング。

【スプリットショット】フライフィッシングで使う小型のオモリ。ガン玉。

【スレ(る)】口元以外にハリが掛かることをスレまたはスレ掛かりと呼ぶ。魚の警戒心が高まった時にもスレるという。

【スレバリ】先端部近くにカエシがないハリ。

●た行

【タイム釣り】数秒ごとなどに空アワセを繰り返す釣り方。ワカサギやタナゴでは就餌を誘う数釣りテクニックでもある。

【高切れ　たかぎれ】何らかの理由で仕掛けがミチイトの途中から切れてしまうトラブル。

【立ち込み(む)】水中に浸ってサオをだす釣りスタイル。英語ではウエーディング。

【タックル】釣り道具の総称。

【タナ】表層、宙層、底層など魚が好んで生息する遊泳層。ウキ下をタナとも表現する。

【ダブルハンドロッド】両手を用いてキャストするロッド。ツーハンドロッドともいう。

【チチワ】ミチイトやハリスを輪にする結び。

【チャラ瀬】水深20〜30cm以内のごく浅く、流速もそれほど強くない瀬。

【釣果　ちょうか】釣りあげた魚の数量。

【釣行　ちょうこう】釣りに出かけること。

【継ぎザオ】穂先から手元ザオまで、サオの各部位を継いで1本に組み立てるサオの名称。一

部の小ものザオや投げザオにある。

【ツキ釣り】サオの全長の半分にも満たない短い仕掛けで釣るスタイル。主にフナ釣りに用いる。「次く」から転じたものと思われる。

【定位】同じ位置にとどまる、またはとどめておくの意。「ウキを水面下に定位させる」「水中に魚が定位している」など。

【ティペット】フライフィッシングでハリス部分のイト。

【手尻】サオの全長を基準にした仕掛けの寸法。「手尻いっぱい」はサオと同寸、「4mザオに手尻を30㎝出す」は全長4.3m。

【手持ちザオ】サオを放さず常時手で支えて釣ること。置きザオの反対語。

【テンカラ】渓流釣りで用いる和式毛バリ、そしてハリス付きのハリが並ぶ仕掛けの名称。ワカサギ仕掛けはその代表例。

【当歳魚】その年生まれた幼魚の1年魚。

【ドウヅキ(仕掛け)】縦イトの幹イトに沿って、ハリス付きのハリが並ぶ仕掛けの名称。ワカサギ仕掛けはその代表例。

【ドーム船(屋形船)】全天候型の湖上ワカサギ船の総称。固定式と自走式がある。

【ドック】主に漁船の係留基地として造られた小さな漁港。

【ドライフライ】水面に浮かせて使用するフライの総称。

●な行

【中通しウキ】ジャンル別に複数タイプがあるが、本書では中通し式の玉ウキを差す。

【ニンフ】水中で使用するフライのうち、主に水生昆虫の幼虫をイメージしたもの。

【根掛かり】水中の障害物等にハリや仕掛けが絡まったり引っ掛かるトラブル。

【乗っ込み】春本番・産卵期を迎えた魚が浅場に移動してきて活性が高まること。

【ノット】結び。

【ノベザオ】現在はカーボンやグラス製の振り出しザオ一般を差す。

●は行

【ハエウキ】西日本ではハエと呼ぶヤマベの、ガン玉オモリを分散して付ける多段シズ仕掛け用に開発されたトップ付きの立ちウキ。

【バーブ】ハリ(フック)のカエシ。カエシがないハリをバーブレスフックという。

【バラシ】掛かりが浅くてハリが外れた失敗のほか、ハリス切れなどのトラブルも同義。

【ハリス】ミチイトとの間に結ぶハリ専用のイト。川釣りにはナイロンとフロロカーボン2種類のハリスが主に使われる。

【反転流】流心が石などの影響を受けて反転する渦状の流れ。流れ落ちるエサも溜まるので魚も集まる好ポイントになる。

【万能ザオ】1本で多彩な魚種を釣ることができる便利なサオ。川釣りでは渓流&清流用の2〜3段式ズームロッドが代表格。

【PEライン】高密度ポリエチレン製ヨリイトで作られたイト。強度も高く伸縮性がほとんどなく感度抜群。強度も高く海釣りで多用される。本書ではハゼの投げ釣りに登場するのみ。

【フィッシュイーター】魚食魚の総称。

【フカシ・フカセ(る)】仕掛けにはあまり操作を加えず、エサを自然な状態で流れに乗せるテクニック。

【深瀬】早い流速と水深を伴う瀬。

【フッキング】ロッドをあおるなどして魚の口にハリを掛けること。アワセ。

【フック】ハリ。

【ブッコミ(釣り)】仕掛けを投げ込んだまま置

【ブドウムシ】エビヅルというブドウ科のツル性植物に入っている蛾の幼虫。主に渓流釣りのエサ。市販品は養殖ものが大半。

【フトコロ】釣りバリの軸とハリ先の間の幅。

【フライ】フライフィッシングで用いる、鳥の羽根や獣毛などをハリに巻き付けた擬似餌。

【振り込み】サオの弾力を活かしてねらうポイントに仕掛けを投げ込む動作。

【振り出しザオ】穂先から手元ザオまで1本に収納できる現代の主流を占めるサオのタイプ。渓流ザオなどが代表格。

【フロロカーボン（イト・ライン）】フロロカーボン素材のイト。擦れに強いなどの長所がある。川釣りでは主にハリスとして使われる。

【ベタ（ハリスベタ、ベタ底）】川底や湖底にハリスを這わせてねらうウキ下の調節法。

【ヘチ】川の両岸に沿った水際。「水路のヘチすれすれ」などと使う。

【ポイント】仕掛けを振り込んでねらう個所、または魚が潜んでいるであろう特定の水域。

【紅サシ】食紅で染めた釣りエサのサシ。

【穂先】釣りザオの部位のうち、先端部のテーパーが付いた最も細いパーツの名称。

【ホソ】当て字で「細流」と書くように、水路群のうち川幅が細い水路を差す。

●ま行

【丸カン】自動ハリス止めとともに、川釣りで多用される丸型の小型接続具。

【幹イト】主にハリス付きのハリをセットする釣リイト部分の名称。

【ミオ筋】船舶が行き来できるように底を掘り下げた船道。

【ミチイト】仕掛けの主軸となる釣りイト。リールに巻くイトもミチイトと呼ぶ。

【ミミ】ハリの軸先端部に付けられた突起でイト抜け防止の役割を果たす。

【向こうアワセ】サオを動かして合わせることなく勝手にハリ掛かりした状態。

【モジリ】魚が主に水面近くで体をよじる動作の総称。

●や行

【ヤッカラ】主に水中に没した水生植物＝障害物周りの総称。

【タマヅメ】日没前後の時間帯。魚の就餌が高まるチャンスタイムであることが多い。

【ヨリモドシ】その名のとおり、イトのヨレを防ぐために考案された接続具。サルカン、スイベルの別名もある。

●ら行

【ライズ】ヤマベなどの清流魚やヤマメ、イワナといった渓流魚が、水面に広がる波紋や飛沫食する際、水面または表層でエサを捕食すること。

【ライン】釣りイト。

【ラインブレイク】イトが切れること。

【ランディング】ヒットした魚を取り込むこと。

【リアクションバイト】ルアーやフライの動きに対して魚が反射的に口を使うこと。

【リーダー】メインラインの先端に、ハリスとして取り付けるテーパー状のモノフィラライン部分。フライフィッシングの場合は、フライラインとハリス（ティペット）の間に存在するテーパー状のモノフィラライン部分。

【リグ】仕掛け。

【リトリーブ】リールでラインを巻くこと。フライフィッシングではラインを手で手繰る動作。

【リリース】釣った魚を元の水に戻すこと＝キャッチ＆リリース。

【ルアー】ルアーフィッシングで用いる、主に金属・木・プラスチック等による擬似餌。

【レンジ】水中の層（深さ）を差す。

174

「釣れるチカラ」の基礎が身につくDVD付録（25分）

3章「結びをマスターしよう」、4章「仕掛け作り・ワンポイント＆自作編」の一部について、紙面では伝わりにくい部分を、映像を活用することでより分かりやすく、きめ細やかに解説しました。

DVD付録　収録コンテンツ

出演：葛島一美

- ●穂先とイトの結び
  8の字結びのダブルチチワ／
  ぶしょう付け
- ●イトとイトの結び
  ブラッドノット
  電車結び
- ●接続具とイトの結び
  ユニノット
- ●ハリとイトの結び
  外掛け結び
- ●目印の作り方
- ●中通し玉ウキの止め方
- ●イトウキの作り方

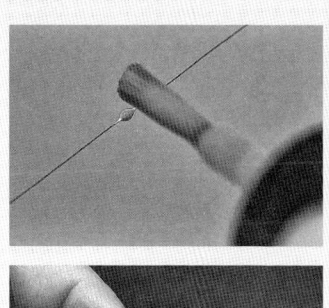

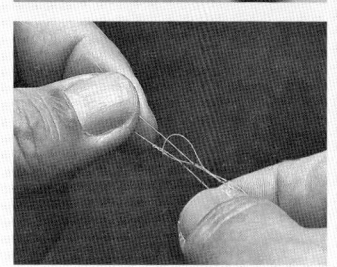

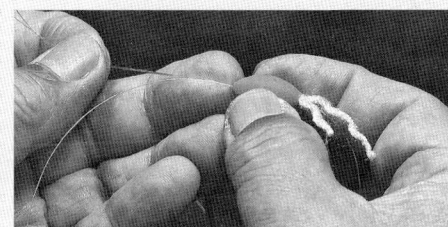

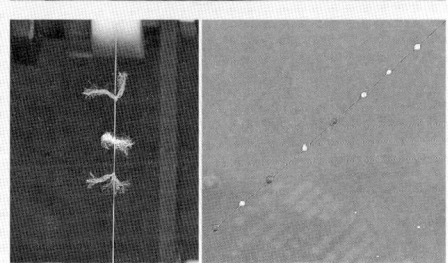

著者プロフィール

葛島一美（かつしま　かずみ）

1955 年、東京生まれ。幼少時代よりフナ、タナゴ、ハゼなどの小もの釣りに親しむ。東京中日スポーツの釣り欄担当を約 20 年務めた後、オールラウンダーのカメラマン兼ライターとしてフリー宣言。月刊『つり人』で毎号グラビアを担当するほか、釣り全般にムックの取材も多い。主な著書に『平成の竹竿職人』『釣り具 CLASSICO モノ語り』『続・平成の竹竿職人　焼き印の顔』『アユ釣り渓流釣り／結び方図鑑』『ワカサギ釣り』『小さな魚を巡る小さな自転車の釣り散歩』『決定版 フナ釣り タナゴ釣り入門』『日本タナゴ釣り紀行』『日本タナゴ釣り紀行 2』『タナゴ ポケット図鑑』『小もの釣りがある日突然上手くなる　フナ タナゴほか』『川釣り入門』（以上、つり人社）、『釣魚の食卓~葛島一美の旬魚食彩~』（辰巳出版）など多数。東京ハゼ釣り研究会副会長。

川釣り仕掛け入門
かわ つ し か にゅうもん

2014 年 2 月1日発行

著　者　　葛島一美
発行者　　鈴木康友
発行所　　株式会社つり人社

〒101-8408　東京都千代田区神田神保町1-30-13
TEL 03-3294-0781（営業部）
TEL 03-3294-0766（編集部）
振替 00110 − 7 − 70582
印刷・製本　　大日本印刷株式会社

乱丁、落丁などありましたらお取り替えいたします。
Ⓒ Kazumi Katsushima 2014.Printed in Japan
ISBN978-4-86447-044-5　C2075
つり人社ホームページ　http://www.tsuribito.co.jp

本書の内容の一部、あるいは全部を無断で複写、複製（コピー・スキャン）することは、法律で認められた場合を除き、著作者（編者）および出版社の権利の侵害になりますので、必要の場合は、あらかじめ小社あて許諾を求めてください。